ELOGIOS À OBRA A ILUSÃO DO CRESCIMENTO, DE DAVID PILLING

"Uma reflexão filosófica essencialmente ponderada e aprofundada sobre como vivemos nossas vidas, organizamos nossas sociedades e preparamos o futuro da humanidade. Deveria ser leitura obrigatória para todos os interessados em fazer do mundo um lugar melhor" – Ha-Joon Chang, autor de *23 Coisas que Não Nos Contaram Sobre o Capitalismo*

"David Pilling é um guia viajado, espirituoso e bem informado para nossa obsessão por crescimento, mesmo quando ela é mal definida ou não consegue mensurar o que é importante para nós. Ele reconhece que o crescimento já beneficiou muitos, mas seu ceticismo sobre o PIB — e suas alternativas — resulta em um manual inestimável para tentarmos fazer melhor. Às vezes, ele aponta aspectos divertidos na medição; em outras, explica a medição de forma divertida. Uma verdadeira proeza" – Angus Deaton, Ganhador do Prêmio Nobel de Economia

"Envolvente e esclarecedor, A ILUSÃO DO CRESCIMENTO não só explica por que o imperador está sem roupas, como também destaca que, para início de conversa, ele nem era de fato o imperador" – David Mitchell, autor de *Atlas de Nuvens*

"Se você achava que o PIB não pode necessariamente ser considerado uma medida de bem-estar social mais robusto, David Pilling mostra de maneira convincente que você estava certo. Um dos colunistas mais brilhantes do Financial Times, Pilling produziu um livro que vai se tornar um clássico" – Jagdish Bhagwati, autor de *Why Growth Matters* [Por que o Crescimento é Importante, em tradução livre] e *Em Defesa da Globalização*

"De maneira vigorosa e envolvente, David Pilling alerta para nosso deteriorado senso de realidade, em meio a uma era que sacrificou a qualidade pela quantidade. A ILUSÃO DO CRESCIMENTO deveria ser lido por todos aqueles que desejam compreender os terremotos políticos de nossa época" – Pankaj Mishra, autor de *Age of Anger* [A Idade da Ira, em tradução livre]

"Este livro é excelente e oportuno e deveria ser leitura indispensável para políticos, economistas, investidores e, sim, jornalistas. Ele expõe a insensatez de nossa obsessão moderna por um conceito estreito de economia e nossa dependência em relação a dados do produto interno bruto como sinal de bem-estar - e faz isso de um jeito dinâmico, bem escrito e fácil de entender" – Gillian Tett, autora de *Fool's Gold* [Ouro de Tolo, em tradução livre] e *The Silo Effect* [O Efeito Silo, em tradução livre]

"Em A ILUSÃO DO CRESCIMENTO, Pilling torna acessível a especialistas e ao público em geral um tema importante, mas complicado. O livro oferece um roteiro essencialmente perspicaz e, por vezes, espirituoso para lidar com uma questão fundamental: para que serve o crescimento econômico exatamente e como ele pode ser aproveitado para melhorar a vida das pessoas nos países pobres e ricos?" – Kofi Annan, sétimo Secretário-Geral das Nações Unidas e ganhador do Prêmio Nobel da Paz

"Este é um livro fascinante e extremamente acessível, que desafia, de maneira envolvente, muitos de nossos pressupostos sobre o que contribui para uma economia de sucesso e uma vida feliz" – Chris Patten, último Governador de Hong Kong e autor de *East and West* [Oriente e Ocidente, em tradução livre]

"Eis um animal raro: um livro de economia bem escrito, acessível e – cá entre nós – divertido! ... Espirituoso, viajado e bem informado, David Pilling é um guia excelente para as armadilhas e lacunas do PIB e um defensor incisivo da necessidade de superar o 'culto ao crescimento'" – *New Internationalist*

"O que a economia e todos nós precisamos agora é de pessoas que a tragam de volta à vida. Em A ILUSÃO DO CRESCIMENTO, Pilling faz exatamente isso, traçando o percurso da ideia de crescimento econômico desde sua gênese até o presente, por meio de incontáveis histórias vívidas" – Joe Earle, autor de *The Econocracy* [A Econocracia, em tradução livre]

A Ilusão do Crescimento

A Ilusão do Crescimento

DAVID PILLING

ALTA BOOKS
EDITORA
Rio de Janeiro, 2019

A Ilusão do Crescimento: A Riqueza e o Bem-Estar das Nações

Impresso no Brasil — 1ª Edição, 2019 — Edição revisada conforme o Acordo Ortográfico da Língua Portuguesa de 2009.

Publique seu livro com a Alta Books. Para mais informações envie um e-mail para autoria@altabooks.com.br

Obra disponível para venda corporativa e/ou personalizada. Para mais informações, fale com projetos@altabooks.com.br

Produção Editorial
Editora Alta Books

Produtor Editorial
Thiê Alves

Gerência Editorial
Anderson Vieira

Assistente Editorial
Illysabelle Trajano

Marketing Editorial
marketing@altabooks.com.br

Editor de Aquisição
José Rugeri
j.rugeri@altabooks.com.br

Vendas Atacado e Varejo
Daniele Fonseca
Viviane Paiva
comercial@altabooks.com.br

Ouvidoria
ouvidoria@altabooks.com.br

Equipe Editorial
Adriano Barros
Bianca Teodoro
Ian Verçosa
Juliana de Oliveira
Kelry Oliveira
Paulo Gomes
Rodrigo Bitencourt
Thales Silva
Thauan Gomes
Victor Huguet
Viviane Rodrigues

Tradução
Maíra Meyer

Copidesque
Ana Gabriela Dutra

Revisão Gramatical
Igor Farias
Rachel Escobar

Revisão Técnica
Carlos Bacci
Economista e empresário do setor de serviços

Diagramação
Melanie Guerra

Dados Internacionais de Catalogação na Publicação (CIP) de acordo com ISBD

P641i Pilling, David

A Ilusão do Crescimento: A Riqueza e o Bem-Estar das Nações / David Pilling ; traduzido por Maíra Meyer. - Rio de Janeiro : Alta Books, 2019.
368 p. ; il. ; 17cm x 24cm.

Tradução de: The Growth Delusion
Inclui índice.
ISBN: 978-85-508-0471-2

1. Economia. 2. Crescimento. 3. Riqueza. 4. Bem-estar. 5. Nações. I. Meyer, Maíra. II. Título.

2019-29 CDD 330
CDU 33

Elaborado por Vagner Rodolfo da Silva - CRB-8/9410

ALTA BOOKS
EDITORA

Rua Viúva Cláudio, 291 — Bairro Industrial do Jacaré
CEP: 20.970-031 — Rio de Janeiro (RJ)
Tels.: (21) 3278-8069 / 3278-8419
www.altabooks.com.br — altabooks@altabooks.com.br
www.facebook.com/altabooks — www.instagram.com/altabooks

Para meus filhos queridos,
Dylan e Travis

SUMÁRIO

O Culto ao Crescimento

Por mais de setenta anos, as sociedades avançadas do mundo se olharam com orgulho no espelho admirando, sobretudo, o que viam: crescimento. O espelho se chama produto interno bruto e se tornou um dos principais meios de avaliar como somos belos, tanto como economias quanto como sociedades. A economia – o objeto que o PIB procura medir – está em tudo que nos cerca. Você não pode a cheirar nem a tocar. Mas ela é o ruído de fundo do mundo moderno. Ela é o material que inspira manchetes, canais de negócios e debates políticos. Contudo, mesmo sendo um conceito fundamental, é espantoso como tão poucos sabem com precisão o que é a economia ou como avaliamos seu progresso. Tudo o que sabemos é que ela precisa avançar constantemente, como um tubarão.

Definimos a economia em termos de PIB.* Em tempos modernos, e em contraste com as advertências de seu inventor, o PIB se tornou um indicador do bem-estar de um país. Se a

*Para efeitos desta obra, salvo outra indicação, "a economia" e "PIB" são termos intercambiáveis, uma vez que definimos a economia pelo volume de seu PIB. Às vezes, a economia também vai aparecer como "renda nacional". Crescimento do PIB é sinônimo de crescimento.

economia está crescendo, então as coisas devem estar indo bem. Se está diminuindo, então algo não está indo tão bem. Mas o espelho em que estivemos nos contemplando parece mais o do parque de diversões do que o do banheiro. A imagem refletida é grosseiramente distorcida e está cada vez mais em desacordo com a realidade. Nosso espelho econômico está quebrado.

Estamos vivendo em uma "idade da ira", definida por insurreições populares e pela rejeição de instituições e ideais outrora estimados, incluindo o próprio liberalismo ocidental.[1] Nos Estados Unidos, isso levou à ascensão de Donald Trump. A Grã-Bretanha votou pelo Brexit, e na Europa, partidos não convencionais, tanto de direita quanto de esquerda, abalaram o status quo. Convulsões políticas, causadas por revoltas populares, estão ocorrendo da Índia ao Brasil e das Filipinas à Turquia.

Há muitas explicações antagônicas para o que teria causado essa fúria popular em países que, a julgar por medidas convencionais, nunca foram tão ricos. No entanto, existe um traço comum. As pessoas não enxergam a realidade das próprias vidas no retrato oficial, um retrato pintado sobretudo por economistas. Algumas das forças em jogo nessa reação resultam de questões identitárias, da sensação de impotência, da falta de moradias acessíveis, da ausência de coletividade e da animosidade com as políticas monetárias e os níveis crescentes de desigualdade. Algumas decorrem do fato de que nossas definições de "crescimento" e "economia" não correspondem mais à experiência concreta das pessoas. Este livro pretende explicar o abismo que há entre o que especialistas afirmam sobre nossas vidas e como nossas vidas realmente são.

Embora quase todo mundo já tenha ouvido falar em PIB, poucos sabem que esse é um termo inventado, ainda nos anos 1930, como uma ferramenta para combater a Grande Depressão e, então, reformulado como meio de preparação para a Segunda Guerra Mundial. A primeira coisa que se deve entender é que a economia não é um fenômeno natural, uma verdade esperando para ser descoberta. Antes de 1930, ela praticamente não existia. A economia é algo feito pelos seres humanos, como o algodão-doce, os seguros de automóveis e a contabilidade por partidas dobradas.

Se o PIB fosse uma pessoa, ele seria indiferente, até mesmo cego, à moralidade. Ele mede produções de qualquer tipo, boas ou ruins. O PIB gosta de poluição, especialmente se você precisa gastar dinheiro para limpá-la. Ele gosta de crime porque aprecia forças policiais numerosas e consertar janelas quebradas. O PIB gosta do Furacão Katrina e, quanto a guerras, por ele está tudo bem. Ele gosta de medir a intensidade dos conflitos em armas, aviões e ogivas para, depois, contabilizar todo o esforço de reconstrução de cidades devastadas a partir de ruínas fumegantes. O PIB é um bom contador, mas um péssimo fiscal da qualidade. Ele tem modos horríveis à mesa. Para o PIB, um conjunto de jantar com três garfos dá no mesmo que uma faca, um garfo e uma colher.[2]

O PIB é um mercenário. Ele não se digna a registrar transações nas quais nenhum dinheiro muda de mãos. Ele não gosta de trabalhos domésticos (até que enfim temos um ponto em comum) e rejeita todas as atividades de voluntariado. Em países pobres, ele tem dificuldades para contabilizar a maioria do esforço humano, que, em sua maior parte, acontece fora da economia monetária. Ele consegue registrar uma garrafa de Evian no supermercado, mas não o impacto econômico de uma garota na Etiópia que percorre quilômetros para pegar água em um poço.

O crescimento é filho da era da manufatura, e o PIB foi concebido principalmente para medir produções físicas. Ele tem dificuldades para compreender as economias de serviços modernas, um defeito significativo nos países ricos onde predominam serviços como seguros e paisagismo. Ele não se sai mal em contabilizar a produção de tijolos, barras de aço e bicicletas – "coisas que você pode deixar cair no pé".[3] Mas quando se trata de cortes de cabelo, sessões de psicanálise e downloads de música, ele fica nitidamente confuso. Ele é ruim em medir progresso, justamente aquilo em que imaginamos que ele é bom. Para nossa medida principal de crescimento, um antibiótico vale centavos, embora um bilionário com sífilis de um século atrás pudesse ter disponibilizado metade de sua fortuna por sete dias de tratamento.

Nossa definição de economia, resumindo, é bem precária. Como alguém já comentou casualmente com este autor: "Se você fica preso no trânsito por uma hora, isso contribui para o PIB. Se você vai à casa de um amigo para ajudar, não contribui." Isso, disse ele, era "tudo o que você precisa saber". Na esperança de que ele esteja errado, espero que você continue lendo.

Todos nós percebemos instintivamente que algo está errado. Mas temos dificuldade para definir exatamente o que é. A crise financeira mundial de 2008 foi o aviso definitivo de que a teoria econômica nos tinha desiludido. Pouco antes do colapso do Lehman Brothers e do início da recessão em praticamente todo o mundo ocidental, o culto ao crescimento nos levava a celebrar as nossas economias. Pessoas como Alan Greenspan, presidente do Federal Reserve [Sistema de Reserva Federal, o sistema de bancos centrais dos Estados Unidos], afirmavam que tudo estava correndo bem e que devíamos deixar os mercados em paz a fim de gerar ainda mais riqueza.

Na verdade, nossas medidas padrão nos contavam pouco sobre como o crescimento estava sendo criado: que ele fora produzido com base na explosão do endividamento familiar e na cada vez mais esperta (leia-se "cada vez mais burra") engenharia financeira de banqueiros fanáticos por bônus. As economias avançadas supostamente atingiram um novo nirvana, conhecido como a Grande Moderação, no qual as altas e quedas abruptas foram erradicadas por tecnocratas inteligentes e no qual o mercado, se abandonado à própria sorte, sempre alcançaria um estado feliz de equilíbrio.

O crescimento econômico dizia pouca coisa sobre a crescente desigualdade e sobre os imensos desequilíbrios mundiais. Os Estados Unidos estavam administrando déficits comerciais enormes, financiados pelos exportadores de petróleo do Oriente Médio e pela China, ambos ocupados em reaplicar seus excedentes comerciais em títulos do Tesouro dos EUA. De fato, os chineses estavam emprestando dinheiro aos norte-americanos para que eles pudessem pagar por toda a tralha produzida na fábrica do mundo. Foi isso que manteve a roda do crescimento girando. Até que ela parou. Anos depois, muitos países ocidentais, sobretudo na Europa, ainda estão lutando para trazer suas economias de volta aos níveis anteriores a 2008. Grande parte do crescimento dos anos precedentes, como ficou claro, havia sido uma ilusão.

Um problema do crescimento é que ele exige produção sem fim e consumo sem fim, seu primo próximo. A menos que desejemos mais e mais coisas e mais e mais experiências pagas, uma hora o crescimento vai estagnar. Para que nossa economia continue avançando, precisamos ser insaciáveis. A base da economia moderna é a noção de que nosso desejo por coisas não tem limites. Contudo, lá no fundo do coração, sabemos que isso é loucura.

Vários anos atrás, a revista satírica *The Onion* publicou um artigo sobre Chen Hsien, um trabalhador chinês fictício que produzia "fezes de plástico" fictícias para americanos entediados. Fiel ao estilo da *Onion*, a matéria foi até o limite da ofensa, mas entrou no cerne de uma questão real. Chen estava sempre balançando a cabeça, perguntando-se sobre as coisas incrivelmente inúteis que pediam a ele, de preparadores de salada e porta sacolas de plástico a panelas de omelete para micro-ondas, ampliadores de páginas que brilham no escuro, cestos de arquivos com temas natalinos, estojos para lentes de contato com formato de animais e ganchos de parede adesivos. "E também ouvi que, quando eles não querem mais um item, simplesmente o jogam fora. Tão supérfluo e desprezível", zomba

Chen. "Por que a demanda por tantos aparelhos de cozinha? Consigo entender quando alguém quer uma boa panela wok, uma panela de arroz, uma chaleira, uma chapa elétrica, alguns utensílios, boas louças, um bule com coador e, talvez, uma garrafa térmica. Mas todos esses itens a mais – onde os americanos os colocam? Quantas vezes você vai usar um suporte para tacos? 'Ah, eu realmente preciso deste organizador de talheres ou vou ter um chilique.' Cale a boca, norte-americano idiota."[4]

O discurso inflamado de Chen toca na ferida, porque nós no mundo rico geralmente sabemos que estamos constantemente comprando coisas que não sabíamos que queríamos e que nunca mais vamos usar de novo. A propaganda e a inveja de nossos amigos e vizinhos nos impelem a comprar mais e a estar sempre atualizados. No momento em que você estiver lendo isto, meu iPhone 5 será uma piada. Também sabemos que produtos como máquinas de lavar e torradeiras são feitos deliberadamente para quebrar, o que nos leva a comprar mais e mais, criando um ciclo de consumo sem fim.

As coisas que Chen faz soam ridículas. Mas estão longe de serem fictícias. O catálogo de compras da SkyMall, através do qual os passageiros das companhias aéreas nos Estados Unidos podem fazer pedidos no conforto de seus assentos, oferece uma variedade de itens "must-have" ["você tem que ter", em tradução livre], incluindo um retrato de seu animal de estimação vestido como um nobre do século XVII (US$49), uma cabeça de esquilo montada (US$24,95), uma estátua em tamanho real de um macaco selvagem pendurado (US$129) e, mais importante, lábios de borracha para seu cão (US$29,95). Quando os economistas dizem que os problemas atuais do mundo são causados por uma crônica falta de demanda, alguém pode questionar se ainda é possível querer algo mais.[5]

Da perspectiva da economia, o mundo nunca pareceu tão bom e nosso poder aquisitivo nunca foi tão prodigioso. Os EUA têm crescido de maneira mais ou menos incessante desde que o primeiro conjunto de contas nacionais foi publicado em 1942. O mesmo vale para a Grã-Bretanha e a maior parte da Europa. Depois do pequeno desvio de rota que se seguiu ao colapso financeiro de 2008, a maioria das economias retomou sua trajetória ascendente, ainda que em um ritmo mais moderado. Portanto, mesmo que o crescimento tenha desacelerado, nossas economias nunca foram tão grandes. Se crescimento acumulado equivale a bem-estar, então nunca tivemos tanto motivo para estar contentes.

Um problema óbvio em acreditar demais no crescimento é que seus frutos nunca são compartilhados de maneira uniforme. Nosso medidor padrão de renda média – ou bem-estar – é calculado com base no volume da economia de um país dividido pelo número de pessoas que vivem nele. Médias são uma armadilha. Elas são extremamente enganosas. Banqueiros ganham mais do que padeiros, que ganham mais do que desempregados. Sendo radical, se a torta econômica inteira de um país rico fosse destinada a uma única pessoa e não sobrasse nada para mais ninguém, então o cidadão médio estaria muito bem, obrigado. Mas o cidadão comum teria morrido de fome.

O mundo real não é tão radical – fora a Coreia do Norte, pelo menos –, mas até mesmo em países como os EUA as médias podem ser brutalmente distorcidas. Vamos imaginar, por um momento, que uma grande proporção da riqueza gerada a cada ano vai para somente 1%, ou mesmo 0,1%, da população. Soa inverossímil? Na verdade, só 0,01% dos americanos no topo, apenas 16.000 famílias, viram sua parte da riqueza nacional quintuplicar desde 1980. Eles agora desfrutam de uma fatia da torta econômica dos Estados Unidos maior do que a de seus congêneres que viveram durante a chamada Era Dourada, no final do século XIX.[6] Se a economia de seu país está crescendo somente porque os ricos estão ficando mais ricos, e se você está trabalhando cada vez mais apenas para manter seu padrão de vida, então você está autorizado a perguntar: todo esse crescimento serve para quê, exatamente?

Essa conclusão é reforçada por sucessivos estudos que mostram que a felicidade das pessoas depende não de sua riqueza absoluta, mas, ao contrário, da riqueza relativa das pessoas a seu redor. Em um experimento descrito no artigo "Monkeys Reject Unequal Pay" [Macacos Rejeitam Pagamento Desigual, em tradução livre], dois macacos-pregos ficavam, no início do estudo, perfeitamente contentes com uma recompensa de pepinos quando executavam com sucesso uma tarefa. Mas quando um dos macacos passou a receber uvas como recompensa, o macaco que recebeu apenas pepinos ficou furioso, atirando com raiva o vegetal outrora satisfatório no tratador.[7] A economia dos macacos havia crescido, já que uvas são melhores do que pepinos. Mas a desigualdade resultante trouxe apenas insatisfação. Com humanos é a mesma coisa. Quando funcionários da Universidade da Califórnia receberam informações sobre os salários de seus colegas, os que descobriram que ganhavam abaixo da média rapidamente ficaram menos satisfeitos e mais suscetíveis a procurar um novo emprego. A atitude dos que ganhavam acima da média permaneceu tranquilamente inalterada.[8]

O crescimento econômico, portanto, é em parte o efeito acumulado da competição acirrada entre pessoas que precisam estar sempre um passo à frente de seus vizinhos. Imagine que você vai a seu restaurante local e descobre que ninguém mais está disposto a trabalhar por um salário de garçom ou de cozinheiro. Sua riqueza relativa depende da pobreza relativa de outra pessoa. E é essa compulsão individual por ultrapassar e ficar à frente que nos mantém correndo cada vez mais rápido na roda de hamster da economia, impulsionando-a para frente sem ficarmos nem um pouco mais felizes. Se um garçom ganha US$100.000 por ano, você precisa ganhar US$200.000 para que ele continue trazendo sua comida. Se ele ganha US$200.000, você precisa ganhar US$400.000, e assim por diante.

Nem sempre foi assim. Por milhares de anos, ninguém ouviu falar em crescimento. As economias agrícolas eram basicamente estacionárias. Somente com a Revolução Industrial os humanos se tornaram capazes, no início lentamente, de aumentar a produção ano a ano. Foi por isso que a Grã-Bretanha e depois a Europa, os Estados Unidos, a Austrália e a Nova Zelândia começaram a se distanciar gradualmente do bloco, deixando para trás as economias ainda predominantemente agrárias da Ásia, da África e da América Latina.

Se o crescimento é um conceito relativamente novo para as sociedades humanas, a economia é uma noção ainda mais recente. Antes da invenção do PIB, era bem difícil definir uma economia, mesmo para os interessados no tema. Antes disso, economia indicava geralmente moderação nos gastos; era o que Jane Austen queria dizer quando escreveu à sua irmã em 1808: "Devo comer gelo e beber vinho francês para me destacar da economia vulgar."[9]

Agora estamos todos bem familiarizados com os conceitos de economia e crescimento econômico. Alguém poderia ir mais longe e dizer que eles regem nossas vidas. Porém, o que esses conceitos significam, exatamente? Se os especialistas elaboraram um sistema que não nos ajuda a entender nossa realidade, então o governo também não dispõe de uma métrica confiável para entender a sociedade. E se aquilo que estamos medindo estiver errado ou insuficiente, nossos resultados, em termos de direção e políticas públicas, também serão errados e insuficientes. Governos fazem políticas para maximizar resultados mensurados. Durante décadas, isso significou maximizar o crescimento.

Na Grã-Bretanha, os ex-primeiros-ministros Tony Blair e David Cameron lançaram projetos para medir o bem-estar e o crescimento econômico. Embora tenham se dispersado em meio ao público, esses esforços começaram a mudar o debate e o modo como os políticos pensam sobre a economia.

A Grã-Bretanha, por exemplo, assumiu a liderança na tentativa de medir serviços públicos como saúde e educação, que costumam ser subavaliados com base em referenciais econômicos convencionais.

Na França, Nicolas Sarkozy, ex-presidente de centro-direita que não é exatamente conhecido por suas investidas contra as bases do capitalismo, fundou a Commission on the Measurement of Economic Performance and Social Progress [Comissão para a Mensuração do Desempenho Econômico e do Progresso Social]. No prefácio do documento final, ele escreve: "Não vamos mudar de comportamento a menos que mudemos a maneira como medimos o desempenho econômico." Segundo Sarkozy, os especialistas já sabiam havia muito tempo que não estávamos mensurando de forma adequada nossas economias e muito menos nosso bem-estar. "Sabíamos que nossos indicadores tinham limitações, mas continuamos a usá-los como se não tivessem . . . Desenvolvemos um culto aos dados, e agora estamos presos dentro dele."[10]

O perigo, afirmava Sarkozy em comentários que prenunciavam uma reação populista pelo mundo, era que as pessoas sabiam instintivamente quando estavam sendo enganadas. "Foi assim que começamos a criar um abismo de incompreensão entre o especialista seguro de seu conhecimento e o cidadão cuja experiência de vida está totalmente fora de sincronia com a história contada pelos dados. Esse abismo é perigoso, pois os cidadãos acabam por acreditar que estão sendo enganados. Nada é mais pernicioso à democracia."

Vivemos em uma sociedade na qual uma comunidade de economistas de formação predominantemente técnica, brandindo fórmulas matemáticas herméticas, estabelece os critérios do debate público. Em última instância, são os economistas que determinam quanto podemos gastar em nossas escolas, bibliotecas públicas e exércitos, qual é o nível aceitável para o desemprego e se é certo imprimir dinheiro ou socorrer bancos irresponsáveis.

O slogan "É a economia, estúpido" de Bill Clinton indicava que eleitores só se importavam com o estado da economia. Na época, isso tinha mais do que um fundo de verdade. Embora poucas pessoas pudessem definir precisamente o que de fato era a economia, muitas votavam de acordo com a própria percepção sobre o desempenho econômico. Talvez isso se baseasse em experiência pessoal: se seus empregos pareciam seguros e suas hipotecas, viáveis. Mas dois trimestres de algo tão nebuloso quanto crescimento negativo – a definição técnica de recessão – podiam ser suficientes para enterrar uma carreira política. Os eleitores haviam sido magnetizados por um conceito abstrato.

A partir daí, algo mudou. A reação que estamos testemunhando sugere que as pessoas estão jogando para escanteio os economistas e sua representação falha de nossas vidas. Isso pode ser muito libertador. E também pode ser muito perigoso. Não queremos leigos construindo nossas pontes, pilotando nossos aviões ou fazendo cirurgias de coração. Queremos que leigos em economia gerenciem nossas economias? O problema dos economistas é que eles reivindicam uma precisão científica que não pode ser atribuída à profissão deles. Além disso, falam uma língua que não reflete a experiência concreta das pessoas. Por isso, é importante que os cidadãos aprendam os rudimentos do jargão dos economistas, a fim de adquirir ferramentas para analisar o que está sendo dito e exigir mudanças, se necessário.

Os defensores do PIB dizem que ele não foi feito para determinar o bem-estar. Criticá-lo por falhar em captar tudo o que é importante na vida é como culpar uma fita métrica por não determinar o peso ou a personalidade de uma pessoa. Essa seria uma réplica válida se a economia fosse apenas outro conceito, um dos muitos que usamos para avaliar como estamos nos saindo como sociedades. Todavia, o crescimento econômico se tornou um fetiche, um indicativo que define tudo com que devemos nos importar e um altar no qual temos que estar prontos para sacrificar tudo. Em busca do crescimento, dizem, talvez tenhamos que trabalhar por mais horas, cortar serviços públicos, aceitar uma maior desigualdade, abrir mão de nossa privacidade e dar rédeas soltas a banqueiros "geradores de riqueza". Se os ambientalistas estiverem certos, a busca por um crescimento sem fim poderá, inclusive, ameaçar a própria existência da humanidade, depredando nossa biodiversidade e nos levando a níveis insustentáveis de consumo e emissão de CO_2 que destruirão o planeta do qual nossa riqueza depende. Só na economia a expansão interminável é vista como virtude. Em biologia, isso se chama câncer.[11]

Guiá-lo gradualmente pelas tecnicalidades do PIB é um dos propósitos dos capítulos a seguir. Também pretendo descrever alternativas possíveis – nenhuma delas perfeita – como medidas de riqueza, igualdade e sustentabilidade e indicadores de "bem-estar subjetivo" (felicidade, para você e para mim).

O objetivo deste livro não é declarar guerra ao crescimento. Alguns vão criticá-lo por isso. Em vez disso, ele busca mostrar o que está errado com nossa medição do crescimento, na esperança de derrubá-lo do pedestal. O modo como medimos nossas economias tem sua lógica, embora esteja se tornando menos lógico à medida que fazemos a transição da manufatura para os serviços e do analógico para o digital. Mas essa é uma medida muito limitada, a fresta de uma janela através da qual vemos nosso mundo. Precisamos ampliar nossa perspectiva para que a imagem captada expresse nossas vidas com maior exatidão.

Este livro surgiu porque, depois de vinte anos atuando como jornalista para o *Financial Times* em cinco continentes, cheguei à conclusão de que nosso hábito de ver tudo através do prisma do crescimento econômico está distorcendo nossa percepção em torno do que realmente importa. Conheço o assunto porque aprendi na prática. Desde meus primeiros dias como repórter na América Latina nos anos 1990, estudei por conta própria e me condicionei a comparar cada número com o PIB e a mencioná-lo em quase todos os artigos – para conferir um pouco de seriedade. Mas não me preocupava muito com o que o PIB era exatamente nem com o que ele deveria ser.

Somente anos depois comecei a pensar mais sobre ele. Um catalisador foi minha experiência no Japão em meados dos anos 2000, ao atuar como jornalista em um país cuja economia, em termos convencionais, tinha estagnado. Com frequência, o Japão era descrito como um caso perdido, preso a uma estagnação permanente e sem perspicácia para sair de sua situação lamentável. Nada disso parecia certo. Claro, o Japão tinha problemas, e era verdade que seu milagre econômico, que tanto surpreendera o mundo nos anos 1980, havia perdido o fôlego. Mas a suposta situação lamentável do Japão – determinada pelo PIB nominal – realmente não parecia lamentável.[12] O desemprego era extremamente baixo, os preços estavam estáveis ou em queda e o padrão de vida da maioria das pessoas aumentava. As comunidades permaneciam intactas em comparação com as dos Estados Unidos, Grã-Bretanha e França. A criminalidade era baixa; quase não havia uso de drogas; a qualidade da comida e dos bens de consumo era de primeira e a saúde e a expectativa de vida dos japoneses estavam entre as melhores do mundo.[13] Mas ainda assim, visto através do prisma da economia, o Japão era um fracasso abjeto.

A Economia pode apresentar uma visão distorcida do mundo. Muitas coisas importantes para nós, como ar limpo, ruas seguras, empregos estáveis e mentes sãs, estão fora desse campo de visão. É claro, poderíamos dar de ombros e deixar para os outros a missão de desenvolver uma definição precisa de crescimento econômico. Mas aí estaríamos nos abstendo do debate. Estaríamos deixando tudo o que importa na vida para os autodeclarados especialistas. E veja a que ponto chegamos com essa postura.

Parte Um

OS PROBLEMAS DO CRESCIMENTO

I

O Monstro de Kuznets

Durante a maior parte da história da humanidade, o funcionamento disso que denominamos com tanta naturalidade de "economia" era como o de uma caixa preta. De fato, ao longo de vários milênios, o conceito de economia mal existiu. Havia pelo menos dois motivos para isso. Primeiro, antes da Revolução Industrial do século XVIII, não existia esse negócio de crescimento econômico. Por isso, a economia era terrivelmente monótona. A produção das sociedades agrárias era praticamente uma função do clima. Se chovia bem, a colheita era boa. Caso contrário, não era. Nesse mundo pré-industrial também não havia grandes diferenças de produtividade entre uma região e outra. A maioria das pessoas só subsistia. Portanto, o volume da economia de uma região era amplamente determinado pelo tamanho de sua população. No ano 1000 d.C., a China e a Índia respondiam por cerca de metade da produção econômica mundial, uma proporção que permaneceu inalterada durante 600 anos (e que parece estar sendo recuperada atualmente).[1]

Segundo, em uma era de monarcas – sobretudo aqueles sortudos o bastante para serem escolhidos por Deus – o que estava acontecendo na economia em um plano global não despertava grande interesse. Para um monarca absolutista, não havia distinção entre sua própria riqueza e a de seu reino.[2] Devido a essa falta de diferenciação entre a riqueza do monarca e a riqueza da nação, havia pouco espaço para qualquer coisa que pudesse ser chamada de economia. Além de sustentar o luxo habitual da corte, uma economia nacional só tinha que financiar a guerra. Uma nação só crescia quando conquistava novos domínios. Se o rei conseguisse reunir exércitos para tomar novos territórios, a riqueza nacional aumentaria. Mas como saber se a nação podia arcar com o custo? A maioria das primeiras tentativas de catalogar o tamanho da economia foi guiada pela necessidade de determinar a capacidade do monarca para travar guerras.[3]

Foi assim na França. Em 1781, Jacques Necker, o ministro das finanças suíço de Luís XVI, apresentou seu famoso *compte rendu au roi*, seu "relatório ao rei", a primeira tentativa de fazer um balanço sério das finanças da França. Necker, um ex-banqueiro extremamente bem-sucedido – os sinais de alarme já estão disparando? –, mostrou que as finanças francesas tinham uma saúde de ferro. As receitas, dizia ele, superavam a despesa pela enorme soma de 10 milhões de "livres" [antiga unidade monetária da França equivalente a uma libra de prata]. O principal objetivo do relatório era demonstrar que a França podia bancar facilmente seu envolvimento na Guerra de Independência dos Estados Unidos, na qual, como de costume, os franceses estavam no lado oposto ao da Grã-Bretanha. Necker, que construiu sua própria fortuna através da especulação, quis provar que as finanças da França eram tão sólidas que o país poderia facilmente pegar dinheiro emprestado para financiar seu esforço de guerra. No entanto, o *compte rendu* espertamente omitia que a França já tinha emprestado quantias substanciais sob a direção do próprio Necker. Uma das primeiras tentativas de apresentar um conjunto de contas nacionais era também uma peça de ficção.

A experiência de Necker com contas nacionais não era algo inédito. Essa distinção geralmente é atribuída a William Petty, cujo trabalho —Down Survey, em 1652 — é considerado por muitos como a primeira abordagem sistemática para determinar a economia de um país – nesse caso, a Irlanda.[4] Recorrendo a instrumentos simples e milhares de soldados desempregados, Petty empreendeu um mapeamento abrangente das terras de trinta províncias, cobrindo 5 milhões de acres. A motivação principal era lotear as terras católicas conquistadas por Oliver Cromwell para reembolsar os financiadores da guerra e pagar os salários atrasados dos soldados. Além de mapear a terra, Petty conduziu um estudo bastante rigoroso sobre os bens, incluindo navios, casas e propriedades particulares. A partir desse material, ele determinou os fluxos de receita que seriam gerados, uma diferença crucial em relação às tentativas anteriores de catalogar o estoque de riqueza, como o Domesday Book de 1086.

Mais tarde, com a restauração da monarquia e a volta ao poder do rei Charles II, Petty fez o mesmo na Inglaterra e no País de Gales. Dessa vez, o objetivo era aprimorar a capacidade do monarca de tributar seus súditos. Petty recomendava o registro contínuo do consumo doméstico, da produção, do comércio e do crescimento populacional, e começou a desenvolver métodos para avaliar o valor do trabalho e da terra.

Se as primeiras tentativas de descrever a economia partiam de temas comuns como guerra, tributação e subserviência às necessidades do monarca, outras escolas de pensamento apontavam para uma direção diferente. Na França do século XVIII, os chamados fisiocratas enfatizavam que a riqueza de uma nação estava essencialmente relacionada à produção agrícola e ao trabalho produtivo. Sutilmente diferente de Petty, na interpretação dos fisiocratas, a "classe produtiva" consistia em trabalhadores predominantemente agrícolas, enquanto a chamada classe "estéril" incluía "artesãos, profissionais, comerciantes e, vejam só, o próprio rei".[5] Vista dessa perspectiva, a invenção da economia – como algo distinto do monarca – foi um ato profundamente democrático.

Adam Smith, no livro *Uma Investigação sobre a Natureza e as Causas da Riqueza das Nações*, publicado pela primeira vez em 1776, também categorizou o trabalho usando os termos produtivo e improdutivo. Segundo Smith, um homem "enriquece ao empregar uma multidão de produtores e empobrece ao manter uma multidão de empregados domésticos". Essa não era uma visão muito elogiosa das classes abastadas ociosas. Junto com as hordas de serviçais que executavam tarefas inúteis para aristocratas preguiçosos, Smith colocou o monarca, bem como o exército e a marinha, na categoria de trabalho improdutivo.

O ponto em comum entre essas primeiras tentativas de catalogar a riqueza nacional é um esforço para estabelecer o que os economistas de hoje chamam de limite da produção – entre as atividades que devem ser contabilizadas e as que não devem. Resumindo, eles estavam tentando responder a uma pergunta que ainda é relevante: o que exatamente é uma economia? No grande livro-razão da economia, o rei deve aparecer no lado positivo, como a personificação do patrimônio nacional em carne e osso? Ou, como sugeriram os fisiocratas e Adam Smith, deve ficar no lado negativo do livro-razão, como um dissipador improdutivo dos recursos da nação?

Esse questionamento em torno do que deve ser incluído ou excluído suscita polêmica até hoje. Devemos incluir gastos governamentais? E quanto aos prestadores de serviços, cujas contribuições à sociedade – mentes saudáveis (psicanalistas), humor (palhaços), educação (professores) – talvez sejam mais difíceis de contabilizar do que ferraduras e alqueires de trigo? No século XX, os países comunistas ignoravam totalmente o setor de serviços. Até hoje, temos dificuldade para medir suas contribuições econômicas.

As contas nacionais modernas, aplicadas hoje em dia em praticamente todos os países do mundo, só começaram a tomar forma de verdade nos anos 1930. Em geral, Simon Kuznets é considerado o inventor do PIB, a quintessência do sistema de contas nacionais. Mas Kuznets, como Victor Frankenstein, logo viu sua criação ganhar autonomia – e seguir seu próprio caminho.

O homem que inventou nossa forma de medir o crescimento nasceu em 1901, em uma família de comerciantes da pequena cidade de Pinsk, um território do império russo na época. Pinsk tinha uma numerosa população judaica, e os pais de Kuznets eram judeus bielorrussos. Quando criança, ele viveu sob o regime do czar; adolescente, foi simpatizante dos mencheviques, cujas esperanças de reformar a Rússia czarista foram aniquiladas pela revolução bolchevique de outubro de 1917.[6] Em seguida, Kuznets ingressou na Universidade de Kharviv, na Ucrânia, onde frequentou o Instituto do Comércio e estudou economia, história, estatística e matemática. Ele era um jovem de grande consciência social e idealista.

Seus professores em Kharkiv destacavam a importância de embasar opiniões em dados empíricos, uma lição que ele guardou para a vida toda. Na universidade, também havia uma ênfase em situar a teoria econômica em um contexto histórico e social mais amplo. Kuznets era um aluno brilhante, e com vinte e poucos anos publicou seu primeiro artigo sobre os salários dos operários de Kharkiv. Seus estudos universitários foram interrompidos pela guerra civil russa e, em 1922, a família emigrou, via Turquia, para os EUA. Foi lá que o emigrante bielorrusso causou um impacto profundo e duradouro na economia mundial.

Kuznets continuou sua educação na Universidade de Columbia, onde se formou em 1923 e recebeu seu título de doutor em 1926. No ano seguinte, ele se associou ao Bureau Nacional de Pesquisa Econômica, um grupo de pesquisa fundado em

1920. Kuznets se tornou um distinto economista e acadêmico ao criar algo que todo economista que se preza almeja – uma curva com o seu nome.[7] (Ah, ele também ganhou um Prêmio Nobel de Economia em 1971.) Entretanto, sua conquista mais duradoura veio da interseção entre a economia e o mundo real.

Kuznets adorava dados. Ele colaborava estreitamente com o primeiro diretor de pesquisa do Bureau Nacional de Pesquisa Econômica, Wesley Mitchell, que também era presidente do Comitê de Tendências Sociais do presidente Herbert Hoover. Esse trabalho levou Kuznets para o cerne da política governamental. Durante sua campanha eleitoral, Hoover havia prometido aos norte-americanos "um frango em cada panela e um carro em cada garagem". Em vez disso, vieram a quebra de Wall Street e a Grande Depressão. A resposta de Hoover diante da terrível depressão que se seguiu, que na sua pior fase resultou no desemprego de, pelo menos, um em cada quatro norte-americanos, foi lenta e inadequada. Basicamente, ele pensava que a economia ia se curar sozinha. A prosperidade, ele garantia aos norte-americanos, estava ali, virando a esquina.

Mas não se deve colocar toda a culpa em Hoover. Não havia nenhuma metodologia sistemática para determinar uma imagem precisa de uma economia nacional. No ano 2000, uma publicação do Departamento de Comércio dos EUA, que exaltava o PIB como "uma das grandes invenções do século 20", transcreveu a seguinte citação de um economista: "Lê-se com desalento que os Presidentes Hoover e, depois, Roosevelt conceberam políticas para combater a Grande Depressão dos anos 1930 com base em dados vagos como cotações de ações, volumes transportados em ferrovias e índices incompletos de produção industrial." Por mais incrível que pareça, em meio à atual obsessão por estatísticas econômicas, Hoover tinha apenas uma noção bastante precária sobre o que realmente estava acontecendo.

Isso estava prestes a mudar. Quando Franklin D. Roosevelt se tornou presidente em 1933, Kuznets foi encarregado de criar as contas nacionais. Kuznets resumiu suas ideias em um artigo para a *Enciclopédia de Ciências Sociais*. Sua proposta era de uma simplicidade encantadora: reduzir todas as atividades humanas a um único número.

Kuznets era o homem ideal para o cargo. Ele tinha quase uma obsessão por medir coisas. Um autor chegou a comparar seu modo de analisar uma economia com o procedimento de um médico em suas visitas clínicas. Ele embasava sua avaliação em dados e sintomas observáveis. Mas definir a condição subjacente do paciente também exigia discernimento, conhecimento e uma averiguação rigorosa dos fatos. Para Kuznets, ser minucioso era mais importante do que ser brilhante.[8]

Kuznets começou por categorizar as atividades econômicas norte-americanas em diferentes setores, como energia, manufatura, mineração e agricultura. Ele contava com uma equipe de três assistentes e cinco estatísticos. "Juntos, pegaram a estrada, visitando fábricas, minas e fazendas, entrevistando proprietários e gerentes e registrando números em cadernos."[9] Embora a escala da coleta de dados seja amplamente maior hoje em dia, na era do *big data*, a metodologia baseada em pesquisa de campo não mudou tanto. Ainda hoje, estimar uma economia consiste basicamente em propor uma extrapolação dos dados coletados e não uma descrição dos fatos reunidos.

A equipe de Kuznets viajou pelos EUA de leste a oeste, perguntando a fazendeiros e gerentes de fábricas o que e quanto eles produziam e o que compravam para fazer o produto final. A equipe compartilhava dados para comparar resultados e corrigir anomalias. Kuznets sabia que os dados eram mais ou menos inúteis isoladamente. Eles tinham que ser interpretados. Embora a primeira publicação de um conjunto completo de estatísticas do produto interno bruto só tenha ocorrido em 1942, o trabalho de Kuznets rendeu frutos bem mais cedo.[10] Em janeiro de 1934, ele apresentou ao Congresso seu primeiro relatório. O texto tinha 261 páginas e, como o documento histórico que era, trazia na capa um nome que somente um economista poderia ter imaginado: *Renda Nacional, 1929–32*.

O relatório começava explicando, com muito cuidado, o que os números podiam e não podiam revelar. Seu documento era, segundo Kuznets, "um amálgama de... estimativas", na melhor das hipóteses "apenas palpites bem calculados".[11] O bem-estar de uma nação, esclarecia o economista, "dificilmente poderia ser inferido" a partir de uma estimativa como aquela. Mas essas páginas continham uma bomba. Nos três anos subsequentes à quebra de Wall Street, a economia norte-americana fora reduzida a cerca de metade de seu tamanho anterior.

As descobertas de Kuznets serviram de base para a segunda fase, bem mais ambiciosa, do *New Deal* de Roosevelt, um plano no qual o governo investiu maciçamente em obras públicas, incentivos agrícolas e seguridade social a fim de tirar a economia dos EUA de uma recessão aparentemente interminável. Em vez de recorrer ao volume transportado em ferrovias, Kuznets apresentou uma base empírica bastante rigorosa para a aplicação de uma medida tão radical quanto essa. Ainda assim, ele alertou que as estimativas da renda nacional tinham "pouco valor em si mesmas". Segundo o economista, esse número agregado final não era o que devia ser considerado importante, e suas palavras deveriam soar mais alto do que nunca hoje em dia. Por exemplo, uma análise mais minuciosa mostrava que a desigualdade aumentara bastante durante a Grande Depressão. Os salários dos operários caíram muito mais rápido do que os salários dos trabalhadores administrativos, e os proprietários se saíram melhor do que a maioria. Essas descobertas convenceram Roosevelt de que ele precisava acelerar a aprovação das suas políticas trabalhistas, que incluíam a assistência ao desemprego, a erradicação do trabalho infantil e o direito à organização sindical. Sem o relatório de Kuznets, grande parte dessas medidas teria sido impossível.

Seu trabalho estava longe de acabar. Em 1936, Kuznets ajudou a organizar a primeira Conference on Research in Income and Wealth [Conferência de Pesquisa em Renda e Riqueza, em tradução livre], que reuniu participantes de alto nível tanto da academia quanto do governo. Foi durante essa conferência que se empregou o termo produto interno bruto, ou PIB, pela primeira vez. Os trabalhos apresentados nas três primeiras conferências anuais foram publicados, revelando diferenças acentuadas entre os participantes sobre o que deveria ser medido e o que deveria ficar de fora.

Embora Kuznets seja considerado o pai do PIB, em vários aspectos importantes a metodologia desenvolvida no início dos anos 1940 – e que continua sendo amplamente usada – contrariava suas crenças mais profundamente arraigadas. Kuznets estava em busca de uma medida para determinar o bem-estar e não o que ele definia como uma soma grosseira de todas as atividades. Ele queria excluir atividades ilegais, atividades econômicas prejudiciais à sociedade e a maior parte dos gastos governamentais. Em muitos desses itens, ele teve que ceder. Um estudioso das contas nacionais foi mais longe e sugeriu: "Kuznets, longe de ser o progenitor do PIB, foi seu maior oponente."[12]

Uma das consequências mais importantes da Segunda Guerra Mundial foi a invenção da bomba atômica. Ela foi desenvolvida por cientistas, alguns dos quais eram refugiados da Alemanha nazista, no ultrassecreto Projeto Manhattan em pleno deserto do Novo México. A bomba não foi somente um resultado da guerra; ela também ajudou a vencê-la. Menos conhecido é o caso do PIB, cuja invenção foi acelerada e marcada pela luta de vida ou morte contra o fascismo. Tal como a bomba atômica, essa invenção teve impacto material na guerra. Assim como alguns dos cientistas do Projeto

Manhattan, Kuznets também foi um participante relutante na sua própria criação.

Para Kuznets, uma definição sensata de economia deveria excluir gastos com defesa. Durante a guerra, ele cedeu à pressão para incluir despesas com os armamentos empregados no combate ao fascismo, mas argumentou que o potencial bélico de um país não contribuía para o bem-estar das pessoas em tempos de paz. Os demonstrativos da renda nacional, escreveu Kuznets em 1937, deveriam ser elaborados com base em uma "filosofia social esclarecida", sem contabilizar atividades nocivas e, em suas palavras, "desserviços". O primeiro item que ele listou para exclusão foi "todas as despesas com armamentos". Para Kuznets, os recursos gastos em preparativos para a guerra prejudicavam o bem-estar de uma nação porque reduziam a capacidade de consumo das pessoas e indicavam uma postura essencialmente defensiva. Se esse gasto era um mal necessário, então devia ser incluído no lado negativo das contas e não no positivo.

Mas a renda nacional era filha da guerra. Kuznets perdeu a batalha antes de ela começar. De 1940 em diante, as conferências anuais sobre o desenvolvimento das contas nacionais que Kuznets organizava passaram a ser realizadas a portas fechadas. As discussões sobre o estado da economia dos EUA se tornaram um item ultrassecreto do planejamento da guerra. Para deixar essa transição ainda mais explícita, em 1942 Kuznets foi transferido para o Comitê de Planejamento do War Production Board [Conselho de Produção de Guerra, em tradução livre].

Sua principal tarefa era definir se a economia tinha recursos disponíveis suficientes para utilizar na fabricação de munições. De modo mais geral, ele tinha que analisar a capacidade da economia de sustentar uma guerra total na Europa e na Ásia, onde os norte-americanos estavam combatendo o Japão desde o ataque a Pearl Harbor, no ano anterior.

Kuznets entrou de cabeça na tarefa. Seu objetivo era descobrir como a capacidade econômica dos Estados Unidos poderia ser mais bem empregada de modo a atingir um equilíbrio entre a construção de uma máquina de combate e a conservação do consumo doméstico necessário para manter a economia funcionando. Na estrutura governamental e militar, havia uma intensa divergência entre aqueles que queriam requisitar (e mesmo nacionalizar) os meios de produção para utilizá-los no esforço de guerra e aqueles, inclusive entre os colegas de Kuznets, que identificavam na economia uma grande capacidade de reserva, que poderia ser mobilizada sem restringir o consumo doméstico. Esses economistas talvez tenham até mesmo influenciado o momento em que os Estados Unidos entraram na guerra da Europa, ao chegarem à conclusão de que os norte-americanos seriam mais capazes de sustentar sua atuação no conflito se adiassem o envolvimento para o fim de 1943 ou início de 1944.[13]

Assim como não tinha uma bomba atômica que pudesse virar a guerra a seu favor, a Alemanha também não contava com os estatísticos e economistas necessários para se sair bem. Quando a guerra acabou, a Alemanha não havia feito nenhum dos avanços nas contas nacionais que os EUA fizeram.[14]

Havia outra força poderosa atuando nesse jogo, e seu nome era John Maynard Keynes. Em 1940, dois anos antes da convocação de Kuznets para o War Production Board, o famoso economista britânico escreveu um panfleto cuja influência foi instantânea; o título era tudo menos ambíguo: *How to Pay for the War* [*Como Pagar pela Guerra*, em tradução livre]. Enquanto a Grã-Bretanha lutava para impedir a ameaça da Alemanha nazista, Keynes reclamava que as estatísticas econômicas eram confusas demais para definir a quantidade de recursos a ser mobilizada para o esforço de guerra. Ele buscava, segundo a frase de abertura do panfleto, "a melhor maneira de conciliar as demandas da guerra com as reivindicações do consumo particular".

Keynes queria determinar a forma mais justa de compartilhar recursos limitados e, ao mesmo tempo, preservar a capacidade do governo de aumentar a dívida pública para pagar pela guerra. "A fim de calcular o tamanho do bolo a ser destinado ao consumo civil", escreveu ele, o governo teria que fazer várias estimativas, incluindo a "produção máxima atual" da economia, a viabilidade do uso de reservas estrangeiras para pagar por itens importados e o valor a ser gasto em armas, aeronaves e soldados. De acordo com seus cálculos improvisados, era possível aumentar a produção em 15 a 20% com a integração de meninos e mulheres à força de trabalho e a ampliação das horas extras. No entanto, criticava Keynes, "as estatísticas necessárias para a elaboração dessas estimativas são muito inadequadas. Desde a última guerra, todos os governos do país foram anticientíficos e obscurantistas e consideraram o registro de fatos essenciais como um desperdício de dinheiro". Somente o Estado, concluía, estava em posição de coletar e processar essas estatísticas. Na falta delas, o governo estava tropeçando no escuro.

Isso não era tudo. Até Keynes, as tentativas de definir o escopo de uma economia nacional excluíam o governo. Porém, segundo Keynes, o governo desempenhava uma função vital na economia, sobretudo nas fases de declínio da iniciativa privada, durante as quais o autor defendia gastos governamentais para estimular a demanda. Se as despesas do governo fossem excluídas do PIB, então seu papel percebido na economia seria reduzido. Até então, a renda nacional era calculada como a soma total da atividade de mercado, ou seja, como o valor total dos gastos privados de indivíduos e empresas, em investimento e consumo.[15] Nessa definição, não havia espaço para o governo.

Para Kuznets, a maior parte do gasto governamental – inclusive em itens como estradas – correspondia ao tão chamado custo intermediário "implícito em nossa civilização econômica". Para Keynes, esse era um erro conceitual. Se as despesas governamentais fossem excluídas, todos os recursos que o Estado destinava ao esforço de guerra reduziriam o potencial de crescimento econômico nas contas nacionais. Quanto mais o governo gastava, menor era o volume de recursos disponíveis para consumo e investimento particular. As visões econômicas de Keynes exigiam que essa definição de economia nacional fosse invertida. O governo tinha que ser considerado parte da economia.

Essa era uma proposta quase revolucionária. Implicava uma redefinição do conceito de economia. Como essa ideia foi consolidada em nossas contas nacionais, Keynes continua bastante influente. Sem essa mudança de definição, seria difícil justificar o que hoje conhecemos como estímulo fiscal keynesiano, já que ele extrai recursos da renda nacional em vez de acrescentar. Só quando o governo é considerado parte da economia seus gastos podem contribuir com a produção final. Desse modo, "uma definição britânica de economia elaborada em tempos de guerra se tornou um consenso mundial".[16]

As ideias de Keynes causaram um enorme impacto na Grã-Bretanha, onde um novo sistema estava sendo aplicado por dois jovens economistas, Richard Stone e James Meade, designados pelo Tesouro para produzir o primeiro conjunto moderno de contas nacionais da Grã-Bretanha. O documento foi devidamente publicado em 1941, portando o selo de qualidade teórica de Keynes. As ideias de Keynes logo surtiram efeito do outro lado do Atlântico, onde financiar a guerra havia se tornado o principal fator de motivação para a elaboração de um conjunto preciso de contas. As objeções de Kuznets foram preteridas pela *realpolitik* [uma vertente do realismo político], com base na contribuição intelectual do influente e persuasivo economista britânico. O fato de Keynes ter sido o verdadeiro inventor do PIB, como escreveu um comentarista, é "um dos segredos mais bem guardados da história econômica".[17]

Houve ainda uma terceira área em que Kuznets perdeu influência sobre sua invenção. Para Kuznets, tudo que fosse prejudicial ao bem-estar social também deveria ser excluído. Isso incluía não apenas itens como armamentos, mas também propaganda, especulação e atividades ilegais, como apostas, extorsão e prostituição. Indicar o que deveria ser acrescentado e o que deveria ficar de fora seria mais ou menos como seguir uma receita de bolo. O tipo de receita escolhido influencia o sabor e a textura: você pode comer o pão de ló do crescimento ou um bolo de chocolate com recheio extra. Os gostos de Kuznets eram contidos, até mesmo pudicos. Para ele, as contas nacionais deveriam medir somente as atividades econômicas positivas – o que, definitivamente, correspondia ao lado pão de ló da economia. Kuznets perdeu esse debate, e acabamos recebendo uma receita de bolo fudge duplo de chocolate com chantilly, polvilhado de açúcar. Tudo de bom e de ruim vai parar no bolo. O crescimento econômico – como a manteiga e o creme – nem sempre faz bem à sua saúde.

Em seu estilo ligeiramente seco, Kuznets fez o seguinte comentário sobre o assunto:

> "Seriam de grande valor estimativas da renda nacional que removessem do total os elementos que, do ponto de vista de uma filosofia social mais esclarecida do que o viés de uma sociedade aquisitiva, representam desserviço em vez de serviço. Tais estimativas iriam subtrair dos valores totais da renda nacional atual todos os gastos com armamentos,

a maioria dos gastos com propaganda, muitas das despesas associadas a atividades financeiras e especulativas."[18]

O modo como calculamos o crescimento econômico hoje não leva em conta as advertências de Kuznets. Se nossos bancos estão maiores; nossos publicitários, mais persuasivos; nossa criminalidade, mais alta e nossos planos de saúde, mais caros, nosso desempenho econômico é avaliado como excelente. Não é o que Kuznets queria. Mas é o que temos.

2

O Salário do Pecado

Certo dia, em 2012, dois contadores que trabalhavam no Office for National Statistics [Instituto Nacional de Estatística da Grã-Bretanha ou ONS, na sigla em inglês] iniciaram um projeto incomum: eles começaram a contar prostitutas. Joshua Abramsky e Steve Drew não estavam entediados, estavam respondendo a uma determinação imposta pelo Eurostat, o setor de estatística da União Europeia, que queria que as nações da Europa padronizassem o modo como calculavam a renda nacional.

Uma das anomalias no modo como os países compilam suas contas nacionais é sua postura diante de atividades ilegais como apostas, prostituição e manuseio de mercadorias roubadas. Para Simon Kuznets, somente as atividades que contribuíssem para o bem-estar humano deveriam ser contabilizadas, mas quem definiria essas atividades? Ele pensava que propaganda era algo inútil. Talvez outra pessoa considerasse videogames uma perda de tempo ou parasse de contabilizar álcool, cigarros e junk food por fazerem mal à saúde.

Anos antes, a Eurostat resolvera essa questão ao instituir que qualquer transação monetária da qual as partes envolvidas tenham consentido em participar de livre e espontânea vontade deveria ser contabilizada como atividade econômica.[1] Afinal de contas, em alguns países europeus, incluindo a Holanda, onde as prostitutas são célebres por ficarem expostas em vitrines ao longo dos canais de Amsterdã, a prostituição é legal. Também são lícitos, em alguns países, certos tipos de drogas. E, nesses países europeus, essas atividades são contabilizadas como parte da economia. Para manter a consistência, a Eurostat resolveu que os outros países deveriam adotar o mesmo método.[2] Segundo o órgão, a renda nacional deve medir os bens e serviços produzidos em um país durante um certo período. Ela não consegue distinguir uma atividade "boa" de uma atividade "ruim". Se as bombas e os derivativos (as criações tóxicas e ocasionalmente explosivas do mundo bancário) são contabilizadas, então por que não registrar uma dose de heroína ou uma hora de sexo pago?

Mas como Abramsky e Drew poderiam determinar a contribuição da prostituição para a economia britânica? Onde eles deveriam ir atrás de informações? Como se poderia supor, eles não se encaminharam para a zona de prostituição mais próxima para contar quantas prostitutas faziam ponto lá. Sendo estatísticos, eles seguiram seu procedimento habitual: recorreram a artigos acadêmicos.[3] As informações eram vagas. Não havia um jeito fácil de calcular quantas prostitutas trabalhavam na Grã-Bretanha. Na pesquisa de campo padrão sobre unidades domésticas, não se fazia nenhuma pergunta sobre o uso de serviços sexuais, o que não é nenhuma surpresa. Abramsky e Drew recorreram, então, a uma pesquisa de 2004 sobre prostitutas de Londres que não atendiam nas ruas e suplementaram esses dados com uma estimativa da Polícia Metropolitana para o número de prostitutas de rua que atuavam na capital.[4] Em seguida, eles ampliaram esse modelo e chegaram a uma estimativa do número de prostitutas que trabalhavam na Grã-Bretanha em 2004. Usando dados do censo sobre homens maiores de dezesseis anos, eles atualizaram o modelo com base na premissa de que o número de prostitutas aumenta proporcionalmente ao crescimento da população masculina.

A partir desses cálculos baseados no nível de segurança típico dos preservativos, eles estimaram – com uma precisão alarmante e um tanto quanto falaciosa – que havia 60.879 prostitutas trabalhando na Grã-Bretanha em 2009. Para destacar ainda mais a arbitrariedade do exercício, somente prostitutas mulheres foram contabilizadas.[5] Quanto valiam os serviços delas? Para isso, os estatísticos precisavam saber quantos clientes cada prostituta atendia e quanto elas cobravam pelo sexo. Novamente recorreram à pesquisa. Dessa vez, tomaram como base um estudo acadêmico holandês para estimar quantos clientes as prostitutas atendiam por mês e, para definir os valores, acessaram o PunterNet, um site em que homens avaliavam os serviços das mulheres que visitavam. Com cerca de 25 clientes semanais para cada prostituta, a um valor de £67,16 por "serviço pessoal", eles chegaram a um número que indicava os gastos totais com prostituição na Grã-Bretanha em 2009.

Abramsky e Drew elaboraram um modelo similar para drogas ilegais. Eles restringiram a pesquisa a crack, cocaína em pó, heroína, maconha, ecstasy e anfetaminas. (Se a droga de sua escolha não está na lista, então você realmente não está fazendo sua parte pela economia.) Eles também elaboraram hipóteses similares sobre o consumo intermediário – as matérias-primas necessárias para a fabricação do produto final –, e uma de suas ideias foi descontar do preço de venda final a eletricidade consumida no plantio da maconha e, assim, chegar ao valor adicionado.[6]

O exercício, que provocou uma pequena comoção na imprensa britânica, parece ligeiramente absurdo, mas o que escolhemos contabilizar e não contabilizar tem consequências reais. A carta a seguir foi enviada para o *Financial Times* em resposta a uma reportagem do jornal informando que a prostituição e as drogas ilegais injetaram £9,7 bilhões na economia britânica, e a um editorial totalmente irrelevante exortando a Grã-Bretanha a manter suas despesas com defesa em 2% do PIB.[7]

> Os 2% do PIB de referência da Otan que vocês mencionam no editorial "Lutar ou fugir será a escolha do Reino Unido para a defesa" indicam, sem dúvida, um modo muito estranho de calcular o orçamento da defesa de um país. Aplicar esse critério ao Reino Unido sugere que o valor previsto para a despesa aumentou recentemente como resultado da inclusão dos ganhos das prostitutas e do consumo de drogas ilegais na composição do PIB, o que parece ligeiramente ridículo. Se as prostitutas se esforçassem um pouco mais, o exército poderia receber mais algumas armas!

Aplicar diferentes metodologias ao modo como calculamos o volume das economias distorce comparações internacionais, um uso bastante recorrente do PIB. Os EUA, por exemplo, não contabilizam atividades ilegais. Claro, os norte-americanos contabilizam armas, que são legais nos Estados Unidos, mas ilegais na maior parte da Europa.

O tratamento dispensado às drogas nos Estados Unidos (um usuário contumaz) e na Colômbia (um importante fornecedor) é totalmente diferente. Tradicionalmente, a Colômbia contabiliza as drogas como parte de sua atividade econômica, embora essa contribuição venha diminuindo. Em 2010, ela caiu bruscamente com o fim do cartel de Medellin, de Pablo Escobar. No auge, no final dos anos 1980, de acordo com Ricardo Rocha, economista da Universidade do Rosário em Bogotá, a cocaína representava 6,3% do PIB da Colômbia.[8] Em 2010, os cartéis já estavam ficando para trás, e sua contribuição despencou para meros 1%.

Essas coisas fazem diferença. Em 1987, no episódio que ficou triunfalmente conhecido como *Il Sorpasso* (inspirado em um filme cult, *Aquele que Sabe Viver*), os italianos acordaram e descobriram que sua economia havia ultrapassado a da Grã-Bretanha e era agora a quinta maior do mundo. O motivo? A agência do governo italiano encarregada das estatísticas tinha aprimorado a medição da economia informal, notoriamente expressiva e alheia à tributação. O resultado foi um salto de 18% no tamanho da economia, uma cortesia, ao menos em parte, da Máfia. "De repente, acordamos e descobrimos que estávamos mais ricos e melhor do que pensávamos", afirmou Massimo Esposito, editor do *Il Sole-24 Ore*, um jornal de negócios da Itália.[9]

O que medimos pode influenciar, e com frequência influencia, o modo como vemos a nós mesmos. Também pode influenciar a política. Agora que reconhecemos o valor, em libras esterlinas, da contribuição do crack e da prostituição para a economia da Grã-Bretanha, o próximo passo lógico poderia ser legalizar (e tributar) esses produtos e serviços. Talvez não seja uma má ideia. Mas devemos reconhecer os efeitos que nossas medidas têm sobre a política. Quem duvida, por exemplo, de que os governos ocidentais apoiam os fabricantes de armas porque eles contribuem com a economia, apesar do custo dos mortos e feridos?

De maneira semelhante, os governos do mundo inteiro pegam leve com as companhias de tabaco, que contribuem com a economia e pagam tributos ao tesouro. O custo (não tão) oculto dos cigarros para a sociedade – problemas de saúde, despesas médicas e mortes prematuras – é aceito como um subproduto necessário de sua contribuição econômica. Além disso, as respectivas despesas hospitalares e com o tratamento para câncer também contribuem para a produção econômica. Esse é um bom exemplo de como priorizamos o crescimento sem parar para pensar no porquê. Por vermos as políticas públicas quase que exclusivamente através das lentes da economia, ficamos tentados a considerar o câncer de pulmão como uma escolha necessária para o crescimento. Excluir o tabaco da atividade econômica não eliminaria nossa ânsia por nicotina, mas, provavelmente, mudaria a prática dos incentivos governamentais e, portanto, a política do governo para a indústria tabagista.

Pobre do político que se dispõe a defender uma queda no crescimento em prol de uma causa maior, seja ela social ou ambiental. Nos EUA, a ideia de sacrificar o crescimento, por exemplo, com um aumento dos impostos sobre a gasolina como medida contra o aquecimento global seria impensável em termos políticos. De fato, a decisão de Donald Trump de se desligar do acordo de Paris sobre mudanças climáticas em nome do crescimento recebeu um forte apoio de parte do povo norte-americano. Quando Kevin Rudd, ex-primeiro-ministro da Austrália, tentou lançar um mercado para créditos de carbono, seu projeto de lei foi derrubado sob a alegação de que aumentaria os custos empresariais e prejudicaria a economia. Sem cerimônia, ele foi convidado a se retirar do cargo.[10]

Acrescentar drogas e prostituição à renda nacional da Grã-Bretanha ajuda a apurar mais claramente essas questões e a definir o que estamos medindo e o tipo de sociedade que estamos apoiando. Se levarmos o exercício até sua conclusão lógica, também não deveríamos, por exemplo, contabilizar assassinos de aluguel e redes criminosas de proteção como parte da economia nacional? Se um assassino de aluguel cobra um valor e presta um serviço, isso não atende à definição da Eurostat para o que deve ser contabilizado? Essa não é uma transação monetizada entre partes interessadas?

Também não deveríamos contabilizar o comércio de mercadorias roubadas? Na verdade, nós contabilizamos. Segundo Sanjiv Mahajan, especialista em contas nacionais, há uma distinção entre o ato inicial do roubo e a venda das mercadorias roubadas. Se eu roubo sua Ferrari, essa é uma transação involuntária que não aparece na renda nacional. Mas se depois eu vender a Ferrari roubada e for a um empório de renome para comprar caviar e uma garrafa de um bordeaux envelhecido por décadas com o dinheiro da venda, essa compra será registrada no setor de varejo e, portanto, incrementará a economia. "Eu não gostaria de ver a seguinte manchete no jornal *Sun*: Mais Roubo Contribui para a Economia", diz Mahajan. "Mas de certo modo contribui, porque você ganhou dinheiro sem produzir nada. Você usou duas vezes a mesma mercadoria."

Mahajan sabe que essa maneira de pensar pode parecer arbitrária, até mesmo ilógica. Mas a renda nacional, afirma o autor, nunca teve o objetivo de ser uma medida moral nem um indicador de bem-estar. "Para o PIB crescer, você deve aumentar os impostos, incrementar o uso de drogas ilegais e a prostituição e declarar guerra", propõe. "Parece uma época bem feliz, não é?"

Nos arredores da cidade de Newport, no País de Gales, próximo ao rio Usk, há um parque empresarial em um local onde venta muito. Há ali um prédio cinza e atarracado, feito de tijolos e vidro. É o tipo de estrutura responsável pela má reputação da arquitetura moderna, o tipo de lugar em que você logo imagina uma fileira de estatísticos trabalhando em conjuntos intermináveis de estatísticas. Do lado de fora, no jardim, uma placa de cor nacarada, alçada por dois postes de metal, completa o cenário. No letreiro está escrito ESCRITÓRIO DE ESTATÍSTICA NACIONAL [ONS, sigla em inglês] seguido de algumas palavras em galês, SWYDDFA YSTADEGAU GWLADOL, que provavelmente significam: "Cuidado: estatísticos trabalhando."

Em 2007, o ONS se mudou de mala e cuia de Londres para essa área no sul do País de Gales. Praticamente toda a equipe sediada em Londres preferiu pedir demissão a se mudar para Newport. Esse não é um episódio do qual o Conselho Turístico Galês costuma se vangloriar.

Compilar estatísticas sobre a Grã-Bretanha pode ser uma tarefa inglória. Apesar da experiência e do empenho dos funcionários que construíram suas carreiras no ONS, uma pesquisa do *Financial Times* apontou que somente 10% dos britânicos consideravam os números produzidos pelo órgão precisos. A maioria acreditava que os dados eram manipulados para fins políticos.[11] Ainda assim, para o bem dos compiladores das contas nacionais britânicas, a divulgação desses números – nos quais aparentemente ninguém confia – nunca deve atrasar. Em junho de 2010, o Instituto de Estatística adiou a divulgação da renda nacional após admitir que havia descoberto possíveis erros nos valores. O adiamento de duas semanas causou oscilações nos mercados, que especularam sobre possíveis revisões em dados de crescimento já divulgados. A atualização, quando veio, realmente mostrou que a recessão tinha sido mais profunda do que se pensava, com uma queda na economia, do pico ao vale, de 6,4% e não de 6,2%, conforme declarado anteriormente.

O ONS não teve somente que mudar de sede; o órgão também sofreu cortes de milhões de libras em seu orçamento. Por isso, teve que reduzir o tamanho das amostras de suas pesquisas e determinar se algumas séries de estatísticas deviam ser interrompidas. O governo até ameaçou cancelar o próximo censo, base de muitos outros grupos de dados, alegando seu custo excessivo. O censo de 2011 custou à Grã-Bretanha a vultosa soma de £480 milhões.[12] Coletar dados estatísticos consistentes é caro. Esse procedimento nem sempre foi prioridade política, como já apontava Keynes mais de sessenta anos atrás.

Para a equipe de cerca de 650 pessoas que trabalha com renda nacional em Newport, o fim de cada trimestre parece um tiro de largada. Eles têm somente 25 dias para produzir sua primeira estimativa; uma façanha, já que pode levar até três anos para todas as informações relevantes serem reunidas. O primeiro documento divulgado, portanto, é uma estimativa bruta que vai sendo gradualmente refinada à medida que mais dados são obtidos. Após cada trimestre, o ONS divulga estimativas nos prazos de 25, 55 e 85 dias, quando 90% dos dados relevantes estão disponíveis.[13] As agências de estatísticas dos outros países trabalham com prazos ligeiramente diferentes, mas, em termos gerais, seguem a mesma metodologia.

Há três receitas para calcular o PIB. Embora cada uma use ingredientes diferentes, em teoria deveriam preparar um produto com o mesmo gosto. Na prática, devido ao número vertiginoso de dados e hipóteses associados a cada método, com frequência elas apresentam resultados bastante diferentes. Por isso, os estatísticos têm que conciliar três conjuntos de números eliminando os valores atípicos suspeitos.

Antes de explicarmos as três receitas, vamos começar com uma definição. O ONS – cujo lema é maravilhosamente conciso e totalmente louvável: "Quanto melhor a estatística, melhores as decisões" – afirma que o PIB é "o valor das mercadorias e serviços produzidos durante um determinado período". Esse conceito torna o PIB terrivelmente simples e suscita a questão de por que ele demorou centenas de anos para ser inventado.

Das três palavrinhas do PIB, a terceira é "bruto" [em inglês, *gross*, primeira palavra da sigla GNP], que significa, simplesmente, um número do qual nada foi subtraído.[14] Kuznets também propôs o produto nacional líquido, que removeria várias coisas, incluindo a depreciação do maquinário usado para fabricar os produtos finais. A segunda, "interno" [*domestic*, em inglês], indica algo que ocorre dentro do país em questão. Esse termo diferencia o PIB do produto *nacional* bruto, que inclui tudo o que é produzido pelas empresas de um país, dentro e fora dele. Na era das multinacionais, essa distinção é importante. Por fim, vem o "produto" [*product*, em inglês], que abrange toda a produção de bens e serviços.

As três receitas são conhecidas como métodos da despesa, da renda e da produção.[15] Elas medem, respectivamente, o que é gasto, ganho e produzido. Uma economia só deveria produzir aquilo que é comprado (uma vez que importações e exportações também entram no cálculo), e as pessoas só deveriam gastar o que ganhassem. Por isso, em teoria, as três medidas deveriam chegar ao mesmo resultado.

O método da produção consiste na soma de tudo o que é produzido por fábricas e agricultores, cabeleireiros e confeitarias. Determinar o valor da produção não é tão simples, pois é fácil incorrer na dupla contagem. Imagine uma padaria, por exemplo.[16] Você não pode simplesmente somar o valor das rosquinhas, pães, croissants e rosquinhas – já falei das rosquinhas? – se quiser obter o número correto. Isso porque, ao contar esses produtos, você estaria contando itens registrados anteriormente. Você teria contado a farinha quando calculou a produção do moleiro. E teria contado o trigo usado para fazer a farinha quando registrou a produção dos produtores de trigo.

Portanto, quando se trata de determinar a contribuição do pão para a economia, na verdade você deve contabilizar o chamado "valor agregado", o valor adicional criado durante o processo que transformou a farinha – e a manteiga, a eletricidade, a força de trabalho e o aluguel – em um pão artesanal crocante ou um pão preto alemão. Você tem que subtrair o valor de todos os produtos intermediários que entram na confecção do produto finalizado. A fórmula da produção é bastante simples: determine o valor de todos os produtos e serviços produzidos em um determinado período e subtraia o valor dos produtos intermediários.

A seguir vem o método da despesa, que calcula algo que os economistas às vezes denominam "demanda agregada". Isso inclui todos os "gastos", de residências, empresas e governos. Como estamos calculando o produto doméstico, precisamos adicionar as exportações, produzidas dentro do país, e subtrair as importações, produzidas fora do país. A fórmula dessa receita é a seguinte: some os gastos dos consumidores, os gastos do governo, os investimentos das empresas e as exportações e subtraia as importações. Talvez essa seja a receita mais conhecida do livro de receitas da economia.[17] A última receita é a abordagem da renda, que mede toda a renda obtida em uma economia, principalmente por meio de salários, lucros, dividendos, aluguéis e impostos. Quando se trata de medir nossa economia, somos o que ganhamos.

Tal como nos EUA, na Europa e em muitos outros países, a maioria dos números que servem de base para o ONS vem de amostras de pesquisas. Esses números não são o resultado de um cálculo total envolvendo cada transação feita na economia. "Não há nenhum computador no céu contando todos os recibos", diz Umair Haque, um autor que vem criticando nossas medidas econômicas. "Essa é uma avaliação muito grosseira e, portanto, não devemos tratá-la como se fosse sagrada."[18]

Para citar um exemplo mundano, o ONS não consegue registrar todas as vezes em que eu vou ao supermercado para comprar um pacote de Goiabinha ou um desentupidor de privada. No primeiro caso, as informações vêm de uma variedade de fontes: da fábrica de biscoitos, que deve saber mais ou menos quantos pacotes produziu; dos supermercados e lojistas, que devem saber mais ou menos quanto pacotes venderam; e da população em geral, que deve saber com precisão como as Goiabinhas são deliciosas. Mas o ONS não tem como visitar cada domicílio do país e perguntar quantas Goiabinhas e desentupidores seus moradores compraram na última semana. "Ah, já que estamos aqui, por acaso você comprou outra coisa?" Em vez disso, o órgão analisa amostras de pesquisa. Na Grã-Bretanha, uma fonte importante é a *Living Costs and Food Survey* [Pesquisa de Custos de Vida e Alimentos, em tradução livre]. Um entrevistador do ONS conduz uma entrevista pessoal no início do estudo e, em seguida, deixa um diário para que cada membro da família, inclusive as crianças, registre seus gastos durante uma semana ou mais. A cada ano, cerca de 5.000 pessoas preenchem formulários como esses na Grã-Bretanha, cuja população é de aproximadamente 65 milhões.

As amostras são coletadas de maneira mais intensiva nas empresas. A cada mês, o ONS envia 45.000 formulários de pesquisa para empresas de todos os setores no Reino Unido. Assim como Kuznets, os estatísticos categorizam as empresas por setor e subsetor para que as informações se cruzem e formem um panorama representativo do todo. O documento International Standard Industrial Classification [Classificação Internacional Normalizada Industrial] (Revisão 4), compilado pelas Nações Unidas, contém instruções para esse procedimento. Para os nerds, essa leitura pode ser fascinante. Com mais de 290 páginas, o documento categoriza todas as empresas imagináveis, indicando áreas como "cruzeiro de pesca" e "fabricação de malas, bolsas de mão e similares, selaria e arreios", para citar dois exemplos aleatórios. Cada categoria é subdividida posteriormente em dezenas de itens. Em seguida, a escala dos resultados é ampliada para representar o setor como um todo. Pense nisso como uma pesquisa de boca de urna. Nem todas as pessoas que saem do local de votação respondem em quem votaram, mas coleta-se uma amostra grande o suficiente para formar um quadro bastante confiável.

O ONS também está tentando obter mais informações a partir do que os estatísticos chamam de "dados administrativos". Essas são informações coletadas pelo governo para fins não estatísticos nas atividades cotidianas da administração pública. Alguns exemplos são carteiras de motorista, certidões de nascimento e óbito, desembaraço aduaneiro, registros de impostos e assim por diante. Essas informações são muito úteis para os estatísticos porque geralmente abarcam a população inteira e contêm dados reais em vez de estimativas derivadas de pesquisas. Para uma agência com sérias restrições orçamentárias, os dados administrativos têm outra vantagem: eles já foram coletados e vêm de graça. Em 2015, o ONS anunciou seus planos de extrair dados diretamente dos formulários VAT [o imposto sobre valor agregado vigente na Grã-Bretanha] preenchidos e encaminhados para a Her Majesty's Revenue and Customs [Administração Fiscal e Aduaneira da Coroa Britânica, em tradução livre]. Segundo o órgão, esses dados poderiam reduzir pela metade a quantidade de formulários de pesquisa a serem enviados no futuro.

Assim que os dados chegam, o trabalho estatístico começa. Cada uma das três fórmulas destacadas acima recebe diferentes números. Depois, as três estimativas devem ser conciliadas com base no chamado "quadro de recursos e empregos", um conjunto de matrizes em que os diferentes resultados podem ser comparados.

Por fim, os números têm de ser ajustados de acordo com os critérios de sazonalidade e inflação. Não é muito útil indicar que as vendas de carros aumentaram drasticamente em um determinado mês se as pessoas sempre compram muitos automóveis em uma época específica do ano. É bem melhor adaptar os números fazendo ajustes baseados em fatores sazonais. Se não fizer isso, prepare-se para as manchetes de janeiro: QUEDA NA VENDA DE ÁRVORES DE NATAL, ECONOMIA EM COLAPSO.

Levar em conta a inflação é mais difícil, mas muito mais importante. Normalmente, o crescimento é ajustado com base na inflação. Seria enganoso dizer que a economia cresceu 15% se 14 desses pontos percentuais foram motivados por aumentos de preços. As pessoas estão mais interessadas no índice "real" de crescimento. Os estatísticos ou comparam volumes de produção (em vez de valores) ou aplicam um deflator para descontar o efeito da inflação.[19] Agora, só precisamos esperar que Abramsky e Drew terminem de contar todas essas drogas e prostitutas para, abracadabra!, apresentar seu PIB.

3

O Bom, O Mau e o Invisível

No verão de 2012, Janice S, uma ex-assistente de vendas de 64 anos de idade que morava perto de Stamford, em Connecticut, sentiu dores no peito.[1] Ela foi levada de ambulância em um percurso de seis quilômetros até o hospital, onde se submeteu a três horas de exames e teve algumas consultas breves com um médico. Por fim, disseram que ela não tinha nada além de indigestão e a mandaram para casa. Essa foi a parte boa. A parte ruim foi a conta: US$995 pela ambulância, US$3.000 pelos médicos e US$17.000 pelo hospital – ao todo, US$21.000 por um procedimento de rotina.[2] Nunca uma azia custou tão caro.

Qual era o provável motivo desse custo tão elevado? Entre os custos do hospital, havia três exames de "troponina I", US$199,50 cada um. O exame de troponina mede os níveis de determinadas proteínas presentes no sangue e associadas a ataques cardíacos. O hospital elaborava a conta dos pacientes com base em um *chargemaster*, uma lista de preços que parecia não ter nenhuma relação com o custo dos itens – nem com a realidade. Quando eram questionados sobre o *chargemaster*, os administradores dos hospitais ficavam nervosos e mudavam de assunto.

Se o Medicare, o sistema de seguros de saúde administrado pelo governo dos EUA, tivesse coberto o custo do exame de troponina, o hospital teria recebido US$13,94 por teste, em vez dos US$199,50 cobrados de Janice. Como Janice estava desempregada, não tinha cobertura de nenhum seguro. Ela também não era segurada pelo Medicare, que oferece cobertura para pessoas a partir dos sessenta e cinco anos de idade. Também cobraram de Janice US$157,61 por um hemograma completo. O Medicare teria reembolsado ao hospital o valor US$11,02 pelo mesmo procedimento. Outra fonte de lucro excessivo foi o valor cobrado por um simples comprimido de acetaminofeno – uma versão genérica do Tylenol –, cujo preço foi inflacionado em 10.000%. De acordo com os registros do Hospital de Stamford, ao longo de um período de doze meses, as despesas totais com serviços laboratoriais como os de Janice foram de US$27,5 milhões, enquanto a receita total foi de US$293,2 milhões, um ganho considerável para uma organização que, oficialmente, não tem fins lucrativos.

A cada ano, os EUA gastam cerca de 17% do PIB em serviços de saúde.[3] Isso é quase o dobro da quantia gasta na maioria dos países desenvolvidos. O Reino Unido dedica 9% do PIB a serviços de saúde; o Japão, 10,2% e a França, que tem um sistema de saúde de primeira, 11,5%. Singapura, que também tem um sistema de saúde excepcionalmente bom, gasta apenas 4,9%, menos de 1/3 do valor destinado pelos EUA. Toda semana os norte-americanos desembolsam mais de US$55 bilhões com despesas médicas, quase o custo para limpar a bagunça deixada pelo furacão Sandy em 2012.

Mas se você pensa que todo esse dinheiro produz resultados espetaculares, está errado. A situação da saúde nos EUA não é melhor do que na maioria dos países desenvolvidos; em alguns casos, chega a ser consideravelmente pior. Os EUA ocupam a 31ª posição no ranking de expectativa de vida, logo abaixo da Costa Rica.[4] Os norte-americanos de ambos os sexos vivem, em média, 79,3 anos; para fins de comparação, a expectativa de vida média no Japão, o país mais bem colocado, é de 83,7 anos. Em outras palavras, os japoneses gastam a metade e vivem quatro anos a mais do que os norte-americanos.

É provável que os EUA fiquem ainda mais para trás. Até 2030, as mulheres da Coreia do Sul provavelmente terão uma expectativa de vida de quase 91 anos, de acordo com um estudo recente publicado na revista *Lancet*, que atribui essa conquista à cobertura universal dos serviços de saúde, à boa nutrição infantil e à rápida adoção de novas tecnologias médicas. Em contrapartida, segundo o estudo, os EUA terão a expectativa de vida mais baixa entre os países ricos até 2030.[5] Quanto ao índice de mortalidade infantil, que mede o número de crianças que morrem antes de completar um ano, os EUA não se saem melhor. Em 2015, o país ocupava a 57ª posição no ranking mundial, logo atrás da Bósnia e Herzegovina, com 5,72 mortes a cada mil crianças nascidas vivas. Mônaco encabeçava a lista, com um índice de 1,82.

Os defensores do sistema de saúde dos EUA contestam esses números. Segundo eles, dados brutos como esses não conseguem explicar diferenças entre países em termos de dieta, etnia, níveis de desigualdade e problemas sociais, como abuso de drogas. Eles também não levam em conta os níveis bem elevados de mortes violentas nos EUA, sobretudo por armas de fogo. As taxas de mortalidade infantil podem não ser comparáveis, eles argumentam, porque são mensuradas de modo diferente em países diferentes. Algumas dessas objeções podem ser válidas, mas o lobby da indústria da saúde nos EUA sugere que essas críticas devem ser ingeridas junto com uma dose cavalar de sódio (possivelmente superfaturada em 10.000%).[6]

Você precisaria ter recebido um cheque com uma soma considerável da Big Pharma [termo utilizado para designar coletivamente a próspera indústria farmacêutica dos EUA] para afirmar que os norte-americanos estão obtendo um bom retorno pelo dinheiro que injetam nos serviços de saúde. Então, como explicar esses custos tão inflacionados? A formidável máquina lobista da indústria da saúde exerce influência sobre Washington para que se elaborem leis que favoreçam os interesses das empresas do setor.[7] Como resultado, às vezes o paciente acaba ficando em segundo plano. As indústrias que produzem medicamentos e produtos clínicos, aliadas a grupos que representam médicos, hospitais, casas de repouso e seguradoras, gastaram US$5,36 bilhões com lobby entre 1998 e 2012, segundo Steven Brill, que pesquisou exaustivamente a indústria da saúde dos EUA. No mesmo período, as indústrias aeroespaciais e de defesa gastaram US$1,53 bilhão e as empresas de petróleo e gás, US$1,3 bilhão. Em outras palavras, "em Washington, o complexo industrial da saúde gasta três vezes mais do que o complexo industrial militar".[8]

O motivo lucro é um importante fator, pois inflaciona os custos e estimula os profissionais a examinarem, prescreverem e realizarem cirurgias em excesso. Por todos os Estados Unidos, os hospitais estão entre as empresas mais lucrativas das cidades, e seus administradores recebem salários que frequentemente chegam a milhões de dólares. O medo de processos também impulsiona a alta nos custos. Atrás de todo médico bem remunerado sempre há um advogado ainda mais bem remunerado. No caso de Janice, alguns dos exames realizados visavam mais proteger o hospital de possíveis processos do que oferecer o melhor atendimento ao paciente.

Qual é o resultado de todos esses gastos extras em serviços clínicos, já que eles não melhoram a saúde pública? Atividade econômica, evidentemente. Muita atividade. Todos esses lucros, avaliações de seguradoras, processos por negligência e tomografias computadorizadas desnecessárias contribuem para o crescimento da economia norte-americana. Esse, porém, é um tipo estranho de contribuição. À medida que os preços são inflacionados, o impacto aparentemente positivo da indústria da saúde na economia nacional aumenta.

Se você contabilizar esses valores de outro modo – digamos, de acordo com a ideia de Kuznets –, talvez conclua que essa fatura gigantesca está subtraindo e não somando. Você pode, inclusive, deduzir esse valor do volume da economia como uma "despesa de defesa" negativa. Mas não é isso que ocorre. Nas circunstâncias atuais, para impulsionar o crescimento norte-americano, os custos da saúde devem dobrar. Você pode chamar essa proposta de política de aceleração do crescimento de *a azia de US$42.000.*

Se é fácil determinar o total de receitas e lucros obtidos pelas empresas privadas do setor de saúde, é bem mais difícil definir a contribuição do governo para a economia. Por mais que Keynes tenha recomendado que as despesas governamentais fossem listadas como renda nacional, muitas vezes os gastos do governo contam pouco. Isso não é algo sem importância. Mesmo nas economias mais voltadas para o mercado, os governos oferecem todos os tipos de serviços, em muitos casos gratuitamente. Por não terem valor de compra e venda, não é fácil precificar ou determinar a contribuição desses serviços para a economia. Os lucros obtidos por uma escola particular, por exemplo, contam como renda nacional. Um hospital norte-americano, ao encher os cofres de dinheiro, aumenta o volume da economia de forma mensurável. Mas os serviços governamentais – de um ponto de vista contábil – são menos visíveis. Dependendo do país, o governo pode operar trens, coletar lixo, construir estradas, prestar serviços de emergência e de combate a incêndios e investir em ciência. Na maioria dos países, os governos disponibilizam escolas gratuitas até uma idade obrigatória. Alguns até mesmo oferecem educação superior gratuitamente ou com grandes subsídios. Em muitos países, os serviços de saúde são gratuitos.

Os responsáveis pelo cálculo das contas nacionais nunca solucionaram o problema de como determinar o valor dos serviços governamentais. É quase impossível medir corretamente algo fornecido de graça. Por quê? Pense nas escolas públicas. Parece que só há gastos com insumos: salários de professores, aluguel de imóveis, contas de energia elétrica e assim por diante. Como ninguém paga pelo produto final – a educação –, você não pode medir o valor agregado. De maneira semelhante, nos sistemas públicos de saúde, você não pode mensurar todos aqueles lucros inflacionados do setor privado. Aqui também, só os gastos com insumos aparecem: salários de médicos e enfermeiras, o preço de atacado dos medicamentos e assim por diante. Uma operação de hérnia bem-sucedida e uma mulher que recebe alta e volta para casa com um pouco de azia são invisíveis.

Para aumentar a contribuição econômica do Serviço Nacional de Saúde do Reino Unido – que oferece serviços de saúde gratuitos à população –, você precisaria elevar o custo de todos esses insumos. Seria necessário pagar salários mais altos a médicos e enfermeiras e preços maiores pelos medicamentos às empresas farmacêuticas e, talvez, incluir alguns processos e atividades de lobby só para garantir. Em outras palavras, a única maneira de aumentar a contribuição econômica de um sistema público de saúde – pelo método convencional de medição – é torná-lo *menos* eficiente.

Nem todo crescimento é bom, e uma aparente ausência de crescimento nem sempre é ruim. Com um estalar de dedos, você pode criar a ilusão de uma grande economia simplesmente por gastar dinheiro: basta olhar para o sistema de saúde dos EUA. Por outro lado, você pode melhorar drasticamente um serviço de saúde gratuito administrado pelo poder público sem acrescentar nem um centésimo ao crescimento. Daí vem outra implicação desse raciocínio: quanto maior é o setor público de um país, mais subestimado é o tamanho real de sua economia. O modo como contabilizamos a renda nacional é tendenciosa e favorece a iniciativa privada em detrimento da pública.

Na Grã-Bretanha, o governo de Tony Blair tentou resolver esse problema medindo diretamente a eficiência dos serviços públicos. Em 2001, Blair nomeou Michael Barber, um ex-professor, para liderar a assim chamada Delivery Unit. Barber se apresentou diante de um grupo de jornalistas céticos brandindo uma variedade estonteante de metas e gráficos. Em suas próprias palavras, ele estabeleceria um padrão para a prestação de serviços públicos e responsabilização dos servidores públicos. Os jornalistas ironizaram essa abordagem avançada, que chamaram de "deliverologia". Barber adotou o termo e nunca olhou para trás.

A Delivery Unit estava tentando encontrar alternativas práticas para o modo convencional de medição do crescimento. A equipe começou admitindo que o governo não sabia medir os serviços públicos; portanto, injetar mais dinheiro em hospitais e escolas e esperar pelo melhor poderia acabar sendo um desperdício colossal de dinheiro. Em vez disso, eles queriam resultados mensuráveis, como próteses de quadril eficazes, tempos de espera menores em repartições públicas, menos atrasos nos trens e notas melhores nas provas dos estudantes de dezoito anos. Era necessário estabelecer como meta, digamos, que 90% dos trens chegassem com menos de dez minutos de atraso. Em seguida, você devia monitorar os resultados e entrar em ação – despedir a gerência ou investir em tecnologias mais recentes – se as metas não tivessem sido atingidas. Desde então, Barber vem colaborando na exportação desse conceito para lugares distantes como Malásia, Indonésia e Etiópia.

As avaliações sobre os resultados da Delivery Unit são variadas. Em grande parte dos casos, era muito fácil burlar o sistema. Até Barber admite que os hospitais aperfeiçoaram seus tempos de espera com o simples artifício de não permitir que os pacientes entrassem. (Só depois que eles eram autorizados a entrar, a espera começava a ser contabilizada.) Embora a intenção fosse boa, a ideia criou incentivos perversos. Para cumprir as metas relativas a pacientes cardíacos, os hospitais passaram a tratar os casos fáceis e a evitar os mais difíceis. As escolas pararam de admitir crianças com dificuldades de aprendizagem. Era possível retocar o visual das estatísticas sem necessariamente melhorar a qualidade do serviço.

Ainda assim, um dos objetivos mais urgentes da contabilidade nacional é aprimorar as medidas dos serviços públicos para que seu valor real seja mais bem representado. Os serviços públicos tendem a gerar um retorno maior sobre o dinheiro investido do que nossos indicadores econômicos sugerem. E, é claro, eles não são gratuitos. Pagamos por eles com nossos impostos. Por isso, é tão importante medi-los da maneira adequada.

Em 2012, Shinzō Abe foi eleito primeiro-ministro do Japão com um plano radical de fazer a economia crescer novamente.[9] Havia vários elementos nessa estratégia, incluindo o compromisso de implementar uma política monetária ousada, concebida para reavivar a inflação. Uma das ideias era bem simples. Abe ia colocar as mulheres japonesas para trabalhar. O plano tinha até mesmo um título chamativo: Womenomics [termo resultante da fusão de *women* (mulheres) e *economics* (economia)].[10]

A economia do Japão no pós-guerra foi construída em torno do trabalho masculino, dos chamados assalariados. O estereótipo correspondia ao homem que ingressava em uma empresa logo depois de sair da escola ou universidade. Ele atuava na mesma firma durante toda sua carreira, e seu salário aumentava a cada ano até a aposentadoria. O caminho de sucesso na vida de uma mulher era casar com um desses homens. Em casa, ela tomava conta do lar, inclusive das finanças familiares, educava os filhos e ajudava a cuidar dos pais e dos sogros quando eles envelheciam. Quando seus filhos começavam a frequentar a escola ou universidade, ela podia voltar a trabalhar, mas provavelmente só por meio período. Esse padrão era incentivado por um sistema tributário que efetivamente punia mulheres casadas que trabalhavam demais.

Havia exceções, é claro. Muitas mulheres não seguiram esse modelo. Além disso, quando Abe ascendeu ao poder, o sistema de emprego vitalício do Japão já estava desmoronando havia bastante tempo. De qualquer modo, era óbvio para quase todo mundo que as mulheres japonesas poderiam contribuir mais economicamente. Quando Abe lançou seu plano, cerca de 49% das mulheres em idade produtiva estavam empregadas. Para fins de comparação, essa taxa era de 56% nos EUA e no Reino Unido, e de 60% na Suécia.

Colocar pessoas em empregos remunerados – ou atrair a força de trabalho de imigrantes – é um jeito óbvio de aumentar o tamanho de uma economia. Na verdade, só existem duas formas de produzir crescimento econômico, de acordo com nosso método de medição atual. Uma é aumentando o número de pessoas. A outra, geralmente viabilizada por meio de investimentos de capital, é fazê-las trabalhar com mais eficiência, melhorando a produtividade. Em vez de produzir, digamos, 1.000 carros por dia, uma fábrica passa a produzir 2.000 carros usando a mesma força de trabalho ou, melhor ainda, metade da sua força de trabalho atual e um elenco de robôs de apoio.

Reunir mais pessoas é, em muitos aspectos, mais fácil do que aumentar a produtividade. Basta colocar pessoas que não estão ganhando dinheiro em um emprego remunerado. Tudo o que elas produzirem contribuirá para a economia nacional. Aqui, o pressuposto implícito é achar que tudo o que essas pessoas estavam fazendo antes, do ponto de vista econômico, era inútil. Talvez elas tivessem sido referências nas suas comunidades, artistas performáticos não remunerados ou mães em tempo integral. Mas só o trabalho remunerado é contabilizado.

Se uma dona de casa japonesa prepara refeições para seu sogro, ajuda-o a se deitar e a sair da cama, ajuda-o a usar o banheiro e lava suas roupas e lençóis, nenhuma dessas ações conta para a economia. Se, no entanto, ela trabalha em um lar para idosos e cuida do sogro de outra pessoa – recebendo um salário por suas funções –, então essas mesmas atividades contribuem com a renda nacional. Do mesmo modo, se eu cobro para pintar a casa de alguém, estou contribuindo para a economia. Contudo, se me disponho a pintar de graça a sala de estar do meu vizinho, meu trabalho é estatisticamente invisível.

No Japão, as mulheres ingressaram de fato na força de trabalho em números recordes depois que o primeiro-ministro Abe ascendeu ao poder, embora isso talvez tivesse mais a ver com perdas nas finanças familiares do que com uma resposta direta ao plano. Muitas dessas mulheres foram contratadas para cargos de meio período e baixa remuneração. Mais da metade do trabalho remunerado realizado por mulheres no Japão se insere nessa categoria. Ainda assim, depois de muitos anos de atraso, a proporção de trabalhadoras no Japão agora é mais alta do que nos Estados Unidos, onde cada vez mais pessoas de ambos os sexos têm abandonado por completo a força de trabalho.[11]

Poucos duvidam de que as relações de gênero e o mercado de trabalho do Japão precisam de uma sacudida. É bom para o país ter mais mulheres trabalhando, especialmente se elas chegarem aos altos escalões e começarem a influenciar a gestão das empresas, o que não acontece tanto agora. O Japão corporativo precisa de uma dose de criatividade feminina e um suprimento renovado de ideias. Mas grande parte do "ganho econômico" obtido pelo Japão foi apenas uma consequência da prática de incentivar as mulheres a trocarem suas importantes funções domésticas não remuneradas por empregos remunerados – e tributáveis – em um ambiente de trabalho. Como resultado, a economia cresceu ligeiramente mais rápido. Mas ainda há controvérsias sobre o volume de trabalho efetivamente adicionado.

Assim como a contribuição do governo para a economia, os trabalhos doméstico e voluntário são difíceis de contabilizar. Como não há nenhum preço associado à "produção doméstica", que inclui ações como arrumar uma cama, preparar um jantar e varrer o tatame, não é fácil atribuir um valor a atividades como essas. Também não sabemos ao certo onde devemos estabelecer um limite. Devemos contabilizar a ação de coçar o nariz, já que isso também traz um ganho não registrado?[12]

Os partidários da contabilização dos serviços domésticos e voluntários dizem que essas atividades são habitualmente ignoradas por serem executadas principalmente por mulheres. Por isso são desvalorizadas. Ou, mais precisamente, não recebem nenhum valor. Um autor[13] lista algumas das atividades que não fazem parte da economia como "dar à luz, educar os filhos, cultivar um jardim, fazer comida para seus irmãos, ordenhar a vaca da família, confeccionar roupas para seus parentes e cuidar de Adam Smith para que ele possa escrever *A Riqueza das Nações*". Mesmo a mulher cujo trabalho doméstico liberou o tempo necessário para que o economista Adam Smith escrevesse sua obra mais famosa não contribuiu nada para a economia tal como a definimos. Smith é conhecido pelo conceito da "mão invisível", que representa as forças do mercado e da fixação de preços que, em tese, fariam as economias funcionarem perfeitamente sem um plano central. Ele escreveu menos sobre o sexo invisível.[14]

No romance *The Corrections*, de Jonathan Franzen, Al, marido de Enid, fica irritado por ela não ter tirado as revistas e as garrafas do saguão da escada.

> Mas ela tinha a impressão de que ele havia pedido para ela fazer mais de "uma coisa" enquanto ele estivesse fora. Ele também havia pedido para ela preparar três refeições diárias para os garotos, vesti-los, ler e cuidar deles quando estivessem doentes, esfregar o chão da cozinha, lavar os lençóis e passar suas camisas, e fazer tudo isso sem os beijos e as palavras gentis do marido. Se ela tentasse conseguir algum crédito por esses seus trabalhos, no entanto, Al simplesmente lhe perguntaria quem fizera o trabalho que *pagara* pela casa, pela comida e pelas roupas?[15]

Presumivelmente, Enid fez algo pelos filhos que Al nunca se incomodou em colocar em pé de igualdade com o trabalho remunerado: ela, literalmente, os alimentou com seu próprio leite. Os nutricionistas são quase unânimes em recomendar que as mães amamentem seus bebês durante os primeiros seis meses.[16] Por conta dos anticorpos no colostro, o primeiro leite produzido pela mãe, mais de 1/5 das mortes de bebês recém-nascidos poderiam ser evitadas se todos os lactentes fossem amamentados na primeira hora de vida. Todas as mulheres do mundo poderiam decidir, de repente, amamentar seus filhos durante os primeiros seis meses e, assim, beneficiar enormemente a próxima geração. Ainda assim, isso não afetaria o crescimento de modo algum. Na verdade, a atividade econômica iria decair por conta da queda na venda de leite instantâneo para lactentes. Esse é um exemplo clássico de contabilização perversa: valorizamos precisamente o oposto de algo que é benéfico de verdade. Os partidários das políticas governamentais que incentivam a amamentação são superados pelos lobistas que trabalham para companhias de leite instantâneo para bebês, que podem destacar os benefícios econômicos de suas indústrias.

Julie P. Smith, uma acadêmica australiana, fez uma estimava da contribuição oculta do leite materno para as economias da Austrália, da Noruega e dos EUA.[17] Ela usou como referência o valor do leite materno no mercado europeu, de US$100 por litro, com base no custo do leite em bancos de leite humano. Em seguida, determinou o valor médio da produção diária de leite e a duração média do período de amamentação nesses três países. Ela descobriu que as mães australianas produziam 42 milhões de litros de leite, com um valor de mercado de US$4,2 bilhões. O leite produzido pelas mães norueguesas correspondia ao valor de US$1,1 bilhão, e o das mães norte-americanas, US$53 bilhões. Ela também calculou o que chamou de "leite perdido", o leite que teria sido produzido se as mães tivessem amamentado durante os seis meses recomendados. Essa prática teria aumentado a produção de leite em US$8,9 bilhões, US$1,8 bilhão e US$127 bilhões, respectivamente.

Não contabilizar "trabalhos de mulheres" diminui sua importância percebida. Nesse caso, valoramos em um zero redondo um precioso elixir da saúde que somente as mulheres podem produzir. O perigo de não mensurarmos algo é desvalorizá-lo. De modo muitas vezes invisível – mesmo subconsciente –, os legisladores e reguladores são tendenciosos no que diz respeito ao que podem ver e contar. Eles dão suporte a indústrias de leite instantâneo porque elas empregam pessoas, pagam impostos e contribuem para a economia. O invisível e o incontável, quase por definição, são marginalizados.

Se podemos atribuir um preço para a amamentação, então todos os tipos de trabalhos domésticos podem ser incorporados em uma nova definição dos elementos que constituem uma economia? Afinal, a renda nacional já inclui um item importante no qual nenhum dinheiro troca de mãos: algo conhecido como "renda imputada". Se eu moro em um apartamento alugado, então o aluguel mensal que pago faz parte da economia, sendo registrado como despesa para mim e receita para o locador. Mas e se eu morar em uma casa ou apartamento próprio? Não pago aluguel algum, embora eu ainda tenha um teto para chamar de meu. Do ponto de vista da economia – a menos que se faça algum tipo de ajuste –, minha casa é invisível.

Isso é um problema. Imagine uma comparação entre um país em que a maioria das pessoas paga aluguel e outro onde a maioria das pessoas tem casa própria. O país dos proprietários pareceria mais pobre em relação ao país dos inquilinos, já que o valor das casas das pessoas seria efetivamente invisível. Para lidar com essa anomalia, os estatísticos usam um recurso conhecido como imputação. Eles determinam o valor do aluguel que um ocupante/proprietário teria de pagar se estivesse morando em uma residência alugada. Essa operação compara a casa própria com um imóvel alugado parecido, digamos, uma casa vizinha. O valor do aluguel imputado aparece nas contas da renda nacional como se ele tivesse sido pago de fato – mesmo que nenhuma transação tenha ocorrido e nenhum dinheiro tenha mudado de mãos. Através desse truque de contabilidade, o aluguel que seria pago se nossa casa não fosse própria se torna parte da economia. (Lembre-se: o que chamamos, com tanta convicção, de economia é basicamente uma invenção de nossa imaginação.)

É possível fazer exatamente o mesmo com o trabalho doméstico? A resposta é sim. De fato, contabilizar a contribuição econômica imputada do trabalho doméstico é uma operação de rotina para agências de estatísticas nacionais de muitos países hoje em dia. Os resultados, no entanto, não são incorporados nas estatísticas oficiais. Isso seria um pouco esquerdista demais. Em vez disso, esses dados são colocados em "contas satélite" especiais, orbitando em torno do astro central do sistema solar econômico: o Planeta PIB.

Steve Landefeld, o homem que determinou o tamanho da economia dos EUA durante cerca de vinte anos e ex-diretor do Bureau of Economic Analysis [Instituto de Análise Econômica], é um dos maiores entusiastas da contabilização do trabalho doméstico. Ele vem pesquisando exaustivamente sobre o tema desde 2000, quando publicou um artigo cujo título remete à sedutora linguagem tão cara aos economistas: "Accounting for Nonmarket Household Production Within a National Accounts Framework" [Contabilidade Aplicada à Produção Doméstica Não Mercantil em um Quadro de Contas Nacionais, em tradução livre].[18] Mas o Congresso não é nada receptivo a essa ideia, sobretudo porque ela implica arcar com os custos de todos os estudos necessários para fazer dessa uma prática regular. Para o Congresso, "a estatística não consegue competir com policiais nas ruas, por exemplo", afirma Landefeld. "A estatística fica nas últimas posições possíveis da lista, em termos de prioridades."

Em 2012, um grupo de pesquisadores nos Estados Unidos publicou um artigo com base na obra de Landefeld.[19] A conclusão principal do estudo foi que se atividades como cozinhar, limpar, lavar, dirigir e assim por diante fossem contabilizadas, somariam aproximadamente US$3,8 trilhões ao volume total da economia norte-americana. A economia aumentaria em 26%. O artigo parte dos chamados dados sobre uso do tempo, obtidos em um diário com registros das atividades executadas durante um período de vinte e quatro horas. Após excluírem algumas atividades – como dormir (que eu, pessoalmente, adoraria ver contabilizada como atividade econômica produtiva) –, os pesquisadores sintetizaram as demais em sete tarefas principais, de jardinagem a cuidados com crianças. As horas foram agregadas, e um salário foi atribuído com base no salário-hora de um empregado doméstico típico.

Ao examinarem estudos similares divulgados a partir de 1965, os pesquisadores descobriram que a quantidade de trabalho doméstico havia de fato diminuído ao longo dos anos. Em 1965, segundo estimativas do grupo, a produção doméstica representava 39% da economia, um valor significativamente maior do que o atual. Essa queda foi atribuída principalmente a mudanças nos estilos de vida, pois mais mulheres passaram a ocupar cargos remunerados e as famílias começaram a comer mais fora de casa, tricotar menos suéteres e ter menos escrúpulos em limpar as sobras que caíam para baixo do sofá.

O Instituto Nacional de Estatística do Reino Unido (ONS) vem realizando um exercício parecido desde 2002, quando publicou sua primeira conta satélite para atividades domésticas.[20] O órgão escolheu uma abordagem diferente da adotada pelos pesquisadores norte-americanos. Em vez de contabilizar as horas dedicadas a cada atividade e aplicar um salário padrão, o ONS optou por atribuir um valor monetário à "produção" doméstica, como a quantidade de refeições preparadas e o número de crianças sob cuidados. Estudos descobriram que as famílias podem indicar facilmente a frequência de uso da máquina de lavar, o tipo e a quantidade das refeições preparadas e assim por diante. Mas isso não resolve a questão da qualidade. Um dono de casa pode cozinhar um pacote de miojo ou seguir uma receita para preparar um jantar gourmet cinco estrelas. A menos que haja ajustes baseados em qualidade, as duas situações serão contabilizadas do mesmo modo.

O artigo divide o trabalho doméstico em seis categorias: residência, incluindo bricolagem; serviços de transporte (como os percursos de carro até as aulas de balé); nutrição (como aqueles miojos mornos); serviços de lavanderia; cuidados com crianças; cuidados com membros da família mais velhos ou portadores de necessidades especiais e atividades voluntárias. Assim como as contas tradicionais da renda nacional, o consumo intermediário é removido em todos os casos. Se uma mãe dá a seu filho uma maçã que comprou no supermercado, a maçã não deve ser contada de novo. Se um pai tricota um suéter para sua filha, então o custo da lã deve ser deduzido para que somente o valor agregado de seu trabalho seja contabilizado, e assim por diante. Então, um preço representativo deve ser definido. Por exemplo, o custo de ir de ônibus para a escola em comparação com pegar carona com a sua mãe. A cada fase, uma premissa é sobreposta à outra, da quantidade e qualidade do trabalho realizado ao preço de mercado equivalente.

Depois de todos esses cálculos complexos para o ano 2000, os estatísticos britânicos descobriram que o valor total do trabalho doméstico não remunerado correspondia a £877 bilhões, ou seja, cerca de 45% de toda a atividade econômica daquele ano.[21] Desse valor, £221 bilhões foram atribuídos a cuidados com crianças, £164 bilhões à nutrição (indicando mais jantares gourmet do que miojos, afinal) e £156 bilhões a serviços de transporte. Os serviços de lavanderia totalizaram £46 bilhões. As atividades voluntárias produziram um valor equivalente a apenas £13 bilhões, o que me surpreendeu, ou por haverem sido subestimadas ou por serem um indicativo de que os britânicos estão mais interessados em lavar e passar suas camisas do que em ajudar seus vizinhos. Exercícios similares foram realizados em muitos países, incluindo Austrália, Finlândia, Hungria, Alemanha, México e Nepal. A Finlândia é um bom exemplo, pois demonstrou que o trabalho doméstico não remunerado contribui com cerca de 40% do valor total de sua atividade econômica.[22]

Uma descoberta interessante do estudo norte-americano de 2012 foi a conclusão de que contabilizar a produção doméstica diminui a desigualdade mensurada. Isso porque os pobres arrumam suas camas do mesmo modo que os ricos (a menos que os ricos paguem funcionários para fazer isso por eles). O valor imputado em dólares referente a um milionário arrumando sua cama e passando uma camisa não varia muito quando um pobre executa as mesmas tarefas. Destinar uma pequena parte da "renda" da produção doméstica a uma família pobre, portanto, tem um efeito proporcionalmente maior do que destiná-la a uma família rica.[23]

Quanto mais contabilizamos formalmente o trabalho doméstico como parte da economia, mais relativamente igualitária nossa sociedade parece. Esse é um resultado contraintuitivo. Registrar o trabalho doméstico como parte da atividade econômica normalmente é uma ideia considerada progressista, concebida para destacar o trabalho invisível desproporcionalmente realizado por mulheres. Contudo, isso tende a minimizar as desigualdades que causam tantas tensões em muitas de nossas sociedades. Lidar com estatísticas econômicas nunca é fácil.

4

Coisas Boas em Demasia [1]

A estrada do elegante aeroporto de Reykjavik para a capital da Islândia passa por uma paisagem de lava negra, crostas rochosas de antigas erupções fundidas que se estendem por muitos quilômetros descampados. Um vento frio sopra do Oceano Atlântico, e as rochas dispersas são banhadas por uma luz bela e melancólica. A capital é um requinte só. Lar de aproximadamente metade da população islandesa de 334 mil pessoas, suas construções lembram pequenos chalés de esqui ou vencedores de competições de revistas de arquitetura. Os islandeses se vestem de acordo com a moda. Próspera, liberal e refinada, Reykjavik é o tipo de lugar em que cafeterias servem tâmaras tostadas e sanduíches de couve (abertos, no pão de centeio, é claro) e tocam um melódico jazz etíope.[2]

Entretanto, oito anos depois da crise financeira, as cicatrizes de um dos colapsos bancários mais trágicos dos tempos modernos são tão visíveis quanto as rochas espalhadas pelas erupções vulcânicas. Seis meses antes de minha chegada, em outubro de 2016, Sigmundur David Gunnlaugsson, o primeiro-ministro, havia renunciado após revelações de que ele e sua esposa possuíam um fundo de investimento no exterior com milhões de dólares advindos de bancos falidos da

Islândia. O escândalo, o último de uma série de revelações pós-crise, deu vida ao Partido Pirata, um grupo de tendências anarquistas arraigado no ativismo online que ameaçava subverter a confortável política da Islândia. O partido era a versão islandesa dos movimentos radicais – de direita e de esquerda – que floresceram pela Europa durante a repercussão da derrocada financeira de 2008. Sua logomarca era uma bandeira pirata preta.

Eleições desencadeadas pela renúncia de Gunnlaugsson estavam a poucos dias de distância. Doze partidos lutavam pelo controle do antigo parlamento islandês, fundado em 930 d. C. Havia uma sensação nítida de raiva sobre o que as pessoas viam como uma traição das elites do país.

Aos 62 anos, Sigmunder Knutsson, um homem que não escondia seus sentimentos, descrevia a si mesmo como poeta e economista. Muitos islandeses pensam ter vocações duplas, e não poucos, incluindo Birgitta Jonsdottir, líder do Partido Pirata, consideram-se poetas. Hoje em dia, é menor o número dos que admitem ser economistas.

"Quando penso em política na Islândia, fico com vontade de vomitar", disse Knutsson a um repórter do *New York Times*, devorando um prato de carne de tubarão fermentado, uma iguaria local, em um pequeno café com mesas gastas e paredes vazias. "Tudo se resume a corrupção entre uma elite muito pequena", disse ele. "Tem alguma coisa errada. Algo não está cheirando bem."[3]

Arnan, um ex-banqueiro de 32 anos, com cabelos loiros na altura dos ombros, parou na rua em frente à Hallgrimskirkja, uma catedral moderna parecida com um foguete espacial pronto para ser lançado, para manifestar praticamente a mesma opinião. Tradicionalmente, a Islândia era um país agrícola, com a economia dominada pelas famílias dos grandes fazendeiros, disse ele. Essas famílias usaram a própria riqueza e influência para garantir um monopólio sobre as abundantes cotas de pesca da ilha. Como cartada final, prosseguiu, a mesma elite assumiu um setor bancário que se expandira exponencialmente nos primeiros anos deste século.

A história do setor bancário da Islândia ilustra uma das mensagens deste livro. Nem todo crescimento econômico é bom. O crescimento rápido acontece de várias maneiras, e nem todas são benéficas. Em 1990, David Oddsson, primeiro-ministro mais antigo da Islândia, supervisionou um caos thatcheriano [menção a Margareth Thatcher, ex-primeira-ministra do Reino Unido] de desregulamentação que transformou a Islândia de uma adormecida nação pesqueira na pioneira de um excessivo "capitalismo viking".[4] Depois que os bancos foram privatizados, em 2002, três instituições, Glitnir, Kaupthing e Landsbanki, continuaram em uma inacreditável e compulsiva expansão motivada por empréstimos baratos de outros bancos abastados. Eles emprestavam dinheiro entre eles e a amigos, e dispararam em uma louca onda de gastos, levantando recursos por toda a Europa, de times de futebol ingleses a linhas aéreas dinamarquesas. Stefan Olafsson, professor islandês, descreveu a situação como "provavelmente a mais rápida expansão de um sistema bancário na história da humanidade".

A Islândia se transformou de um país em algo que um escritor chamou de fundo especulativo gigante.[5] Seus jovens e entusiasmados titãs corporativos engoliram toda a filosofia econômica que aprenderam em universidades de administração norte-americanas. Ao lado dos comedidos cidadãos islandeses, eles participaram de um acesso coletivo de loucura. Isso ocorreu pouco antes de os islandeses descobrirem o truque de pegar empréstimos baratos no exterior, em moeda estrangeira, e injetar o dinheiro no mercado de ações local, que aumentou nove vezes de valor entre 2003 e 2007. Eles investiam em propriedades locais, cujo valor também estava em ascensão, confirmando a suspeita secreta de que eram gênios do investimento. O consumo se descontrolou. Virou moda alugar helicópteros para dar as caras do outro lado da ilha e fazer piqueniques. Um islandês particularmente exuberante pagou US$1 milhão para ouvir Elton John cantar duas músicas em seu aniversário. De acordo com meus cálculos, são US$500 mil por música.[6]

O que aqueles cidadãos comedidos fizeram, os bancos fizeram de forma exponencial. A atividade dos bancos é gerar crédito, e as instituições da Islândia levavam seu trabalho a sério. No auge da insanidade, os ativos dos três principais bancos valiam 14,4 trilhões de coroas suecas, ou, o que é impressionante, dez vezes a renda nacional da Islândia. Nada do que estava sendo feito era, digamos, legal. Michael Lewis, autor da área de finanças, cita um gerente de fundos especulativos descrevendo uma das transações entre bancos da Islândia. "Você tem um cão e eu, um gato. Concordamos que cada um vale um bilhão de dólares. Você me vende o cão por um bilhão, e eu lhe vendo o gato por um bilhão. Agora, não somos mais donos de bichos de estimação, mas bancos islandeses com um bilhão de dólares em novos ativos."[7]

À medida que a atividade bancária se expandia, sua aparente contribuição à economia também se ampliava. Enquanto a produção da indústria pesqueira teve uma queda em sua participação no PIB, de 16% em 1980 para 6% em 2006, as finanças, os seguros e imóveis rapidamente seguiram em outra direção. Nos oito anos até 2006, eles subiram de 17% da produção econômica para 26%.[8] Da perspectiva das contas nacionais, a expansão bancária era maravilhosa. Ela gerava um crescimento constante. De fato, a renda *per capita* explodiu, chegando a cerca de US$45 mil em 2006, tornando a Islândia o sexto país mais rico do mundo. Kaupthing, o maior banco privatizado, iniciou uma compulsão de compras, fusão e acordos. Ele abriu um internet banking, o Kaupthing Edge, com filiais em dez países europeus, em um esforço corajoso de captar economias de varejo. A Islândia não tinha quase nenhuma representação nas finanças mundiais; entretanto, de acordo com um banqueiro, em poucos anos Kaupthing começou a se achar "O Goldman Sachs do Ártico".[9]

Então – e talvez você tenha adivinhado o desfecho – tudo deu terrivelmente errado. E quero dizer terrivelmente mesmo.

Quando o Lehman Brothers faliu, em setembro de 2008, a confiança do sistema financeiro mundial se esvaiu da noite para o dia. Os bancos pararam de fazer empréstimos entre si, desconfiados de que os outros estavam mal em termos financeiros e de que seus balanços continham ativos tóxicos. Para os bancos islandeses, atolados até o pescoço, era o fim da linha.

Em dez dias, Glitnir, o terceiro maior banco, solicitou socorro financeiro ao governo. À medida que a coroa sueca despencava e as notícias davam conta de que o sistema financeiro estava insolvente, os islandeses começaram a sacar grandes quantias de dinheiro dos bancos. Muitos ficaram com débitos imensos em moeda estrangeira, que tiveram de pagar com uma coroa em declínio. Em poucas semanas, todos os bancos foram nacionalizados. Na Grã-Bretanha, onde 300 mil pessoas e algumas autarquias locais haviam aplicado dinheiro em bancos islandeses, Gordon Brown, o primeiro-ministro, invocou leis antiterroristas para tentar recuperar as economias perdidas. Geir Haarde, primeiro-ministro da Islândia na época, não estava exatamente floreando suas palavras quando afirmou: "O risco de que a economia islandesa, junto com os bancos, sucumba nesse fluxo é real, o que arruinaria a nação."[10]

No final de outubro, a Islândia, poucos meses antes um sucesso estrondoso, foi ao Fundo Monetário Internacional com o chapéu na mão mendigar um empréstimo. A Bolsa de Valores caiu 85%, e todo o povo islandês estava na corda bamba por causa de seus US$330 mil dos US$100 bilhões perdidos pela irresponsabilidade dos bancos.

Passei pelo anexo do parlamento islandês, um edifício harmonioso que lembra uma galeria de arte moderna, para encontrar Birgir Armannsson. Bem-vestido em seu terno cinza claro, Armannsson é membro sênior do Partido da Independência, de centro-direita, que integrou a coligação governamental enquanto a Islândia se atirava, seguindo o rebanho, do penhasco financeiro. Quando era um jovem advogado, nos anos 1990, observou transformações na postura financeira. "Executivos islandeses estavam ficando mais ricos do que nunca e começaram a perder toda a conexão com os outros islandeses, com a comunidade", disse ele. Na década seguinte, tudo ficou pior. "Eles se tornaram bilionários globais, não só executivos locais ricos. Começaram a comprar jatinhos particulares e iates, algo que nunca tínhamos visto na Islândia. Antes, um padrão bom, talvez, era ter dois carros."

Armannsson observou de perto o processo se desenvolver. "Bancos islandeses conseguiram empréstimos baratos em todo o mundo, e injetavam dinheiro em empresas locais. A Bolsa de Valores subiu drasticamente, e ninguém pensou que isso se reverteria." Não houve nenhum sinal de alerta?, perguntei. O aumento repentino dos padrões de vida e os ganhos massivos de papel não pareciam bons demais para ser verdade? "Até 2008, o panorama parecia bom. Isso era o que os parlamentares pensavam, inclusive eu. Em retrospectiva, deveríamos ter sido mais rápidos em responder aos problemas que surgiam", disse ele. "Desde a crise, também veio à tona que os banqueiros islandeses estavam manipulando o mercado e que suas negociações eram majoritariamente pautadas por informações privilegiadas. Muito daquilo era apenas uma bolha."

Perguntei se ele achava que a contabilidade convencional tinha superestimado a contribuição dos bancos para a economia. "Seria necessário alguém com mais conhecimento do que eu", disse ele. "Essa é uma questão complicada." Então, acrescentou, como se servisse de consolo: "Acredito que a possibilidade de termos uma crise financeira similar é pequena. Provavelmente a próxima será um pouquinho diferente."

Só para deixar tudo bem claro. A crise bancária de 2008, cujos efeitos ainda reverberam pelo mundo quase uma década depois, não pode ser culpada pela maneira como consideramos os serviços financeiros em nossas contas nacionais. A crise originou-se da desregulamentação nivelada por baixo, da fé cega na capacidade de autocorreção dos mercados e de uma ideologia nociva do "valor para o acionista" que permitiu que poucos milhares de banqueiros, senhores do universo, saqueassem as próprias instituições enquanto se sentiam bem consigo mesmos. Houve muitos outros fatores, do aumento extremo (e desnecessário) da complexidade matemática dos instrumentos financeiros até a relação inerentemente corrupta entre as agências estatísticas e os clientes que as pagavam. O modismo desenfreado da securitização foi outra bomba-relógio. Ela consistia na prática de dividir faixas diferentes da renda e as amalgamar em um ativo comercializável, o que rompeu o elo tradicional entre credor e mutuário. Um tempo depois, as pessoas estavam na maior felicidade comercializando pedaços de papel – todos ativos de classificação triplo A, é claro –, inocentemente alheias ao que eles na verdade continham. Como sabemos agora, muitos eram dívidas de financiamento imobiliário, contraídas por pessoas que não conseguiam honrar os pagamentos.

Entretanto, a crise bancária *estava* vinculada às contas nacionais de duas importantes maneiras. A primeira é fundamentalmente simbólica. É o que se poderia chamar de perigo do argumento circular, como este: "Todos sabemos que o crescimento é bom. O crescimento é medido pelo PIB. Então, quando o PIB está crescendo, deve estar tudo bem. Dar carta branca aos bancos para que façam seus trabalhos é uma receita para um PIB mais elevado. Portanto, dar carta branca aos bancos é bom."

Isso induziu governos ambiciosos pelo mundo, incluindo o da Islândia, a imitar o modelo anglo-saxão, que envolvia liberalização, desregulamentação e privatização. Na verdade, qualquer coisa com um "ção" no fim se encaixaria. Era permitido que os bancos promovessem a "geração de riqueza" – o que significava, sobretudo, misturar pedaços de papel entre si, fazendo empréstimos sem responsabilidade e pagando a si mesmos fartos bônus. Os líderes de torcida globais dessas políticas foram os EUA e o Reino Unido, onde Ronald Reagan e Margaret Thatcher tinham colocado em ação os interesses da desregulamentação e onde Wall Street e City of London reinavam desabridamente. Não só era óbvio o quanto de dinheiro os banqueiros ganhavam – bastava apenas olhar para os carros que dirigiam para ver isso –, como igualmente notáveis eram seus gastos desmedidos com lobbying governamental para tornar suas vidas ainda mais fáceis.

O setor bancário se tornou uma parte cada vez maior das economias dos EUA e do Reino Unido. A "contribuição" do setor financeiro para a renda nacional cresceu imensamente. Nos anos 1950, quando os bancos eram bancos, e não enormes "vampiros sugadores", eles contribuíram com cerca de 2% para a economia dos EUA.[11] Em 2008, isso quadruplicou.[12] Situações similares aconteceram na Grã-Bretanha. Até 1978, a intermediação financeira contava com cerca de 1,5% dos lucros de toda a economia. Em 2008, essa proporção subiu para quase 15%.

O sucesso patente da desregulamentação financeira em gerar dinamismo econômico estimulou outros países a fazer o mesmo. Nova Zelândia, Austrália, Irlanda, Espanha, Rússia e mesmo a pequena Islândia foram seduzidos pelo modelo anglo-saxão. A indústria financeira explodiu pelo mundo todo. No ano de 2008, os mil maiores bancos relataram um montante de lucros, antes do pagamento dos impostos, de quase US$800 bilhões.[13] Os países que adotaram essas políticas, incluindo os que davam cada vez mais carta branca a seus bancos "geradores de riqueza", se saíram bem, enquanto os outros pareciam defasados. A maneira como pensamos o crescimento econômico diz uma única verdade: quanto mais os bancos crescerem, melhor.

Conforme se desenvolvia a ideia de uma indústria bancária desenfreada que levava a uma economia forte, os governos faziam tudo o que podiam para promover o crescimento do setor financeiro. Para a maioria, isso significava deixar o caminho livre. A partir de meados dos anos 1980, os estados minimizaram as regulamentações do setor bancário, muitas delas implementadas depois da quebra de Wall Street, em 1929. Nos Estados Unidos, a separação entre bancos de investimentos e bancos comerciais, no sentido de um não realizar operações características do outro, foi progressivamente reduzida, até ser abandonada por completo com a revogação da lei Glass-Steagall, em 1999. Em meados de 1980, Londres teve seu Big Bang, que aniquilou normas e preparou o caminho para imensos conglomerados financeiros. Como na Islândia, os bancos, cujo capital outrora dependia de depositantes particulares regulares, submeteram-se a mercados atacadistas, sugando e reciclando primeiro os petrodólares do Oriente Médio e, depois, as poupanças excedentes de trabalhadores e camponeses na florescente China.[14]

Um processo hoje conhecido pelo termo terrivelmente feio "financeirização" passou a vigorar. Mercados de capital anônimos substituíram a então simples relação entre credor e mutuário. Novos produtos surgiram para suprir esse mercado, incluindo derivativos complexos, ou apostas no movimento futuro dos preços. Logo os bancos estavam falando uma nova língua, de taxas futuras de câmbio, swaps [trocas] de não cumprimento de crédito e obrigações de dívida colateralizada. As pessoas minimamente instruídas entenderam melhor o que de fato acontecia. Lembro-me, em meados dos anos 2000, de uma lição de banqueiros experientes, que me explicaram com condescendência como derivativos tornavam o mundo um local mais seguro, ao divulgar os riscos aos quatro cantos da terra. Mas, assim como algo que é tão bem escondido acaba se perdendo, não demorou muito para que todo mundo se esquecesse deles – ou, mais precisamente, no que consistiam. Só para reforçar, nessas épocas de pirataria, o mercado de derivativos não era regulamentado.

Os maiores clientes dos bancos eram eles mesmos, em uma mistura insana de papéis que não acrescentava nada à verdadeira atividade econômica (mensurada do modo adequado). O amplo volume de ativos bancários eram, na verdade, créditos de outros bancos. Na Grã-Bretanha, os empréstimos efetivos a empresas e indivíduos envolvidos com atividades produtivas representavam cerca de 3% dos ativos totais.[15] Isso deixou os outros 97% disponíveis. E mais: os bancos eram fortemente incentivados a manter essa espécie de dança das cadeiras em que a música nunca acabaria. Da perspectiva dos banqueiros, não havia desvantagem. Se uma aposta vingasse, eles estariam ricos além do que se pode imaginar – e ainda se enalteceriam por serem gênios criadores de riquezas. E, se não vingasse, bem, o que de pior poderia acontecer?

Aconteceu que o pior foi o quase colapso de todo o sistema financeiro, uma derrocada detida somente pelo socorro financeiro dos contribuintes de centenas de bilhões de dólares. O setor bancário, conforme dito por mais de uma pessoa, é socialista para os ricos e capitalista para todos os outros.

Por meio dessa assombrosa expansão, a economia tradicional enviava um único sinal. Quanto maior, melhor. A aparente contribuição dos bancos para a economia seduzira políticos durante décadas. Quando a indústria explodiu, o débito foi transferido dos bancos privados para o erário. Toda uma geração arcou com a conta, tanto sob a forma de impostos mais altos quanto em oportunidades econômicas perdidas. Uma pesquisa definiu o custo da crise financeira de uma a cinco vezes o de toda a produção anual mundial.[16]

Isso nos leva ao segundo aspecto, ligeiramente mais técnico, do modo como consideramos a atividade bancária em nossas contas nacionais. O sistema que se desenvolveu é perverso. Ele advém do fato de que bancos não cobram encargos para muitas de suas atividades. Se um banco empresta dinheiro a você, a maior parte dessa receita origina-se do que se chama spread bancário – a diferença entre a taxa de juros que ele cobra de você e aquela com que o próprio banco consegue dinheiro.

Para medir o suposto valor econômico gerado por esse diferencial de taxa de juros, um novo conceito contábil foi apresentado na atualização de 1993 do Sistema de Contas Nacionais das Nações Unidas, o livro sagrado do PIB. O conceito se chama serviços de intermediação financeira indiretamente medidos, ou sua sigla SIFIM. Sem adentrar em detalhes técnicos, a conclusão é de que quanto maior o spread, mais valor se considera ter sido gerado. Isso é inverter as coisas. No setor bancário, o spread cresce quando o risco cresce. Se um banqueiro julga que é improvável você quitar um empréstimo, ele vai aumentar a taxa de juros em consequência do risco maior de inadimplência. Portanto, do ponto de vista contábil, quanto mais arriscado o portfólio de empréstimos, maior a contribuição com o crescimento. Em outras palavras, quanto mais catastroficamente irresponsáveis são os bancos, mais pensamos que estão ajudando a economia a crescer. É como se um instrutor de autoescola avaliasse sua proficiência tendo como base somente a velocidade máxima que você alcança.

Conforme aponta um relatório sobre a crise financeira no Reino Unido, com o eufemismo típico dos britânicos: "Isso pode levar a alguns resultados surpreendentes."[17] No quarto trimestre de 2008, depois que o Lehman Brothers faliu e o sistema financeiro internacional se descontrolou, da perspectiva da renda nacional do Reino Unido as coisas nunca estiveram melhores. Bem quando a economia estava prestes a despencar em queda livre, o relatório afirmou: "O valor agregado bruto nominal do setor financeiro no Reino Unido cresceu no ritmo mais rápido já registrado."

Como vários bancos importantes da Grã-Bretanha estavam indo ladeira abaixo, o sistema financeiro forjou um recorde de 9% da atividade econômica total. E, pior, depois que a maior parte do sistema financeiro foi nacionalizada, sua "contribuição" aumentou mais uma vez, desta vez para uma alta histórica de 10,4%, a um passo de toda a indústria manufatureira britânica.[18] "Em uma época em que as pessoas acreditavam que os bancos contribuíam menos com a economia desde os anos 1930, as contas nacionais indicavam que o setor financeiro estava contribuindo com o maior quinhão desde meados de 1980", observa o relatório. "Como começamos essa quadratura do círculo?"[19] Como, de fato?

Nos EUA, a história foi igualmente catastrófica. Os contribuintes injetaram centenas de bilhões de dólares para resgatar alguns dos maiores nomes do setor bancário, incluindo o Citigroup e o American International Group, a maior seguradora do mundo. O Merrill Lynch foi absorvido pelo Bank of America, o Washington Mutual foi vendido ao JP Morgan e ao Lehman Brothers – bem, você se lembra do Lehman Brothers. Até o Goldman Sachs e o Morgan Stanley, os últimos dois bancos de investimento independentes ainda de pé, tiveram que concordar em se tornar bancos comerciais, o que os sujeitou a uma regulamentação maior. Em outubro de 2008, US$700 bilhões em impostos foram injetados no Troubled Asset Relief Program, mas não antes de o Congresso o rejeitar uma vez, ocasionando a maior queda de pontos na história do Índice Dow Jones. Como a crise financeira se difundiu para a economia em geral, a General Motors e a Chrysler foram bater à porta do governo pedindo ajuda.

Quase uma década depois desses eventos, a economia dos EUA ainda não tinha recuperado sua taxa de crescimento pré-crise. Em grande parte isso foi, provavelmente, uma consequência do fato de que muito desse crescimento era ilusório.

A conversa sobre como deveríamos considerar a atividade bancária leva rapidamente a uma discussão sobre a função dos bancos. Vale fazermos uma pequena digressão. Os bancos cumprem duas funções gerais. Uma é armazenar e transferir dinheiro. A outra é alocar riscos. Em algum ponto do caminho, essas funções foram erroneamente misturadas.

Fui debater isso com Gavyn Davies, antigo parceiro no Goldman Sachs. Davies disse que eu deveria pensar nos bancos como integrantes de duas categorias: chapelarias e cassinos. Bancos chapelaria são entediantes. Eles funcionam essencialmente como um serviço, são lugares para abrigar seu dinheiro. "As pessoas lhe dão dinheiro; você o coloca em um armário, e, quando elas o vão pegar, você devolve." Outra metáfora às vezes usada para esse tipo de banco é a do escoamento da economia ou canalização. Isso porque os bancos, mesmo os entediantes, transferem dinheiro por uma rede: por exemplo, se eu quiser enviar dinheiro de minha conta para pagar uma fatura de serviços ou para minha avó em Wichita.

A outra função de um banco, mais interessante – ainda que potencialmente mais perigosa – é a de alocar capital. Isso significa atribuir riscos. Exige que um banco tome decisões sobre a credibilidade e a potencial rentabilidade daqueles a quem empresta dinheiro. Do jeito mais simples, o banco escolhe entre duas empresas de, digamos, ferramentas, que precisam de capital de giro. O banco empresta à empresa em melhor situação e deixa morrer à míngua a que está em pior condição. A sociedade se beneficia com produtos melhores. "Agora, você não vai avaliar isso necessariamente através do sistema bancário", diz Davies. "Você vai pensar na produtividade e produção do fabricante do produto." Se o banco faz seu trabalho corretamente, todo mundo sai ganhando.

Mas se a alocação de capital do banco é mensurada na economia real, por que temos de avaliá-la separadamente, como se isso fosse útil? Descobrimos a contribuição dos bancos para a economia na fabricação de produtos excelentes e na de todas as outras atividades alimentadas pelo acesso a produtos excelentes. Medir alocação de capital como uma atividade autônoma denota contabilização dupla, como medir a farinha no pão ou a eletricidade na produção de marijuana. Os contadores também costumavam pensar assim. Nos anos 1950, as finanças eram tratadas como uma atividade improdutiva, e o setor bancário proporcionava somente uma pequena contribuição positiva – ou mesmo negativa – para a renda nacional. Os fluxos de taxas de juros eram "tratados como uma contribuição intermediária" e compensados da contribuição do valor agregado final para o PIB.[20] Somente com o SIFIM ficamos obcecados por medir o que os bancos faziam para si mesmos.

Davies pensava de maneira ligeiramente diferente. "Quando eu tinha crises existenciais sobre o que estava fazendo desperdiçando minha vida no sistema bancário", disse ele, um colega lhe assegurava que os bancos desempenhavam um papel econômico vital. "O que estamos fazendo é, na verdade, a função mais importante de todas. Estamos alocando capital do jeito certo."

Davies afirmou que essa ideia sempre o fazia se sentir melhor. "Então, 2008 aconteceu, e é óbvio que alocamos capital de um jeito totalmente errado em relação à década anterior", disse ele. "Essas duas atividades – alocar capital do jeito certo e do errado – são mensuradas do mesmo modo." Ambas contam para o crescimento econômico, o que significa que não estão sendo medidas de modo algum.

5

A Internet Roubou Meu PIB

É uma noite fria e chuvosa em Nova York. Você está em seu apartamento ouvindo jazz contemporâneo no Spotify quando é dominado pelo desejo de escapar do frio do inverno para um fim de semana em Baixa Califórnia, um lugar que você quis visitar desde que uma avaliação entusiasmada no TripAdvisor chamou sua atenção. Calmamente, você abre seu notebook e começa a pesquisar. Em skyscanner.com, você digita aeroportos JFK e San Jose Cabo, coloca datas para o próximo fim de semana e seleciona "Somente voos diretos". Em minutos, você inseriu as informações de seu cartão de crédito e reservou a opção mais barata disponível.

O próximo passo é encontrar acomodações no Airbnb. Depois de um pouco de pesquisa, você dá de cara com um condomínio à beira-mar por um preço razoável, com o que parece ser uma vista espetacular do oceano. Você entra em sua conta no site, para que todos que estejam fazendo buscas saibam que seu apartamento no Brooklyn está livre para alugar no próximo fim de semana. Por fim, você providencia um seguro online para o caso de alguma coisa dar errado. No dia da viagem, você vai ao site da companhia aérea, insere os detalhes de seu passaporte, seleciona um assento no corredor, faz o check-in e imprime seu cartão de embarque. Então, pede um Uber e entra no banco de trás para a corrida até o aeroporto. Hora de descansar. Você esteve trabalhando bastante.

A economia digital embaçou as fronteiras entre trabalho, lazer e tarefas domésticas, modificando o que se chama de limite de produção entre as atividades que contabilizamos e as que não o fazemos. Ela tornou o trabalho de mensurar a economia mais difícil do que nunca. Durante décadas, economias avançadas trataram mais de serviços do que de bens, mas essa tendência para o etéreo e incontável foi exacerbada na era da internet. Will Page, diretor econômico do Spotify, o serviço sueco de streaming de música, afirma: "O PIB encara um dilema de situações incompatíveis" porque foi "originalmente concebido para mensurar mercadorias manufaturadas tangíveis, que estão perdendo relevância na economia moderna".[1]

Quando fui visitar Page, no escritório do Spotify de Londres – amplo, com um frigobar com bebidas à vontade e a obrigatória sala de jogos –, tive que imprimir meu próprio crachá de segurança e prendê-lo em minha lapela, trabalho que outrora teria sido feito por um recepcionista. "O objetivo de empresas de tecnologia revolucionária, no sentido estatístico, é reduzir o PIB", disse Page quando o encontrei à espreita em um dos corredores. "A fim de eliminar os custos de nossas transações, que estão sendo mensurados, e os substituir por comodidades, que não o estão. Portanto, a economia está diminuindo, mas todos têm conseguido acordos mais vantajosos. Muito do que a tecnologia faz é eliminar o que não é necessário. O resultado é um encolhimento da economia, mas com um maior bem-estar."

Da perspectiva econômica, ele sugeria que o Spotify e companhias similares estão para o PIB assim como a matéria escura para o Universo. Em vez de amplificar o PIB, elas o sugam e o fazem desaparecer. E, ainda assim, prestam um serviço valioso, pelo qual as pessoas estão dispostas a pagar. O que isso faz por nossa economia, mensurada da maneira convencional, é um assunto complicado, sobre o qual há polêmicas consideráveis. Portanto, vale a pena desdobrá-lo em várias vertentes.

A primeira é a questão da produção doméstica. Vimos que lavar as roupas de seus filhos ou fazer o jantar de Adam Smith não conta como atividade econômica. Mas e imprimir o próprio cartão de embarque? Ou, como tive que fazer outro dia, etiquetar a própria mala no aeroporto e a enviar em seu feliz trajeto ao longo da esteira de bagagens. (A próxima coisa que você vai saber fazer é pilotar o avião.) Até recentemente, essas atividades teriam sido executadas exclusivamente por um membro remunerado da equipe do aeroporto e contabilizadas na estatística econômica. Agora, essas funções são terceirizadas – para você. Em termos de economia mensurada, elas desapareceram.

De modo semelhante, o trabalho que você acabou de fazer para reservar seu fabuloso fim de semana no México teria sido executado por um colaborador remunerado tempos atrás. Em termos de contas nacionais, ele saiu dos limites de produção. Da perspectiva da atividade econômica mensurável, imprimir o próprio cartão de embarque equivale a coçar o próprio nariz; serve a um propósito, mas não faz mais parte do que chamamos de economia.

Hoje em dia, a companhia aérea não precisa de um atendente para fazer as reservas, e a empresa de táxis não precisa de ninguém para receber chamadas e despachar veículos. Por outro lado, assim como em todos os avanços tecnológicos, espera-se que o atendente de reservas e o despachante de táxis encontrem trabalho produtivo em outro lugar. Há outra questão que possibilita o aprimoramento da atividade econômica – mesmo a captada por medidas convencionais. Como a companhia aérea está poupando dinheiro, pode tanto baixar suas tarifas quanto pagar aos acionistas maiores dividendos em virtude dos maiores lucros. Seja como for, alguém tem mais dinheiro no bolso para gastar com consumo extra, o que deveria contribuir para o crescimento.

A segunda vertente é a tendência dos preços de cair para zero. Nos anos 1980, quando estava morando nos Estados Unidos, lembro-me de meu pai fazendo uma chamada de longa distância de Londres. A conversa sempre tomava o mesmo rumo. "Não posso ficar muito tempo", berrava ele pela linha entrecortada. "Está custando uma fortuna." O assunto de toda a ligação era o quanto ela custava e que teríamos de desligar logo. Chamadas de longa distância eram estressantes e insatisfatórias.

Atualmente, se há conexão por internet, as pessoas podem se comunicar de graça por tempo ilimitado. Serviços como o FaceTime e o Google Hangouts também possibilitam que elas se vejam em tempo real. As pessoas podem navegar pelo Facebook e bater papo com os amigos, mandar mensagens no Twitter (especialmente útil se elas foram nomeadas para altos cargos) ou buscar informações na Wikipédia (idem).

A Wikipédia, que teoricamente é capaz de levar todo o conhecimento a qualquer um que tenha conexão com a internet, tem o valor de um zero redondo. Como é possível que coisas tão incríveis não custem nada? Isso significa que muito daquilo a que atribuímos valor real fica do lado de fora do que chamamos de economia?

Há três maneiras principais de pagar por serviços digitais intangíveis, como transmissão de música, YouTube e Facebook. Uma é a tradicional: pagamos com dinheiro. A segunda maneira é com nosso tempo, especificamente por olhar para os anúncios exibidos nos sites. Nesse caso, o conteúdo ou serviço é pago por receitas de publicidade.[2] O terceiro método é similar à propaganda, só que em vez de pagar com tempo, você paga com dados. Seus dados. Muitas empresas vendem informações dos clientes para fazer transações. Isso significa que você contribui com o crescimento de um modo que somente a Agência de Segurança Nacional norte-americana [NSA, sigla em inglês] realmente entende.

Outra coisa acontecia naquela noite em Nova York. Você acabou participando do que se tornou conhecido, de maneira persuasiva, como consumo colaborativo. Antes do Airbnb, se estivesse fora da cidade, você teria deixado seu apartamento vago. Depois dele, pôde trocar por um outro em Baixa

Califórnia ao encontrar uma terceira pessoa para o alugar no mercado online. Parabéns, você está ajudando a aquecer os ativos tangíveis do mundo. Você transformou o que seria um apartamento vazio em um hotel. Isso é bom para o meio ambiente (se descontar o pequeno detalhe do voo para o México), porque significa que as empresas hoteleiras não vão precisar construir muitas acomodações novas; o que ao mesmo tempo, no entanto, é ruim para a economia: menos construções, quartos mais baratos.

O mesmo se aplica quando você comercializa seus produtos de segunda mão com outras pessoas. Ou doa roupas usadas para a África. Você está prejudicando a economia, embora tenha carinhosamente imaginado que está ajudando o meio ambiente ou vestindo uma criança pobre em Ruanda.[3] Lembre-se de Chen, o trabalhador chinês fictício. Considerando sua repentina predileção por produtos de segunda mão, ele não seria mais solicitado para produzir muitas coisas. À medida que as coisas ficam mais baratas e convenientes, a atividade econômica cai. Ou, pelo menos, parece que está em declínio. A sensação é de que nossa definição de economia falha em captar o que realmente está acontecendo.

Voltemos a seu notebook, o que você usou para fazer todo aquele trabalho. É provável que ele custe o mesmo que o notebook que você comprou três anos atrás. Entretanto, em termos de memória, velocidade e imagem na tela, ele é pelo menos duas vezes melhor. Então, você adquiriu um produto melhor pela mesma quantia. Em outras palavras, o preço despencou. Isso é importante no cálculo do PIB, porque os números do crescimento que você geralmente vê são ajustados pela inflação. Em relação a computadores e outros serviços tecnológicos, o aprimoramento – e, portanto, a queda nos preços – é mais rápido do que os estatísticos conseguem acompanhar. Isso significa que estamos superestimando a inflação e, consequentemente, subestimando o volume real de nossas economias.

Em 1995, o Senado dos EUA abriu um inquérito sobre o problema. No ano seguinte, a Comissão Boskin relatou que, em parte por conta dos rápidos avanços em equipamentos, como computadores e telefones, os EUA estavam superestimando a inflação em 1,3 pontos percentuais um ano antes de 1996.[4] Isso significa que eles subestimaram o crescimento na mesma proporção.[5] Outros países, incluindo o Japão e alguns estados europeus, fizeram ajustes similares. Mas o ritmo da mudança tecnológica é tão rápido que é seguro assumir que todo mundo está ficando para trás. Isso implicaria que estamos superestimando a inflação – e que somos mais ricos do que pensamos.

Um conceito que resume muito do que está acontecendo é o excedente do consumidor. Ele representa a lacuna entre aquilo pelo qual o consumidor paga e seu valor real. A ideia foi popularizada por Alfred Marshall, um economista do século XIX. Ela se aplica a produtos tão simples quanto a água: você tem que se preparar para pagar consideravelmente mais do que seu preço de mercado, sobretudo se estiver com muita sede. Ou o último suspense de John Grisham, pelo qual um fã ardoroso pagaria muito mais do que o preço de capa para dar uma olhada em uma prévia da edição.

À medida que a tecnologia avança e o preço de alguns produtos tende a zero, os economistas argumentam que o excedente do consumidor aumenta. Um jeito de testar a teoria é descobrir quanto os primeiros adeptos [aquelas pessoas que começam a usar um produto tão logo seja lançado] estão dispostos a pagar, digamos, pelo último iPhone. A lacuna entre o preço de lançamento e o preço final é o excedente do consumidor, pelo menos para ele. Ou você poderia ameaçar tirar o iPhone de alguém e ver quanto ele lhe pagaria para tê-lo de volta. Um iPhone não é somente um dispositivo, mas também um meio de se conectar a redes de amigos e parceiros de negócios, e de acessar informações. "Penso que seu valor real é de milhares de dólares por pessoa", diz Gavyn Davies. "Isso é uma medição imensamente incorreta do valor que o iPhone gerou para a maioria dos seres humanos."

A maior parte dos especialistas concorda que, por causa dessas sublevações tecnológicas, as contas nacionais subestimam o crescimento econômico. Porém, estimar difere amplamente – para não dizer exageradamente – do valor de algo. Erik Brynjolfsson, do Instituto de Tecnologia de Massachusetts, notou que o setor de informações tinha em 2012 a mesma participação oficial do PIB dos EUA – cerca de 4% – que apresentara um quarto de século antes. Isso é implausível, para dizer de uma forma polida. Muitas pessoas tentaram calcular o que perdemos nos índices oficiais. Os métodos variam.[6] Eles incluem associar um salário por hora ao tempo que gastamos na internet, estimado em US$22 em um estudo do Google, já que essa era a média salarial nos EUA naquela época.[7]

Brynjolfsson e um colega, JooHee Oh, conduziram o próprio exercício. Eles partiram da descoberta de que, entre 2002 e 2011, o tempo ocioso que os norte-americanos passavam navegando na internet aumentou de 3 para 5,8 horas por semana usando serviços como Facebook, Google, Wikipédia e YouTube. Já que os consumidores poderiam ter usado o tempo para outra finalidade, os autores assumiram que as horas extras gastas na internet refletiam um crescente excedente do consumidor, que calcularam em US$2.600 por usuário, em um montante total de US$564 bilhões em 2011. Se incluído nas estatísticas nacionais, isso teria aumentado o crescimento em 0,4 pontos percentuais por ano. Outras estimativas surgiram, com quase duas vezes isso.[8]

Nem todo mundo concorda que ficar olhando para o Facebook deveria ser contado como atividade econômica, particularmente se as pessoas fazem isso no trabalho, quando poderiam estar fazendo algo produtivo – como bater papo com os colegas. Por que assistir ao YouTube deveria ser considerado, enquanto assistir à TV, brincar com seus filhos ou andar no parque não o são? Deveríamos mesmo colocar mais valor em assistir a um vídeo de gato do que em, digamos – para escolher uma atividade totalmente aleatória, vinda do nada –, observar um gato de verdade? Os benefícios da internet tanto podem estar superestimados quanto subestimados.

Não há, conforme dito em Eclesiastes 1:9, nada novo sob o sol. Sem dúvida, o cara que escreveu isso copiou de algum outro lugar. Sempre passamos maus bocados contabilizando inovações. Isso se aplica tanto ao aperfeiçoamento de carros e máquinas de fotocópias quanto a velocidades maiores de internet. Quando novas invenções surgem, podem ser incrivelmente caras. Um exemplo são os medicamentos, que são protegidos por patentes. Isso permite que indústrias farmacêuticas cobrem centenas de dólares, se não milhares, por seus produtos. Mas, quando a patente se esgota, o preço do mesmo remédio cai para centavos, e o produto basicamente desaparece da economia.

Se você, como muitos, pensa que a tecnologia está se acelerando mais rápido do que nunca, o problema da medição equivocada está piorando. Há acadêmicos relevantes que argumentam que os avanços realmente importantes na tecnologia são águas passadas. Robert Gordon, especialista em produtividade da Universidade Northwestern, defende que todas as invenções realmente transformadoras surgiram depois de 1870 e perderam mais ou menos o fôlego por volta de 1970. Ele cita a invenção da eletricidade, o motor de combustão interna, o abastecimento de água potável e o saneamento básico. Isso levou à invenção de máquinas como o telefone, o rádio, a geladeira, o carro e a aeronave. Muitas dessas tecnologias, por sua vez, produziram imensos efeitos cascata.

Ha-Joon Chang, um economista de Cambridge, afirma que a máquina de lavar é uma invenção que já chacoalhou o mundo bem mais do que a internet. (Captou o trocadilho?) Por quê? "A máquina de lavar, o gás encanado, a água canalizada e todas essas tecnologias domésticas banais possibilitaram às mulheres entrar no mercado de trabalho, o que significava, então, que elas tinham menos filhos ou os tinham mais tarde, e investiam mais em cada um deles, especialmente em meninas. Tudo isso mudou sua postura de negociação dentro do lar e na sociedade como um todo, dando a elas o direito de voto e impulsionando inúmeras outras mudanças. Isso transformou nosso modo de viver."[9] Gordon argumenta que a tecnologia teve um impacto profundo na sociedade, mas que esse impacto está diminuindo. A velocidade das viagens foi do cavalo e da carruagem para o avião a jato, mas a velocidade do avião se estagnou há uns 50 anos. A urbanização e a transformação das vidas das mulheres por eletrodomésticos são eventos pontuais. Uma vez que ocorreram, esses avanços tecnológicos rapidamente se perderam nas estatísticas.

Ainda assim, parece uma aposta justa a de que a revolução digital vai transformar nossas vidas de maneiras que ainda mal compreendemos. Os robôs e a inteligência artificial [IA] vão deixar obsoletos muitos dos trabalhos que fazemos hoje, mudanças que são apenas insinuadas com os atendimentos telefônicos e caixas de supermercado automáticos, que já se tornaram parte do cotidiano. Carros vão circular por aí sozinhos, encomendas chegarão por drones e robôs vão prescrever remédios e tomar conta de idosos. No Japão, robôs têm construído outros robôs há muitos anos.

Se novas invenções se relacionam à troca de informação e às criações de nossos antecessores, os avanços tecnológicos só podem se acelerar à medida que mais e mais pessoas tiverem acesso a informações. Cada vez mais, mesmo em países em desenvolvimento, as pessoas têm acesso instantâneo a praticamente todo o conjunto do conhecimento humano, algo inconcebível ainda em 1990. Em Ruanda, há planos de dar a 12 milhões de pessoas acesso a um médico de IA, que atenderia com base na descrição dos sintomas pelo telefone.[10]

Esse debate sobre o subdimensionamento do crescimento está no cerne do que talvez seja o maior dilema enfrentado pelos economistas. Em meio a toda essa inovação e mudança tecnológica, por que a produtividade se estagnou? Uma resposta possível é que as melhorias simplesmente não estão sendo colhidas. É claro, também é possível que, de algum modo, a tecnologia não esteja proporcionando o salto de produtividade que as pessoas esperavam, mas isso é pouco provável.

O dilema é crucial para a maneira como as pessoas se sentem em relação às próprias circunstâncias. Muitos na Europa e nos Estados Unidos, particularmente os da chamada classe média baixa, estão incomodados com a estagnação perceptível de seus padrões de vida. Contudo, se o crescimento tem sido subestimado, pode ser que muitos estejam em uma situação melhor do que pensam. Se ao menos pudéssemos captar melhor a mudança tecnológica, talvez percebêssemos que nossas vidas não são tão ruins, afinal. Por outro lado, talvez as pessoas estejam infelizes com outras coisas, incluindo a perda de um trabalho gratificante, a crescente desigualdade e o rompimento de comunidades. O ponto fundamental é que, nessa e em outras questões, o conceito de crescimento – como o consideramos atualmente – traz pouca clareza.

Se você nunca andou em um trem-bala japonês, fica difícil imaginar a grandiosidade da experiência. Os compactos trens brancos de pontas comicamente proeminentes passam pela estação com tanta precisão que os passageiros podem aguardar em locais determinados na plataforma que a porta do vagão previsto se abrirá bem em sua frente. Os trens deslizam em questão de segundos para recomeçar a corrida a velocidades próximas às de um avião, e você fica embasbacado à medida que a paisagem se movimenta com rapidez ou adquire algumas iguarias frescas feitas pelas mulheres curvadas empurrando carrinhos barulhentos pelos vagões. Entre Tóquio e Osaka há cerca de 300 viagens diárias, que fazem o trajeto de 552km em 2½ horas com uma média de atraso mensurada em frações de segundo.

É difícil precificar a qualidade. Um economista diria que o preço é qualquer um que o cliente concorde em pagar, desde que o mercado encontre um equilíbrio natural entre oferta e procura. Talvez isso funcione dentro de um país, mas quando se trata de comparações entre países, sobretudo no contexto de serviços não negociáveis, como viagens de trem entre Tóquio e Osaka, o teste do preço falha. No Reino Unido, não importa quanto eu tema a perspectiva de atrasos longos, trens gastos e sanduíches de bacon empapados no trajeto de Londres a

Sunderland, não posso pagar mais para pegar um trem-bala japonês para o mesmo destino.

O mesmo vale para os trens Amtrak norte-americanos, que se arrastam a velocidades do século passado e têm o ocasional acidente fatal. (Nem uma única pessoa morreu em acidentes do trem-bala desde que o Japão o lançou, em 1964.) Imagine minha surpresa, então, quando me deparei com um relatório de consultores da McKinsey lamentando a ineficiência do setor de serviços japonês, incluindo seus trens. Mesmo as melhores empresas japonesas, ele dizia, atingiam somente 85% da eficiência do sistema norte-americano.[11] Isso era puro economês. Para qualquer um que realmente tenha pegado um trem em ambos os países, dizer que os trens norte-americanos ou britânicos são mais eficientes do que os japoneses é risível. Economistas têm pouco a dizer sobre questões de qualidade. Críticas à ineficiência japonesa provêm do fato de que os economistas não estão comparando realidades equivalentes, já que pouquíssimos países podem igualar – e nenhum pode replicar com exatidão – o serviço disponível no Japão.

Kyoji Fukao, professor do Instituto de Pesquisa em Economia da Universidade de Hitotsubashi, ajudou a fornecer muitos dos dados japoneses que entraram nas comparações internacionais usadas pelo McKinsey e por outros. Ele concordou que os padrões de eficiência típicos do setor de serviços – valor agregado por hora/homem e produtividade total dos fatores, o que engloba capital e força de trabalho – eram rudimentares e difíceis de implementar além das fronteiras. Fukao citou o exemplo do setor varejista do Japão, duramente criticado por sua ineficiência no relatório de McKinsey. A medida básica da produtividade do setor varejista é quanto de um produto um funcionário consegue vender em uma hora. Nesse aspecto, a Alemanha se sai bem. Isso acontece por conta dos horários limitados de funcionamento, que obriga os clientes a fazer compras expressivas em períodos concentrados. O Japão se sai mal. Isso se deve, em parte, às pequenas lojas em cada esquina, que vendem a mais vasta e fascinante gama de produtos. Muitas ficam abertas 24 horas por dia. Elas vendem artigos baratos, mas de qualidade excelente e incrivelmente práticos, ainda que, avaliadas em termos puramente estatísticos, sejam menos eficientes do que os assombrosos megacentros comerciais dos EUA nas periferias das grandes cidades. Essas experiências são incomparáveis; mais ainda se considerarmos que essas lojas japonesas tendem a estar à distância de uma caminhada ou, no máximo, acessíveis de bicicleta. Os dados falham em captar a inconveniência de ter que sair dirigindo da cidade e as "externalidades" – os efeitos colaterais não considerados – associadas a longas expedições de compras: acidentes de trânsito, poluição, manutenção das vias, estresse e perda de tempo.

Serviços são inerentemente subjetivos. Pergunta-se a um engenheiro como tornar mais agradável o serviço da Eurostar Londres–Paris. Ele recomenda gastar £6 bilhões em novos trilhos para encurtar o trajeto de três horas e meia para 40 minutos. A mesma pergunta é feita a um publicitário. Ele elabora uma solução diferente, recomenda contratar supermodelos, homens e mulheres, para ficar subindo e descendo pelos corredores, distribuindo Chateau Petrus de graça ao longo do trajeto. A empresa de trens vai poupar bilhões em trilhos novos. E, na verdade, os passageiros vão pedir que os trens se locomovam mais lentamente.[12]

Mesmo sem complicações internacionais, calcular a produção dos serviços é algo bem mais complexo do que a dos produtos manufaturados. Como você compara algo tão simples quanto um corte de cabelo com outro? Há o estilo militar risca de navalha, executado por um barbeador elétrico, ou a sessão de três horas em um salão de luxo em que cada mecha de cabelo é esculpida com carinho, e a experiência é concluída com uma deliciosa massagem na cabeça. E que tal a decoração do salão e a habilidade do cabeleireiro, não só para cortar cabelos, mas sua habilidade de conversação? E não basta dizer que o preço do corte de cabelo lhe diz tudo o que você precisa saber sobre a qualidade, porque o preço vai variar de ano a ano. Como o pobre estatístico promove mudanças de preço de um ano para o seguinte – essenciais se a renda nacional entrar em questão – se aquele serviço é difícil de quantificar e está em fluxo constante?

Se acha que cortes de cabelo são difíceis, experimente os serviços promovidos por jardineiros ou engenheiros da computação, cada um adaptado às necessidades do cliente e praticamente impossível de ser comparado ao outro. Agências nacionais de estatísticas lutam com essas questões todos os dias. Os EUA, por exemplo, têm mais de 350 categorias de classificação para produtos manufaturados, que respondem por menos de 1/5 da economia, e menos ainda para o conjunto inteiro de serviços, que constitui cerca de 80% da atividade econômica. A maneira como medimos a produção foi inventada nos anos 1930; mas, daí em diante, a natureza do que produzimos ultrapassou os limites do reconhecimento. Nossa avaliação típica da economia não nos diz muito sobre o vasto leque de coisas que realmente consumimos. Isso representa uma grande lacuna. Sugere que deveríamos levar as estatísticas do crescimento menos a sério.[13]

Em agosto de 2016, a Comissão Europeia transmitiu seu maior julgamento fiscal de todos os tempos, quando impôs à Irlanda que coletasse US$14,5 bilhões (mais juros) em impostos retroativos da Apple. A comissão argumentou que a Apple tinha se envolvido em um esquema duvidoso de atribuição de lucros, que permitia que a maioria de seus lucros fosse transferida para uma "sede" nos arredores de Cork, o município mais insular da Irlanda. De fato, argumentou a comissão, a Apple não era residente fiscal em nenhum país da Europa, permitindo que sua taxa fiscal europeia diminuísse para bem abaixo de 1% . Para constar, o diretor financeiro da Apple chamou a descoberta da UE de "patranha jurídica" e disse que o cálculo da lei fiscal da Apple feito pela Comissão usou o "denominador errado e o numerador errado" – apesar de que, afora isso, presumivelmente tenham acertado em cheio.

A disputa provém de declarações de evasão fiscal, mas os argumentos se aplicam ao modo como medimos a economia, sobretudo em uma era em que multinacionais estão mais do que nunca disseminadas, e as coisas que estão vendendo, mais intangíveis do que nunca. No caso da Apple, a maior parte é composta de propriedade intelectual. No papel, a filial da Apple na Irlanda – um país que responde por apenas uma fração de suas vendas – é extremamente proveitosa, porque é onde os direitos de propriedade intelectual da Apple são mantidos. Na era digital, o valor de um produto não é encontrado primeiramente em um patrimônio físico; mas, em vez disso, na marca de um conteúdo intelectual ou artístico. Mesmo para algo tão aparentemente tangível quanto um motor a jato, clientes pagam não somente pela peça do equipamento, mas também por contratos de serviço requintados em que o fornecedor monitora o motor em tempo real e o mantém funcionando sem percalços durante sua vida útil.

Muitas multinacionais são capazes de mudar a fonte de valor de seus produtos – seja propriedade intelectual, contratos de serviços ou serviços legais – em suas redes internacionais quase que a torto e a direito. Você pode comprar seu motor em Seattle, mas as pessoas que asseguram que continue funcionando por 20 anos estão em Mumbai. Através de uma prática conhecida como preço de transferência, uma filial cobra outra pelo uso de serviços intangíveis, e o lucro é registrado em uma única locação – quase que certamente naquela com a taxa fiscal mais baixa. Em 2014, o Facebook causou protestos na Grã-Bretanha por pagar uma taxa de apenas £4.327, fato que ajudou a provocar uma revolta tributária em uma pequena cidade do País de Gales em que pequenos comércios pagavam substancialmente mais do que isso.[14]

O PIB foi concebido em termos de Estado-nação, mas as empresas atuam, cada vez mais, além de suas fronteiras. O produto nacional bruto, como era chamado originalmente, media tudo que era produzido por um cidadão do país, onde quer que trabalhasse. Sob a gestão de George H. W. Bush, isso mudou para o mais familiar PIB, que mede qualquer coisa produzida dentro das fronteiras de uma nação, inclusive por não cidadãos. O motivo da mudança talvez tenha sido a necessidade de o presidente Bush impulsionar suas credenciais econômicas. A mudança para o PIB, em oposição ao PNB, aumentou o nível de percepção da taxa de crescimento dos EUA porque incluiu a produção de empresas japonesas que investiram maciçamente nos setores automobilísticos e eletrônicos norte-americanos.[15]

Em dias de multinacionais, em que muitas empresas ocidentais fugiram para a China, México ou Vietnã, faz mais sentido usar produto nacional bruto. Consequentemente, isso faria companhias ocidentais parecerem melhores e os países em que a manufatura ocorre, piores do que nosso método atual de calcular a economia.[16] O que constitui a produção nacional, embora configurada, torna-se quase insignificante quando empresas são registradas em um único país, fazem produtos em um segundo, vendem-nos em um terceiro e pagam taxas (se tiverem mesmo que fazer isso) em um quarto.

A disputa tributária da Apple europeia é um bom exemplo. Mas a produção dos iPhones da Apple também o é; a maioria deles é montada em fábricas na cidade chinesa sulista de Shenzhen, por acaso pertencente a Hon Hai, uma companhia da ilha separatista de Taiwan. O fato de a Apple e muitas outras empresas norte-americanas terem escolhido a China como base manufatureira é a razão pela qual os EUA geraram um *deficit* comercial tão grande com a China. Ainda assim, o volume ostensivo desse *deficit* – apesar de tão gritante politicamente – não é tão significativo. Isso porque a maioria das peças montadas na China são feitas em outros lugares: microchips, na Coreia do Sul; capacitores, no Japão e processadores, nos próprios EUA. Você não precisa sequer abrir um iPhone para ver o que está acontecendo. É só virá-lo e verá: "Projetado pela Apple na Califórnia. Montado na China." Um relatório revelou que somente 2% do custo de um iPhone iam para a mão de obra chinesa, com 30% indo para os acionistas da Apple em forma de lucros.

Coisas assim acontecem mesmo com algo aparentemente simples como uma opala. Um livro sobre Chungking Mansions, o entreposto comercial com cara de albergue em Hong Kong em que pessoas de todos os cantos do mundo se reúnem para fazer negócios, narra um exemplo perturbador da globalização de baixo custo.[17] Opalas australianas são enviadas, via Chungking Mansions, ao sul da China, onde são polidas, enviadas de volta à Austrália e vendidas como suvenires a turistas chineses em visita à Austrália (que, presumivelmente, levam-nas de volta para a China). Em um mundo como esse, a ideia de produção doméstica – nossa maior definição de economia – torna-se quase sem sentido.

6

O que Há de Errado com o Homem Comum

Em setembro de 2015, o periódico científico *Proceedings of the National Academy of Sciences of the United States of America* publicou um artigo de dois acadêmicos, Anne Case e Angus Deaton, com o título no mínimo instigante: "Morbidade e mortalidade crescentes na meia-idade entre norte-americanos brancos não hispânicos no século XXI". Escondida sob sua linguagem cuidadosa, estava uma revelação chocante. Desde 1999 tinha havido um aumento acentuado em mortes de norte-americanos brancos de meia-idade. Nada parecido tinha sido visto no mundo industrializado desde a ruptura da União Soviética, em 1991, quando uma geração inteira pareceu sucumbir ao desespero e à vodca, e a expectativa de vida caiu de maneira alarmante. Como seria possível isso estar acontecendo nos Estados Unidos, um país cuja economia crescia a taxas contínuas – pelo menos até a crise financeira de 2008 – há décadas?

De maneira impactante, o aumento resultou do que os autores chamaram de "mortes por desespero" – especificamente suicídios, intoxicação alcoólica e narcótica, doenças hepáticas crônicas e cirrose. Até 1999, as mortes de norte-americanos brancos com idade entre 45 e 54 anos caíam em torno de 2% ao ano, alinhadas ao declínio em outros países ricos; mas, naquele ano, essa tendência parou abruptamente e se reverteu.

O artigo continha um gráfico chamativo, em que as mortes a cada 100 mil norte-americanos brancos de meia-idade foram posicionadas em relação às da Austrália, Canadá, França, Alemanha, Reino Unido e Suécia. Em todos os casos, as taxas de mortalidade em outros países continuavam a cair em níveis anteriores aos de 1999. As taxas de mortalidade dos hispano-americanos e afro-americanos (não mostradas no quadro) também diminuíram, alinhadas com as normas internacionais.[1] Mas não as dos norte-americanos brancos: na verdade, elas começaram a aumentar. Isso fez retroceder décadas de progresso, e não estava acontecendo em nenhum outro país rico. Tal situação se traduziu em uma carnificina silenciosa. Se a mortalidade entre os norte-americanos brancos de meia-idade caísse à taxa tendencial, nada menos de meio milhão de mortes teriam sido evitadas entre 1999 e 2013. Em outras palavras, o fenômeno das "mortes por desespero", de uma parcela outrora privilegiada da população, foi similar, em escala, à epidemia de AIDS que devastou os EUA durante a maior parte dos anos 1980 e 1990. O que estava acontecendo?

FIGURA I

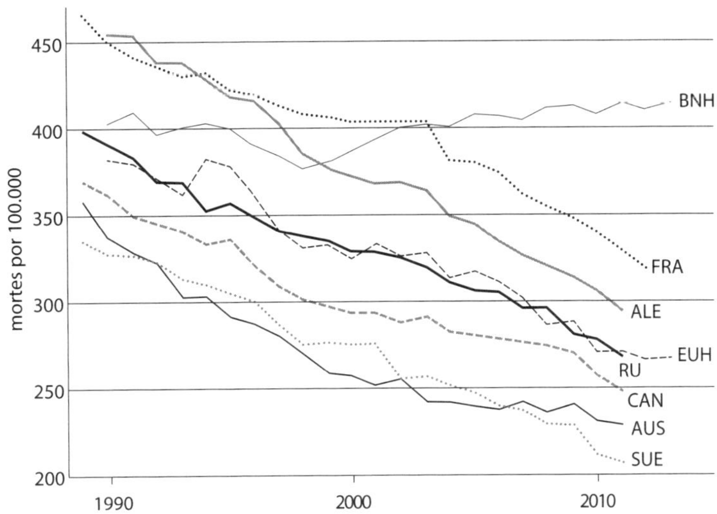

Mortalidade geral, idades 45-54 para brancos não hispânicos dos EU (BNH), hispânicos EU (EUH), e seis comparações entre países: França (FRA), Alemanha (ALE), Reino Unido (RU), Canadá (CAN), Austrália (AUS) e Suécia (SUE).

Antes que procuremos responder à pergunta, há duas observações mais amplas. A primeira mostra que, seja lá o que estivesse acontecendo, não aparecia na estatística econômica padrão. Em 2015, 15 anos depois de a mortalidade começar a retroceder, a economia estava crescendo razoavelmente bem. Não obstante a crise financeira de 2008, o tamanho da economia dos Estados Unidos havia passado de US$10,3 trilhões, em 2000, para US$18 trilhões em 2015, um ganho de 80%.[3] Mesmo com o ajuste da inflação, ela cresceu 30%.[4] Se você voltasse 45 anos, para 1970, a economia dos

EUA era então três vezes e meia maior, mesmo desinflacionando.[5] A ironia era que muitos norte-americanos, sobretudo operários, reputavam os anos 1970 como um tipo de era dourada em que havia bons empregos e perspectivas de uma vida decente de classe média. Talvez seja afirmar o óbvio dizer que a estatística do crescimento bruto não é capaz de captar sentimentos intangíveis, como perdas de apoio comunitário, segurança no trabalho, bem-estar ou, mesmo, identitárias; mas, se esse é o caso, por que tornamos o crescimento econômico – medido pelo PIB – um indicador para o que deveríamos valorizar na vida? Algum ponto invisível na narrativa do crescimento e da crescente prosperidade escondia algo muito perturbador.

A segunda observação diz respeito a médias e acúmulos. O artifício do estudo Case–Deaton era desagregar os números, no caso, por idade, raça e classe. Para tal, tendências veladas mascaradas por médias e números agregados finais foram subitamente descobertas. O norte-americano médio estava tendo uma vida mais longa e saudável, mas alguns deles sofreram uma reviravolta da sorte. Por quê? A explosão do uso de opiáceos, incluindo a prescrição de drogas como o Oxycontin, foi um fator relevante. Não somente explicou as mortes diretas por overdose, como a dor subjacente, física ou mental, que tornou o uso crescente de opiáceos, em primeiro lugar, um problema, o que também ajudou a explicar as taxas mais altas de suicídio e o alcoolismo. Opiáceos tinham mais cara de sintoma, não de causa subjacente.

Indo mais fundo, parecia que a maior parte do aumento de mortes e doenças afetava as pessoas sem ensino superior. A incapacidade de chegar à universidade estava, de algum modo, tornando-se uma sentença de morte. Em 1970, homens de meia-idade de baixa renda tinham cinco anos a menos em média de expectativa de vida em relação aos de alta renda da mesma geração. Em 1990, essa lacuna se ampliou para 12 anos. Agora, é de cerca de 15. Conforme a consideração de um comentarista, "Morrer uma geração mais cedo do que você poderia já é ruim. Esperar morrer mais jovem do que seus pais é ainda pior, vai contra aquilo que os ocidentais, em geral, e os norte-americanos, em particular, tomavam como garantido."[6]

A crescente desigualdade explicou um pouco do que estava acontecendo. Salários médios ficaram praticamente estagnados desde os anos 1970, em parte devido à perda do poder de barganha dos sindicatos, tendência que foi reproduzida em quase todo o mundo industrial à medida que as premissas do capitalismo de livre mercado se tornaram uma corrida para o abismo. Nos EUA, a parte do rendimento econômico que ia para os salários mantinha-se em declínio por décadas, sua maior parcela ia para o capital e lucros corporativos. Isso agravava desigualdades e penalizava pessoas que tinham de trabalhar para viver, sobretudo aquelas com habilidades que podiam ser terceirizadas, mecanizadas ou automatizadas. Muitos dos melhores empregos para operários eram acompanhados por planos de saúde e formação em contexto real, mas alguns desses empregos iam para a China, sudeste da Ásia,

Índia ou México. Muitos, ainda, estão sendo feitos por robôs ou cadeias de código de programação. Em países ricos, a parte da renda nacional paga a trabalhadores caiu de cerca de 55%, em 1970, para menos de 50% no auge da bolha financeira de 2007.[7] Em outras palavras, uma economia em expansão não beneficiou essencialmente os trabalhadores que produziam todo o crescimento, e sim os detentores do capital. "Há realmente um declínio da classe trabalhadora norte-americana", afirmou Deaton. "Ela atingiu seu auge com os 'operários aristocratas' do início dos anos 1970 com bons postos sindicais, um emprego em que você ganha... uma promoção a cada ano e constrói uma vida de classe média para você e sua família."[8] Sem um emprego decente, a chance de uma pessoa encontrar um parceiro estável cai, e o risco de vício em drogas, alcoolismo, depressão e suicídio aumenta.

O artigo suscitou enorme interesse. Os autores foram acusados por algumas pessoas de ignorar os afro-americanos, cujas taxas de mortalidade ainda eram muito mais altas do que as dos norte-americanos brancos, embora a diferença estivesse se estreitando como resultado de um revés na sorte dos brancos. Porém, essas descobertas sobre o declínio da classe média branca serviram muito bem à eleição presidencial de 2016, pela qual Donald Trump foi levado ao poder. Conforme o *Washington Post* apontou: "O Presidente Trump conquistou classes diversas de eleitores em 2016 ao prometer se voltar às demandas da classe trabalhadora branca, e os nacionalistas brancos apoiaram sua campanha. A pesquisa de Case e Deaton sobre a mortalidade branca dialogou diretamente com essa narrativa política."[9]

Em 1964, de acordo com um relatório do Pew Research Center dc 2014, o salário médio por hora dos trabalhadores do setor privado, que não ocupam cargos de gerência, nos Estados Unidos era de US$2,50, valor que aumentou para US$20,67 em 2014. Isso parece ótimo até que você leve em conta a inflação. Baseado no valor do dólar em 2014, o salário médio por hora em 1964 seria de US$19,18. Em meio século de labuta, com todo aquele crescimento e avanço tecnológico posterior, tudo o que você tem para mostrar é um misero US$1,50. "Em valores reais, o salário médio atingiu o ápice de 40 anos atrás", dizia o relatório. Uma explicação é o aumento no custo dos benefícios, sobretudo do seguro-saúde concedido pelos empregadores. Se eles têm que pagar cada vez mais por custos de saúde, tendem a compensar baixando os salários.[10]

Sem dúvida, muitos norte-americanos estão sentindo o aperto. Na pesquisa do Pew, 56% dos entrevistados disseram que sua renda familiar não acompanhava o custo de vida, contra 44% em setembro de 2007. Em outras palavras, mesmo quando a economia desfrutava de crédito abundante, na época do impacto do Lehman, mais de quatro em cada dez norte-americanos sentia-se meramente sobrevivendo. A recessão que se seguiu agravou essa tendência. Em 2000, 33% dos norte-americanos se descreviam como "classe trabalhadora", de acordo com o Gallup. Em 2015, esse número cresceu para 48%. "Longe de se extinguir, a classe trabalhadora agora conta com quase a metade dos Estados Unidos, segundo a autopercepção das pessoas", escreveu um autor. "Em certos aspectos, essas medidas são mais reveladoras do que as estatísticas sobre renda média ou desigualdade de renda. Elas manifestam uma sensação de ser afastado dos benefícios do crescimento. Esse é um estado de espírito nada norte-americano."[11]

Desigualdade nem sempre é ruim. O progresso depende dela, já que a sociedade nunca se move em sintonia. Se você aceita isso, a única alternativa para a desigualdade é a estagnação. Em *Fugindo do Inferno*, um filme de 1963 sobre a Segunda Guerra Mundial, estrelado por Steve McQueen, prisioneiros de guerra fogem de um campo nazista depois de cavar um túnel secreto. Os fugitivos estão em uma situação indubitavelmente melhor do que os prisioneiros deixados para trás. Ela seria melhor se todo mundo permanecesse no campo até o fim da guerra, ou deveríamos comemorar o fato de que algumas pessoas fugiram?[12]

Essa analogia se aplica a quase toda situação em que algumas pessoas têm uma vantagem inicial. Entre 1550 e 1750, a expectativa de vida na Grã-Bretanha não mostrou nenhuma melhora; e, o que é interessante, nem os reis e duques viviam mais do que os camponeses. Então, algo aconteceu: a família real teve acesso a uma vacina recém-produzida contra a varíola, oriunda da Turquia. Por conta desse e de outros avanços médicos, que se espalharam da corte à aristocracia, os ricos da Grã-Bretanha abriram um abismo de 20 anos de expectativa de vida em relação aos pobres. Isso era injusto. A vantagem tinha como base riqueza herdada e privilégios. No entanto, representava um progresso. Por fim, as vacinas foram difundidas, gerando benefícios não somente para a população da Grã-Bretanha, mas do mundo todo.[13]

Você poderia chamar isso de desigualdade boa – um mecanismo do progresso, ainda que injusto. Mas e a desigualdade ruim? Imagine um encontro romântico com um jantar em Nova York seguido de uma noite na ópera.[14] Para chegar a tempo, você tem que passar pelo Túnel Lincoln. O túnel tem duas faixas, mas você não pode mudar de uma para outra. De repente, o tráfego fica emaranhado. Os carros em ambas as faixas param de se mover. Os ponteiros do relógio avançam. Há uma chance real de você perder o jantar. Mais tempo se passa. Agora, os ingressos para a ópera podem virar pedaços de papel sem valor. Quando a faixa perto de você começa a se mover, você pensa consigo mesmo: *Maravilha. Logo vou me mover também.* Mas sua faixa não se move, e aquela esperança lentamente se transforma em raiva à medida que você observa os carros da faixa ao lado acelerando. De repente, tudo em que você consegue pensar é em como a vida é injusta, como o sistema está contra você. Antes que se dê conta, você está infringindo a lei, cortando para a outra faixa. Isso é desigualdade ruim.

Nos Estados Unidos, as pessoas têm sido historicamente tolerantes à desigualdade. A atitude tem sido *Boa sorte para eles. Isso mostra que nós também podemos.* Mas ela está mudando. Se outras pessoas se beneficiam do acesso a uma educação cara, de herança e nepotismo, sua benevolência em relação ao sucesso delas se transforma em ressentimento. "Se você é branco e integra a classe trabalhadora dos Estados Unidos, não teve nenhum acréscimo em sua renda durante 30 anos", diz Angus Deaton. "Se ninguém recebe esse acréscimo, e se há um bom motivo para tal, como uma guerra ou algo do tipo, penso que as pessoas não têm nenhuma dificuldade em aceitar a situação." Todavia, não há guerra alguma, e algumas pessoas estão prosperando. "Quando veem esses banqueiros com seus salários enormes ou o chefe do hospital presbiteriano de Nova York, que ganha US$3 milhões por ano, as pessoas percebem que esses caras estão ficando ricos de verdade, e as classes trabalhadoras brancas não estão conseguindo nada."[15]

A classe média está florescendo. Essa não é uma ideia que você vê com frequência hoje em dia, mas é a verdade. Quer dizer, se falamos da classe média mundial, e não da classe média do Ocidente – a maior parte dela está há décadas sem sair do lugar. No entanto, se você olhar para os rendimentos a nível mundial, algo que não é feito com frequência, verá que aqueles entre os 45° e os 65° percentis (a partir da base) dobraram seus rendimentos reais entre 1988 e 2011. Muitas dessas pessoas são chinesas. Aquelas entre os 80° e os 95° percentis – a classe média de países de alta renda – viram os rendimentos reais se estagnarem.[16] Aqueles no 1%, em termos mundiais – que inclui os 12% dos maiores assalariados dos EUA –, recebem aproximadamente 30% de toda a renda e detêm cerca de 46% de toda a riqueza.[17]

A história da desigualdade moderna é complexa. Ela cresce na maioria dos países, especialmente nos de alta renda; mas, em níveis globais, a desigualdade *entre* algumas nações está, na verdade, diminuindo.[18] No mínimo, o abismo entre as rendas em regiões da Ásia, por um lado, e da Europa Ocidental, dos Estados Unidos e da Australásia, por outro, reduziu-se, sobretudo desde 2000. Muito disso aconteceu por conta da rápida industrialização na Ásia, sobretudo na China, e, mais recentemente, na Índia. À medida que o crescimento nesses dois países – que, juntos, respondem por quase 40% da população mundial – ganha corpo, as desigualdades de renda proporcionadas pelo Ocidente depois da Revolução Industrial gradualmente se reduzem. Onde outrora havia uma grande divergência de padrões de vida no século XIX e na maior parte do século XX, agora há uma grande convergência.

Ou seja, os benefícios ganhos graças ao acaso do local de nascimento têm diminuído.[19] Para os humanistas, que apoiam a igualdade de oportunidades independentemente da nacionalidade, isso é maravilhoso. Entretanto, se você mora nas antigas regiões industriais da Europa ou dos Estados Unidos, pode achar que não há nada digno de comemoração. Hoje, o que você faz é mais importante do que o lugar onde o faz. É provável que um advogado corporativo ou um microbiologista em Nova York, Xangai ou Bangalore estejam indo muito bem. Se seu trabalho no Ocidente é fabricar sapatos ou móveis, talvez você não consiga concorrer com alguém que faz o mesmo trabalho em Bangladesh, na Etiópia ou nas Filipinas. Uma explicação para o crescimento do nacionalismo e o repúdio à imigração em ambos os lados do Atlântico é que aqueles que empobreceram por conta da globalização estão lutando por sua "renda da cidadania", benefício do qual desfrutavam outrora em função do contexto em que nasceram.[20]

Já que a maior parte da política é nacional, e não mundial, foram as desigualdades dentro dos países, e não entre eles, que causaram essa retaliação política global. A desigualdade muito elevada é quase sempre insustentável, sobretudo em países em que ela não foi a norma, e a história em quase todos os países ricos é de desigualdade crescente, especialmente da riqueza (em oposição à renda). Ou, usando palavras mais severas: os ricos foram ficando mais ricos enquanto todos os outros ficaram para trás. Essa é a desconfortável realidade por trás de nossa narrativa de crescimento desenfreado. A sobrevivência do liberalismo ocidental a esse abalo no sistema permanece como uma questão sem resposta.[21]

O aumento da desigualdade ocorreu anos, se não décadas, antes da crise financeira global. Em 2008, a Organização para a Cooperação e Desenvolvimento Econômico (OECD), um grupo com os 35 países mais ricos do mundo, descobriu que, nas duas décadas anteriores, o abismo entre ricos e pobres aumentara em 3/4 dos países da OECD.[22] No Canadá, Finlândia, Alemanha, Itália, Noruega e Estados Unidos, não só se ampliou o abismo entre os ricos e pobres, mas também entre os ricos e a classe média.

Ao contrário do que a maioria dos norte-americanos é levada a acreditar, a mobilidade social é difícil nos EUA. Na verdade, ela é mais fácil em países nórdicos com inclinações socialistas. (Em escala mundial, também é relativamente difícil ascender no Reino Unido e na Itália.)[23] Em geral, quanto mais desigual uma sociedade é, mais difícil é a ascensão, já que os ricos reforçam suas vantagens através de educação, lobbies políticos, herança, contatos e assim por diante. A chamada curva Great Gatsby mostra que, conforme a desigualdade cresce, a mobilidade social diminui.[24] Se você está na faixa errada do Túnel Lincoln, como mostra o relatório da OECD, é provável que fique estagnado. "Uma desigualdade de renda maior reprime a ascensão social entre as gerações, tornando mais difícil que pessoas talentosas e trabalhadoras consigam as recompensas que merecem", aponta.

De acordo com a OECD, a desigualdade aumentou por três motivos principais. Os salários aumentaram para as pessoas que já eram bem remuneradas, sobretudo banqueiros, especialistas e executivos; há menos empregos para pessoas menos qualificadas, que estavam se desligando do mercado de trabalho em grande escala; e há mais famílias monoparentais. A pobreza entre os mais velhos caiu, mas, entre os adultos jovens, especialmente os que têm filhos, aumentou bruscamente.

A recuperação gradual da crise financeira fez pouco ou nada para minar a desigualdade. Normalmente, quando a economia se recupera, a desigualdade cai à medida que as pessoas encontram trabalho; mas isso foi compensado por um restabelecimento no preço dos ativos, que beneficia sobretudo os que estão em melhor situação. Nos EUA, em 2014, 10% da população na base da pirâmide ganhavam 1,6% da renda, enquanto os 10% do topo ganhavam 29,2%. Os mesmos índices indicaram que a Islândia, o país mais igualitário da OECD naquele ano, registrava 4,1% e 20,6%, respectivamente. Sendo mais direto, nos EUA, os 10% do topo ganhavam 18 vezes mais do que os 10% da base. Na Islândia, a razão equivalente foi de cinco vezes essa média.[25] Na Grã-Bretanha, os números totalizavam 10,5 e, na França, 6,9.

O que tudo isso tem a ver com o crescimento econômico? A resposta é um absoluto nada. Esse é o problema. O fato de uma economia estar crescendo não lhe diz nada sobre o que está acontecendo com a distribuição da riqueza. É verdade, não podemos nos esquecer das lições do capítulo anterior, segundo o qual melhoras em qualidade e avanços tecnológicos significam que estamos em melhor situação do que pensamos.[26] Ainda assim, o fato de alguém ter um celular melhor ou um tipo mais poderoso de analgésico no bolso serve como um pequeno consolo se essa pessoa se sentir relegada em termos financeiros. Embora nossos países estejam ficando mais ricos e nossas empresas mais eficientes, não estamos gerando mais empregos, nem remunerando mais as pessoas. A produtividade elevada foi dissociada de salários e empregos. [27] E, se a maioria das pessoas não sente que recebe nenhum benefício, para quê, exatamente – e para quem, exatamente –, serve todo esse crescimento?

Parte Dois

O CRESCIMENTO E O MUNDO EM DESENVOLVIMENTO

7

Elefantes e Ruibarbo

Em um dia de 2015, alguns economistas que trabalhavam no Quênia tiveram uma ideia brilhante. Literalmente. Conscientes do quanto era difícil obter estatísticas econômicas precisas em um país com recursos limitados, um amplo setor informal e uma economia baseada em citadinos dirigindo Mercedes Benz e tribos Massai de criadores de gado, buscaram outra maneira de mensurar as atividades. A ideia a que chegaram foi usar imagens de satélites no espaço para registrar a intensidade de luzes à noite.

O método era menos bizarro do que parece. Em países pobres, da Índia à Eritreia, há uma correlação próxima entre o tamanho de uma economia avaliada por meios tradicionais e aquele obtido por dados provenientes de satélites sobre a intensidade da iluminação. Quando representados em um gráfico, os sinais de queda da atividade econômica, digamos que causados por seca, guerra ou uma recessão, são estreitamente associados a uma queda correspondente na intensidade da luz. A ideia baseia-se no pressuposto de que quase todo o consumo noturno requer algum tipo de iluminação, o que torna o aumento da intensidade da luz um bom indicativo de crescimento.[1]

As luzes noturnas são tão boas em captar a atividade econômica informal quanto a formal. Essa é uma vantagem imensa em um lugar como o Quênia. Geralmente, o trabalho dos fazendeiros, ambulantes, comerciantes, nômades, artesãos, restauradores, negociantes, operários, caminhoneiros e metalúrgicos, que fazem a maior parte da economia africana funcionar, não se inscreve na economia tributada e extrapola o âmbito da estatística nacional. Um dos princípios básicos de nossa economia é que, se você não pode colocar uma cifra de dólar em algo, ele não existe, mas a maior parte do que move a economia da África é invisível.

O método das luzes noturnas foi usado para se ter uma melhor compreensão da massiva economia informal da Índia, país com 1,3 bilhão de pessoas em que mais de 90% da população trabalhadora atua no setor informal. Alguém poderia perguntar às companhias de eletricidade quanta energia, teoricamente, elas comercializam em cada distrito. Mas as imagens dos satélites fornecem um panorama mais preciso, já que os índices oficiais não contabilizam pequenos esquemas autônomos movidos a energia solar ou hidroelétricos. E as companhias de eletricidade também não respondem devidamente pela energia que se perde através de redes ineficientes ou é desviada por comunidades pobres hábeis em grampear energia de cabos elétricos suspensos.

Os dados da intensidade da luz têm outra vantagem: eles dizem mais sobre a atividade econômica em nível local do que os dados convencionais. Por conta do alto custo e das limitações de ordem prática para realizar pesquisas detalhadas, os países pobres se atêm às rebarbas compiladas de amostras escassas de pesquisas. Os satélites que fornecem os dados da intensidade da luz, em contrapartida, criam um panorama mais rico. Os satélites rondam a Terra 14 vezes por dia, rastreando os dados de cada quilômetro quadrado. Isso é melhor do que qualquer outra opção que provavelmente se originaria de um funcionário de algum departamento de estatística nacional, com uma prancheta na mão, indo de aldeia em aldeia.

Uma descoberta surpreendente do estudo das luzes noturnas do Quênia diz respeito a Nairóbi, a capital, cidade com pelo menos 3 milhões de pessoas e centro regional do leste da África. Os dados da intensidade da luz indicaram que Nairóbi contribuía com cerca de 13% da economia nacional, proporção muito menor do que a sugerida pela estatística de renda nacional convencional. Se os números das luzes noturnas estão corretos, enormes extensões da economia rural do Quênia estão sendo constantemente desconsideradas.

A qualidade dos dados econômicos em muitos países pobres é escandalosamente ruim. Não obstante, depositamos muita confiança neles. Usamos os dados econômicos para comparar os níveis de pobreza dos países, para decidir se suas políticas estão funcionando, quanta assistência eles recebem e quais taxas de juros precisam pagar para pegar dinheiro emprestado. Entretanto, uma combinação de armadilhas metodológicas e a carência de capacidade institucional tornam muitos dos números em que nos apoiamos praticamente inúteis. Estimativas diferentes do PIB africano para o ano 2000 compiladas pelo Banco Mundial, pela Universidade da Pensilvânia e pela Universidade de Groningen — três das fontes de dados sobre renda nacional mais prestigiadas do mundo — revelam amplas inconsistências. Uma, por exemplo, ranqueou a Libéria, uma nação do oeste africano, como o segundo país mais pobre do continente. Outra a colocou em uma posição 20 vezes superior.[2]

Um problema é que, na maioria dos países africanos, a chamada economia informal — que, como o termo sugere, acontece à revelia da oficial — é muito extensa. Sabe-se tão pouco sobre ela que agências de estatísticas recorrem a todos os tipos de ardis, referências e truques contábeis para preencher as lacunas. Muitos países simplesmente não têm recursos. Na Zâmbia, em 2010, as contas nacionais do país inteiro eram compiladas por um único estatístico. "O que acontece se eu sumir?", lamentou o homem.[3]

A Zâmbia é um país relativamente estável. Quem somos nós para interpretar a estatística coletada em um lugar como a República Democrática do Congo, antigo Zaire, uma nação do tamanho da Europa Ocidental, de 80 milhões de pessoas, devastada por anos de guerra civil e com poucos elementos que lembrem um estado funcional? Mesmo que ela tivesse um escritório de estatística atuante na capital, Quinxasa, a maior parte das regiões do país é inacessível por estradas, e a muitos lugares só se chega de barco ou canoa. No Zimbábue, onde somente 6% da força de trabalho está no setor formal, um membro do gabinete, o sobrinho do veterano líder Robert Mugabe, contou-me durante o jantar que mensurar a economia do Zimbábue era "como tentar usar uma fita métrica para adivinhar quanta Coca-Cola há em um copo".[4]

Mesmo em países não tão desafiadores, o método recomendado pelo Sistema de Contas Nacionais das Nações Unidas para calcular e verificar o PIB — baseado em despesas, renda e produção — é praticamente inviável. Apenas poucos países africanos, um dos quais, por acaso, é o Quênia, chegaram a experimentá-lo. Muitos se baseiam somente na produção. "As estatísticas do PIB dos países africanos são os melhores palpites de produção agregada", diz Morten Jerven, especialista no assunto. "Outro motivo para nos pautarmos nisso é por não sabermos muito sobre renda e crescimento na África."[5]

É uma coisa e tanto a se dizer sobre um continente com 1 bilhão das 7 bilhões de pessoas do mundo. Fingimos que nossas estatísticas econômicas e comparações com os dados internacionais têm uma precisão que os fatos simplesmente não ratificam. Se algumas dessas situações que acontecem na África também se aplicam a outros países em desenvolvimento da Ásia e América Latina, as economias que comportam vários bilhões da população mundial talvez estejam produzindo números altamente duvidosos. Todos os tipos de decisões, desde a assistência até os investimentos, baseiam-se nesses números, bem como todos os tipos de conclusões relativas ao bom ou mau funcionamento das políticas; mas ainda estamos, sobretudo, perdidos no escuro. Kuznets acreditava que seu método era totalmente inadequado para mensurar economias pobres, pois muitas de suas atividades acontecem no setor informal. No entanto, isso é exatamente o que fazemos. Isso se constitui em um libelo acusador que demonstra bem claramente nossa incapacidade de formar um panorama significativo do mundo.[6]

Terry Ryan é meio que uma celebridade. Um jornal local descreveu o presidente da Agência Nacional de Estatística como um "ícone do cenário econômico do Quênia". Nascido e criado no país, Ryan fica perplexo quando estrangeiros olham para sua pele branca e concluem que ele não é africano. Criado em uma fazenda em Nakuru, no oeste do Quênia, onde trabalhou em um período curto como um *shamba* — trabalhador do campo —, estudou em duas das melhores escolas do país antes de concluir seus estudos na Austrália e na Irlanda e, depois, nos EUA, onde encerrou sua formação com um doutorado no Instituto de Tecnologia de Massachusetts. Lecionou economia na Universidade de Nairóbi até 1983, quando pediram a ele que se juntasse ao governo queniano como diretor de planejamento. Embora aposentado do funcionalismo público, ainda desempenha um papel influente na compilação das estatísticas nacionais do Quênia. Quando o conheci, em um dia na primavera de 2016, ele estava revisando o último conjunto de valores do PIB.

Ryan é um homem alto e longilíneo, com uma dicção impecável e o ar sarcástico digno de um personagem de Dickens. Quando nos reunimos, no último andar do Banco Central, um arranha-céu mal iluminado no antigo distrito industrial de Nairóbi, ele segurava uma mala surrada de couro marrom; um objeto que, segundo dizem, ele raramente dispensa, e contém folhas de dados estatísticos dos anos 1960. Aos 82 anos, ele era tão afiado quanto uma navalha.

Ryan tem orgulho das estatísticas do Quênia, que afirma estar entre as melhores da África. O Quênia tem um funcionalismo público competente e uma economia razoavelmente avançada, com uma agricultura rentável, uma produção de flores para uso decorativo, um parque industrial leve [fábricas de menor uso intensivo de capital] e um setor de turismo bem desenvolvido. Também é relativamente próspera para os padrões africanos, com renda *per capita* de cerca de US$3.200, ajustados para preços locais.[7]

O Quênia segue ao pé da letra as diretrizes das Nações Unidas para as contas nacionais, embora Ryan chame os números de renda que coleta de "muito incertos". Não obstante a adesão à metodologia padrão, Ryan esforça-se em apontar que as estatísticas econômicas do Quênia não são de modo algum comparáveis com, digamos, as dos EUA. "Seria como comparar elefantes e ruibarbo", diz ele, evocando uma metáfora que faz a comparação entre maçãs e laranjas parecer banal. Então, ele adaptou a metodologia "ruibarbo", projetada por Simon Kuznets a fim de mensurar a economia dos EUA, para a realidade de uma economia "elefante", como a do Quênia. "Essa é uma metodologia perfeitamente aplicável ao mundo desenvolvido", afirma. "Faz total sentido nesse contexto. Mas não necessariamente funciona para um país em desenvolvimento."

O Quênia é um país com mais ou menos 45 milhões de pessoas. Parte de sua elite vive como nova-iorquinos em apartamentos caros ou casas espaçosas em condomínios fechados, enquanto outros vivem em barracos de latão ou cabanas de argila, ou perambulam pelos amplos espaços abertos como nômades. Nairóbi é uma cidade moderna, com arranha-céus, lojas de departamentos, edifícios comerciais, autoestradas, cortiços imensos, clubes de jazz, restaurantes e um dos centros de tecnologia mais avançados da África. Mesmo nesse cenário, em meio ao trânsito e comércio, os chamados pastores urbanos caminham com seus rebanhos de vacas, que pastam pelas autoestradas de quatro faixas ou nos gramados das casas dos milionários.[8] A parte de fora de Nairóbi, no deserto da bela paisagem do Quênia, é outro mundo. "Ainda temos caçadores e coletores", diz Ryan. "Não muitos, mas eles estão aqui."

No mosaico de etnias do Quênia estão os Massai, altos guerreiros pastores de gado que outrora ocupavam o Vale do Rift, do Quênia central moderno, ao norte da Tanzânia. Os Massai acreditam que todas as vacas do mundo lhes pertencem, uma convicção que os levou a um conflito inevitável com outros pecuaristas e fazendeiros estabelecidos. Para eles, o gado tem uma simbologia forte. Um cumprimento na língua Maa, da qual os Massai recebem seu nome, é: "Espero que suas vacas estejam bem." Há cerca de 800 mil Massai no Quênia, praticamente o mesmo número de Turkanas, um povo criador de camelos do noroeste remoto.

A questão é que muito da sociedade queniana está fora da estrutura teórica que Kuznets examinava nos Estados Unidos. Isso se aplica, inclusive, aos milhões de agricultores de subsistência sedentários. Em um ano bom, eles produzem um excedente, que escambam por outros produtos ou vendem no mercado local. Em um ano ruim, quase tudo o que produzem é consumido. De qualquer modo, a maior parte de sua produção nunca aparece oficialmente.

Ryan pega o exemplo do milho. Ele estima que somente a metade de todo o milho produzido no país seja comprada e vendida. Portanto, a única maneira de contabilizar o milho consumido por agricultores de subsistência é imputando um valor. Esse é precisamente o mesmo conceito usado para definir o valor do aluguel que seria pago por proprietários morando nas próprias casas. "Sei o número de casas e sei o quanto de milho as pessoas realmente comem", afirma Ryan, visto que pesquisas domiciliares estabeleceram uma estimativa dos hábitos alimentares de quenianos rurais. Então, ele tem uma boa ideia de quanto milho, aproximadamente, é cultivado e comido por agricultores de subsistência.

Na teoria, você poderia fazer o mesmo com todos os tipos de produtos menos óbvios de subsistência. Benjamin Muchiri, um alto funcionário da Agência Nacional de Estatística do Quênia, diz que seu escritório testou exercícios teóricos para desenvolver o valor inferido de atividades não comercializadas, desde a força de tração de bois trabalhando nos campos até o transporte proporcionado por camelos. Você poderia, digamos, comparar os bois com tratores e os camelos com viagens de mototáxi. Seria possível, inclusive, contar o esterco de vaca usado para enfileirar as paredes dos barracos como material de construção de produção própria.

Incluir ou excluir partes da economia informal faz uma grande diferença. Em 2009, foi realizado um estudo com o leite, usando dados coletados no censo populacional do mesmo ano. Ele concluiu que a estatística da renda nacional para 2009 subestimou a contribuição econômica do leite em cerca de 20 vezes. Ele também descobriu que a produção total de "gado ruminante" — incluindo vacas, cabras e camelos — foi de quase US$2 bilhões a mais do que o exibido pelas estatísticas oficiais, uma discrepância nada pequena em uma economia que vale, teoricamente, apenas US$37 bilhões.[9] Estimou-se que 80% da carne consumida no Quênia era produzida por pecuaristas, incluindo os Massai, cerca de 1/5 dos quais percorria as fronteiras dos países vizinhos.

Além de fornecer carne e leite para seus proprietários, o gado tem outras vantagens não percebidas por atividades econômicas típicas. Os pecuaristas, por exemplo, usam as próprias vacas como garantia que pode ser "monetizada" em emergências. Isso evita os custos do crédito rural, que exige taxas de juros muito elevadas. As vacas são contas bancárias ambulantes — endossando a ideia da "vaca de dinheiro" [em marketing, um produto com alta participação de mercado que garante um fluxo de receita constante por um longo tempo]. Elas têm um benefício extra. Os Massai usam o sangue de seu rebanho como fonte proteica; eles o retiram em pequenas quantidades da jugular e misturam com leite. Tradicionalmente, os Massai não se prestam a cultivar lavouras, mas vivem integralmente de seus gados. A menos que matem uma vaca e a vendam, eles poderiam passar a vida inteira subsistindo de seu rebanho, praticamente invisíveis ao PIB.

Não seria tão complexo investir um montante de dólares em uma economia rural como essa se ela não fosse tão ampla. Oficialmente, a agricultura responde por 20% a 26% da economia do Quênia, dependendo da colheita. Mesmo ignorando todos os outros problemas de se inferir o valor da agricultura de subsistência, esses números subestimam o impacto econômico do setor. Isso porque o dinheiro gerado no Quênia rural é rapidamente gasto com o básico, fazendo, portanto, que a economia gire em alta velocidade, ou sob o efeito multiplicador, termos usados pelos economistas. "Invisto 100 mil xelins no campo, tenho um bom retorno com isso", diz Ryan. "Grande parte desse investimento é revertido em pasta de dente, roupas e estilos de penteados. Isso faz com que o dinheiro circule. Cria empregos, faz todo tipo de coisas." Em países mais pobres, onde o sucesso de uma colheita é decisivo, e a irrigação é quase inexistente, os meteorologistas, ao preverem precipitações, acabam tornando-se analistas econômicos melhores do que os próprios economistas.

Miles Morland, que há anos tem investido com sucesso na África, também critica a qualidade das estatísticas. "O fato de mais de 80% da população adulta ter celular em um país como o Quênia — em que, no tom solene das ONGs, 'a renda nacional *per capita* de metade da população é inferior a um dólar por dia' —, talvez leve alguém com o mínimo de bom senso a questionar as estatísticas e perguntar como pessoas tão pobres conseguem comprar tantos celulares", resmunga ele. Ele chama a economia africana paralela de Kioskenomics [junção, em inglês, de "quiosque" e "economia"], por conta dos pequenos quiosques em que tantas transações são feitas fora do alcance do radar do tributador ou do estatístico. "Qualquer um alheio às instituições de Washington percebe que a renda *per capita* na África deve ser drasticamente maior do que os índices do FMI indicam", diz ele. Isso é importante porque esses índices, que levamos tão a sério, "são o prisma através do qual economistas, políticos, responsáveis por planejamento e banqueiros do mundo inteiro aprovam decisões a respeito de países em desenvolvimento". [10]

Ryan concorda que as estatísticas oficiais subestimam drasticamente a amplitude real da economia do Quênia. Elas sugerem que 72% da população carece de dinheiro até mesmo para se alimentar de maneira adequada, afirma. "Segundo esse raciocínio, 72% do meu povo está morto. Lamento. Perdemos de novo", zomba ele, jogando as mãos para cima para fingir resignação com a lógica dos padrões econômicos. Ainda assim, fica claro que esses quenianos conseguem se sustentar, não importa o que os dados nos dizem.

Uma das explicações é que as estruturas familiares e de parentesco levam a pensar que os salários oriundos de empregos formais são superiores. Se nos Estados Unidos e na Europa as médias são distorcidas porque a maior parte da renda se concentra nas mãos de poucas pessoas, na África geralmente é o contrário. É claro que há uma desigualdade extrema; mas, comumente, pessoas empregadas sustentam uma família extensa, com pais, tios, irmãos, agregados e qualquer um que reivindique o mais tênue laço de parentesco. Ryan lembra-se de uma situação em que alguém entrou em seu escritório, no ministério do planejamento, reclamando que o coeficiente de GINI do Quênia — que mede a desigualdade — era "um desastre". "Eu disse: 'Sim, é um desastre, mas não significa o que você supõe'", lembra Ryan. "Acontece que o ministro adjunto do ministério foi meu aluno, eu o conhecia muito bem. Então, eu disse ao homem que entrara no escritório: 'Espere, vamos para a sala ao lado', e fomos ao escritório do ministro adjunto; então eu lhe disse: 'Desculpe interromper. Quantas pessoas você sustenta com seu salário?' Ele pensou por um momento e disse: 'Provavelmente umas 50'. Agradeci e saímos da sala."

A lição de Ryan é que você não pode tomar os números por seu valor nominal, mesmo se forem tratados como a explicação definitiva de uma economia. "Você precisa questionar os dados", diz ele, em uma frase que poderia ter vindo diretamente de Kuznets. "O PIB diz coisas que vale a pena conhecer, mas não pense que ele lhe dá as respostas para tudo. Veja, o que tento mostrar é que os números não são inúteis, mas você tem que entender sua aplicabilidade."

Yemi Kale estava com dificuldade para dormir. Ele guardava um segredo obscuro. Números povoavam seus pensamentos. Ele tinha certeza de que eles estavam corretos, mas eram controversos. Poderiam causar problemas. Ele pensou em adiar sua divulgação e deixar toda a questão desagradável para seu sucessor resolver. "Era extremamente desconfortável", contou-me mais tarde.[11] "Eu estava tentado a não publicar os resultados de jeito nenhum."

Kale (pronuncia-se Kalé) é estatístico. Para ser exato, é o estatístico geral da Agência Nacional de Estatística da Nigéria, o maior gênio financeiro desse imenso país do oeste africano. Talvez você pense que o emprego de estatístico, mesmo com um título tão pomposo, seja um dos mais sem graça do mundo, ao lado da contabilidade e o do sujeito que faz a distinção do sexo das galinhas. Isso não se aplica na África, em que responder pela amplitude de uma economia envolve inúmeros riscos e até ameaças. Houve momentos em que Kale temeu pela própria segurança. Mais de uma vez ele recebeu ligações hostis de governadores estaduais, fervendo de raiva por ele ter revelado níveis de pobreza e desemprego em seus territórios. "Este trabalho é extremamente controverso", diz ele. "Nosso país não é muito bom em aceitar o que é verdadeiro, seja bom, ruim ou feio."

À primeira vista, o segredo que Kale guardava estava enquadrado na categoria "bom". Com base em seu estudo de três anos, a economia da Nigéria estava 89% maior do que o anteriormente imaginado. Quando ele finalmente arranjou coragem para anunciar os resultados, em uma tarde de domingo em abril de 2014, a informação se mostrou extasiante. Ela continha um imenso sentido simbólico, representando que a Nigéria deixara para trás a África do Sul para se tornar a maior economia do continente.

Para um país com um elevado conceito de sua própria importância, isso não era pouca coisa. A Nigéria é, de longe, o país mais populoso da África, contando com cerca de 180 milhões de habitantes. O país tem petróleo — e atitude. Se você ouvir um nigeriano, consegue imaginar facilmente que a Nigéria é um país rico, tamanho é o nível de ambição, motivação e empreendedorismo em constante exibição. De fato, desde que a Nigéria se tornou independente, em 1960, seus habitantes nunca se cansaram de lembrar a seus vizinhos de que a Nigéria é um "país gigantesco". Ali estava a prova cabal de que ele era o maior de todos, pelo menos na África.

A descoberta também serviu como uma agradável surpresa para muitos investidores mundiais, de cervejarias procurando o próximo grande mercado a gestores de portfólios alocando fundos de investimento. Chefes de divisão em multinacionais, que talvez sempre tenham suspeitado que a Nigéria tinha números mais fartos do que seus patrões percebiam, poderiam ir a suas diretorias em Nova York ou Xangai com a prova de que estavam certos.

"A retificação terá um impacto psicológico", disse Ngozi Okonjo-Iweala, uma das maiores ministras de economia e finanças da Nigéria à época. "Ela fomentará investimentos." O propósito de recalcular o PIB, ela foi rápida em destacar, não visava "torná-lo o maior". O objetivo principal era "mensurar a economia da maneira adequada". Mas ser o maior, evidentemente, foi um belo bônus.

Havia, no entanto, desvantagens em ser o mais rico, como Kale sabia muito bem. Em média, os índices diziam, os nigerianos estavam em uma situação muito melhor do que haviam pensado. Isso era novidade para as dezenas de milhões de conterrâneos que viviam na miséria, sem emprego, água e eletricidade — tudo isso no maior produtor de petróleo do continente. Em 2010, de acordo com a agência do próprio Kale, 61% dos nigerianos viviam na pobreza, definida como subsistir com menos de US$1 por dia. De acordo com uma pesquisa, espantosos 94% dos nigerianos entrevistados se descreviam como pobres, comparados com "somente" 76% de seis anos antes. "A despeito do fato de que a economia nigeriana está crescendo, a proporção de nigerianos vivendo na pobreza aumenta a cada ano", lamentou Kale.

Muitos nigerianos poderiam legitimamente perguntar por que eles ainda eram pobres em um país tão próspero, que agora era quase duas vezes mais rico do que se pensava anteriormente. É possível que a resposta fosse que a elite do país, famosa por esbanjar sua riqueza, estava roubando ainda mais do que se imaginara até então. A verdade, conforme Gloria Steinem, ativista pelos direitos da mulher, teria observado: "Vai libertar você. Mas, antes, vai irritá-lo."

Kale tem um quê de evangelizador. Em meio a todas as dificuldades decorrentes da definição e avaliação de uma economia, ele enxergou a busca de estatísticas mais precisas como uma missão quase sagrada, parte do processo da consolidação democrática subsequente ao fim do regime militar, em 1999. Havia, escreveu em anotações que acompanhariam a divulgação dos novos números, "uma demanda crescente por uma contabilidade e boa governança baseadas em fatos". As pessoas estavam fartas dos líderes nigerianos roubando o patrimônio do país. A maior parte do lucro provinha de bombear petróleo das águas costeiras da Nigéria e de deltas pantanosos que, do nada, simplesmente desapareciam. Compor um cenário econômico mais preciso, pensava Kale, ajudaria os civis nigerianos a fazer com que o governo prestasse contas.

Era importante perceber, acrescentou ele, que o crescimento poderia não estar equiparado ao bem-estar. "O fato de um país ter um PIB nominal maior do que o outro não indica, por si só, que ele é 'mais desenvolvido' do que o outro", disse ele. "O desenvolvimento abrange um conjunto mais amplo de medidas do progresso humano do que o PIB, que é, estritamente, uma medida de produção econômica." Ele destacou a desigualdade e o desemprego como mazelas sociais na estatística da renda nacional. O crescimento econômico, disse ele, era de pouca utilidade se a renda gerada era captada por uma elite restrita e se não era usada para criar empregos e oportunidades para a maior parte dos nigerianos.

Ser mais rico era uma faca de dois gumes também em termos internacionais. No lado positivo, se a economia era quase 90% maior, então a Nigéria estava menos endividada do que se pensava. É por isso que o PIB é o padrão para mensurar todos os números. O PIB é o denominador em muitos dos índices mais importantes nas políticas públicas. Por exemplo, o endividamento de um país é geralmente expresso em termos de dívida em relação ao PIB. Se o PIB aumenta, então a dívida cai. E zás: isso quer dizer que a Nigéria, ao menos na teoria, seria capaz de pegar dinheiro emprestado no exterior. Ela também poderia esperar pagar menos, já que os juros são cobrados de acordo com o risco estimado. E se a Nigéria estava menos endividada, então, naturalmente, também era menos arriscada.

No entanto, países como a Nigéria nem sempre querem ser vistos como melhores. Mesmo um país tão grande e importante como a China não fica à vontade com a estatística econômica que sugere que ela está indo bem demais. Durante meses, Pequim lutou ferozmente nos bastidores para evitar a divulgação de seus dados, em 2014, compilados sob os auspícios do Banco Mundial, que mostrou a China ultrapassando os EUA como maior economia mundial medida em preços locais.[12] O Partido Comunista aderira há muito ao ditado de Deng Xiaoping de que a China deveria encobrir seu aumento prodigioso ao "esconder sua luz" até uma ocasião mais propícia. Pois ali estavam intrometidos economistas do Banco Mundial, de todos os lugares, trazendo o segredo à tona.

Kale percebeu o quanto era delicado o tema com o qual lidara três anos antes. Em 2011, quando foi inicialmente contatado para supervisionar o novo cálculo da renda nacional da Nigéria, ele sabia que teria de desenvolver as questões práticas relacionadas a essa atividade com cuidado, em um país tão extenso e complexo. É aí que as "coisas podem começar a desmoronar", pegando emprestado o título de um romance de Chinua Achebe [*Things Fall Apart*], o escritor nigeriano. As estatísticas só são boas se os dados coletados tiverem qualidade. Mesmo em países ricos, com orçamentos amplos, serviços públicos eficientes e um longo histórico de coleta de dados, ter acesso a números precisos não é fácil. Você não consegue saber tudo sobre a atividade econômica de toda empresa, lar e indivíduo. Tudo que você pode fazer é coletar uma amostra e confrontar os resultados com a maior quantidade possível de dados reais. Em um país como a Nigéria, com menos dinheiro para gastar e menos sucessões de dados atuais com os quais trabalhar, problemas como esses são intensificados de maneira maciça.

Para iniciantes, é difícil saber algo tão básico como quantas pessoas existem. Censos populacionais na Nigéria são ainda mais controversos do que pesquisas de PIB. Isso porque a população de um estado isolado ou região pode determinar tudo, de influência política e direito, a transferências de impostos do governo federal. A Nigéria é um país novo, cujas fronteiras foram estabelecidas por imperialistas britânicos, que originaram um país com predominância muçulmana no norte e cristã no sul. Em 1967, ela quase foi dilacerada quando Igbos, ao leste, declarou a república independente de Biafra, desencadeando uma guerra civil em que muitos milhões de cidadãos sucumbiram à fome. Portanto, saber quantas pessoas vivem em cada região é controverso, para dizer o mínimo.

Há também as dificuldades práticas. Os britânicos costumavam contar pessoas somente em Lagos, a então capital. Um censo nacional anterior foi interrompido por pragas de gafanhotos no norte e motins contra impostos no sudeste.[13] A maioria dos demógrafos na verdade nunca confiou nos índices populacionais da Nigéria, ou no total geral ou na desagregação entre regiões e etnias. Então, a menos que você saiba quantas pessoas existem, não consegue calcular com precisão o tamanho da economia, o que exige maximalizar os resultados das pesquisas. "Não uso o censo: os números não fazem sentido", diz Kale, sem rodeios.[14]

Kale teve várias outras dores de cabeça. A Nigéria é um país imenso. Algumas partes são remotas, às quais só se chega após dias de viagem de carro, moto ou até canoa. Nem sempre era possível confiar nas pessoas encarregadas de se dispersar pelo país coletando dados para desempenhar sua tarefa árdua; houve uma história de uma equipe inventando números do conforto das próprias casas. Kale usava um rastreio de GPS para assegurar que seus agentes estavam onde diziam que estavam, e fazia ligações aleatórias aos recenseados para verificar se tinham sido entrevistados de verdade.

Uma vez, conta, ele enviou seis de seus 3 mil coletores de dados a um canto remoto de Ekiti, um estado no sudoeste do país. "Eles foram à aldeia de moto e levaram seus dispositivos e iPads. Os aldeões não estavam acostumados a ver aquilo – seis pessoas de casacos brilhantes e botas", recorda. "Eles os rodearam e levaram ao líder, ameaçando matá-los. Tivemos que ligar para o líder local com muita rapidez, para intervir." Kuznets, até onde sabemos, nunca teve de lutar com dificuldades como essa.

Kale teve que ser criativo em relação às perguntas da pesquisa. Por exemplo, quando se perguntava às pessoas quanto ganhavam, com frequência elas declaravam menos, porque suspeitavam das autoridades fiscais. No entanto, pergunte a elas quanto gastam, e, com o peito estufado, tendem a fornecer um relato mais abrangente de sua proeza aquisitiva. Em pesquisas, diz Kale, fazer a pergunta certa importa.

Houve problemas sérios relacionados a outros dados também. Ele teve que confiar em números da indústria petrolífera, notadamente corrupta, e em autoridades portuárias sobre a quantidade de petróleo produzida e o volume de mercadorias despachadas. A suspeita era sempre de que os dados oficiais escondiam a quantidade real, criando a oportunidade de desbastar a receita na fonte. A economia informal era tão ampla e desconhecida, diz Kale, que mesmo depois de um salto de 89% ele suspeitou que ainda a estivesse subestimando. Tecnicamente, estavam pedindo a Kale que conduzisse o que as contas nacionais chamam de exercício de restabelecimento da base. Quando os países calculam sua renda nacional, eles o fazem em relação ao ano-base, que serve como ponto de referência. O motivo pelo qual precisam proceder assim é para levar em conta a alteração nos preços. Digamos que os nigerianos produzam 100 milhões de sacas de arroz no ano-base. (Os índices são totalmente fictícios e, sem dúvida, altamente implausíveis.) No ano seguinte, eles produzem 110 milhões de sacas. Isso torna fácil comparar um ano com outro. O aumento é de 10%. Por outro lado, se os preços são levados em conta, ajustes precisam ser feitos para se ter uma avaliação apropriada da inflação. É bem mais fácil — e estatisticamente mais claro — comparar volumes.

Até aqui, tudo bem. O problema é que o ano-base fica rapidamente desatualizado. Os fundamentos econômicos mudam. Alguns mercados crescem, outros diminuem ou desaparecem. Talvez os nigerianos não cultivem mais arroz, mas tenham mudado para sorgo. A maior parte da indústria têxtil do país foi exterminada pelos importados chineses baratos. A Comissão Estatística das Nações Unidas recomenda mudar o ano-base a cada cinco anos; mas, em uma África de recursos escassos, pode levar décadas antes que as agências estatísticas contornem essa árdua — e dispendiosa — tarefa. Esse é outro motivo pelo qual muitas das estatísticas que as Nações Unidas produzem são extremamente imprecisas. Quando a Libéria calcula a inflação, usa um conjunto de itens reunidos décadas antes. Gosto de imaginar estatísticos liberianos vasculhando os mercados para calcular os preços atuais de jeans boca de sino e discos de vinil.[15]

No caso da Nigéria, o ano-base era 1990. Em 2014, quando a Agência Nacional de Estatística divulgou seus novos números, muita coisa aconteceu. Os telefones celulares eram um bom exemplo. Em 1990, quase não havia aparelhos como esses no país. Ao contrário, a Nigéria tinha cerca de 300 mil linhas fixas, talvez 100 mil delas em boas condições de funcionamento. Não havia sequer uma lista telefônica confiável, e me lembro de ter enviado um motorista pelo trânsito caótico de Lagos até a casa de alguém só para conseguir seu número de telefone. Em 2010, a situação se transformou: havia 80 milhões de assinantes de telefonia móvel; mas como a estatística nacional fazia referência a 1990, quando a telefonia era uma fração ínfima da economia, esse crescimento explosivo era tudo, menos visível.

A economia da Nigéria mudou de outras maneiras também. Agora, tinha uma vibrante indústria cinematográfica, apelidada de Nollywood, que produzia centenas de filmes por ano, mas que ninguém se preocupava em avaliar. Filmes como *The Last Flight to Abuja* conquistou seguidores fervorosos, não apenas na Nigéria, mas também pela África e pela diáspora africana, ainda que, para os compiladores da estatística nacional, que contavam com o ano-base de 1990, Nollywood não existisse. O setor bancário também crescera exponencialmente, movido por tecnologia, riqueza em ascensão entre um certo estrato da sociedade e influxos de dinheiro estrangeiro na economia nigeriana impregnada de petróleo. Novamente, isso não se refletia no peso dado às atividades bancárias no ano-base de 1990.

Quando a agência de Kale finalmente divulgou sua nova estatística da renda nacional, usando 2010 como o ano-base, eles mostraram que a estrutura da economia nigeriana tinha se alterado radicalmente. A nova Nigéria havia se diversificado de maneira drástica. A participação do petróleo e da gasolina, supostos alicerces da economia do país, reduziu-se a menos da metade, de 32,4% do PIB para 14,4%. Agricultura era relativamente mais importante, e só as telecomunicações contribuíam com 8,6% dos resultados, no lugar dos meros 0,8% de 1990. Dizem que até Nollywood, com seus custos baratos de produção e problemas consideráveis de pirataria, respondia por 1,4% de toda a atividade econômica. O que fora desfocado começava a ter nitidez.

Entretanto, ao compararmos seriamente o tamanho das economias e os padrões de vida em todas as nações, deveríamos lembrar-nos do que diz Terry Ryan: muito disso é ruibarbo [argumentativo].

8

A Excessiva Preocupação com o Crescimento

Eu tinha 20 anos quando viajei à Índia pela primeira vez. Eu me lembro da porta da aeronave se abrindo e jogando a frágil escada de acesso em um ar tão quente que me senti em uma sauna. Eram 3h e, fora do aeroporto, tomei consciência da presença de centenas de sem-teto dormindo a céu aberto, roncando tranquilamente. Sem nenhum lugar melhor para ir, eles escolheram fazer as próprias camas na parte externa do aeroporto internacional de Déli.

O ano era 1985, e a Índia era um país notavelmente pobre. Mensurada em dólares, de acordo com o Banco Mundial, sua renda *per capita* era cerca de US$300. A expectativa de vida era de 56 anos. A pobreza mais abjeta era visível em todos os lugares, grupos de crianças descalças vagavam pelas ruas e mendigos ostentavam despreocupadamente deformidades para os transeuntes. Doença, desnutrição e miséria estavam à vista de todos nas grandes e pequenas cidades e nas aldeias.

A Índia ainda é muito pobre hoje em dia. Mas parece outro país. Sua renda *per capita* quintuplicou para mais de US$1.500 – ou US$6 mil aproximadamente, se você ajustar para valores locais – e a expectativa de vida se ampliou para mais de uma década, para 68 anos.†* A mortalidade infantil caiu de quase 2/3 de um a cada dez nascidos vivos, em 1985, para 37 em mil hoje.[1] Embora a pobreza ainda seja endêmica e a Índia ainda cause espanto, os atrativos da vida moderna estão em todo lugar: carros, motos, viadutos, celulares, supermercados, prédios altos, centros de atendimento, celeridade, energia. Por toda sua ladainha de indignidades e injustiças diárias, a Índia assemelha-se a um país que, como diz um autor, está "em processo" — embora os rumos desse processo não estejam definidos.[2]

É importante afirmar uma coisa de maneira categórica. O crescimento — e, com isso, quero dizer mesmo o crescimento bruto medido de maneira imperfeita pelo PIB — tem o poder de transformar as vidas das pessoas pobres. O economista Ha-Joon Chang se lembra de sua infância na Coreia do Sul nos anos 1960. Dois anos antes de ele nascer, em 1963, a renda *per capita* era de US$82, comparada com os US$179 do produtor de cacau Gana, um país recém-independente do oeste africano que, pensava-se, tinha grande potencial. Chang se lembra da vermelhidão do solo de Seul, capital da Coreia do Sul, onde, diz ele, todas as árvores tinham sido cortadas para virar lenha. À época, a Coreia do Norte, relativamente rica em recursos, era considerada a metade mais rica da península. Agora, a capital da

†*A chamada paridade do poder de compra é um modo de comparar a renda *per capita* — ou PIB *per capita* — entre nações, fazendo ajustes porque os preços variam de país a país. É provável que um corte de cabelo em Mumbai custe menos do que um em Nova York — em parte porque o cabeleireiro vai ganhar menos —, o que significa que um dólar na Índia vale mais do que nos EUA. O método facilita comparar rendas em nível global, mas tem muitos problemas técnicos.

Coreia do Sul é uma próspera cidade de ritmo frenético, paredes cobertas de neon e rua após rua de lojas elegantes, restaurantes e clubes noturnos. Pessoas do mundo inteiro usam smartphones sul-coreanos e dirigem carros sul-coreanos. Desde 1960, o que é conhecido como Milagre do Rio Han transformou a Coreia do Sul de um país significativamente mais pobre do que Gana em um tão rico quanto a maioria das regiões da Europa. Hoje, a renda *per capita* da Coreia do Sul está próxima dos US$30 mil. O país evoluiu para uma das democracias mais arrojadas da Ásia, que, em 2017, teve a segurança de pedir o impeachment de um presidente por abuso de poder.

Sem dúvida, a Coreia do Sul dos tempos modernos tem seus problemas, muitos deles associados ao estresse das sociedades avançadas. As taxas de suicídio são altas. A pressão social para se esforçar até o limite e enriquecer é intensa. Muitos jovens concluem o campo minado que é o sistema educacional com inúmeras qualificações, mas com pouca prospecção de um emprego gratificante ou do status que desejam. Ainda assim, é importante não romantizar a pobreza. Os sul-coreanos, hoje em dia, têm muito mais oportunidades de viver a vida que escolhem do que seus avós jamais tiveram. Sob uma análise geral, eles fizeram muito mais do que os ganenses, a maioria deles pobre demais para moldar o próprio destino. Em 2017, os sul-coreanos estavam oito vezes mais ricos do que seus colegas ganenses por um motivo: o milagre do crescimento composto.[3]

Este livro argumenta que o crescimento não é tão bom como parece — com frequência, não significa o que você supõe.

Mas, se você é pobre, o crescimento econômico pode ser transformador. O crescimento rápido atenua a pobreza ao gerar empregos — criando estradas, construindo edifícios comerciais e equipando centros de atendimento — e disponibilizar ao governo a receita fiscal que ele pode usar para redistribuir e construir a infraestrutura física e institucional necessária para ter cada vez mais crescimento.[4] É claro que o crescimento cria outros problemas, arrastando pessoas do interior para favelas ou bloqueando as estradas com veículos cuspindo diesel. Mas, a menos que você acredite no idílio rural, em países muito pobres o crescimento é a matéria-prima a partir da qual vidas melhores podem ser formadas.

Isso parece uma afirmação do óbvio, ainda que por décadas a ideia de que a Índia deveria priorizar o crescimento estivesse longe de ser aceita. Mahatma Gandhi, líder do movimento de independência contra o colonialismo britânico, defendia uma ideia romântica de vida nas aldeias indianas. Esse ponto de vista influenciou o pensamento pós-independência, insinuando no discurso nacional a ideia de que havia algo de quase nobre na pobreza. Jawaharlal Nehru, alçado à até então inédita condição de primeiro-ministro da Índia e figura intelectual de destaque, era muito mais favorável ao desenvolvimento e à modernização do que Gandhi, mas ele tinha um lado socialista e distribucionista forte. O problema era que havia muito pouco para distribuir.[5] Influenciada pela União Soviética, sob o mando de Nehru, a Índia se tornou um estado centralmente planificado e protecionista. Seus líderes buscaram desenvolver a indústria pesada e bloquearam a importação de muitos bens de consumo em um esforço para incentivar a produção local, uma política de construção nacional que teve como consequência inesperada produzir mercadorias ruins — e superfaturadas — para todos.

Os líderes da Índia desconfiavam do crescimento, temendo que, se algumas pessoas se beneficiassem antes de outras, ele levasse à instabilidade social. Em 1972, a primeira-ministra Indira Gandhi, filha de Nehru, atacou o que chamou de excessiva preocupação com o crescimento [em inglês, "growthmanship"]. Dar "atenção indevida à maximização do PNB pode ser perigoso", disse ela em um discurso, "porque os resultados são quase sempre instabilidade política e social".[6]

Se a política da Índia era evitar o crescimento excessivo, estava funcionando perfeitamente. O país ficou preso no que se tornou ironicamente conhecido como taxa hindu de crescimento. Nos 40 anos subsequentes à independência, em 1947, a taxa de crescimento anual do PNB se ampliou para 3,5%. Não parecia tão ruim até se perceber que a população se expandia em torno de 2%. O que interessa é a renda *per capita*. Nesses termos, a Índia crescia pouco acima de 1%, de modo algum o suficiente para reduzir sua pobreza excruciante. Não havia nenhum Milagre no Ganges.

No fim dos anos 1980, a economia da Índia saltou de crise em crise, e as reservas cambiais se reduziram a quase nada. Pressionado, o governo finalmente adotou a reforma econômica. Em 1991, Manmohan Singh, ministro das finanças, foi autorizado a implementar uma série de medidas radicais: ele cortou as tarifas de importação, reduziu os impostos e removeu as barreiras para o investimento estrangeiro. O mais importante, ele desmantelou o que era conhecido como Licença Raj, o sistema enlouquecidamente burocrático de permissões, licenças e regulamentações que controlava a indústria e restringia efetivamente as oportunidades para gerar renda a um círculo de clientes capitalistas. No decorrer dos anos 1990, o crescimento começou a melhorar, aumentando a uma taxa estável de 7%, taxa esta em que uma economia dobra de tamanho a cada década. Governos sucessivos introduziram políticas para aprofundar as reformas, abrindo mais áreas da economia para forças de mercado e investimento. Em 2016, a Índia disputava com a China o posto de grande economia de crescimento mais rápido do mundo.[7]

Em um discurso de 2010 para a Lok Sabha, a câmara dos deputados do parlamento indiano, Jagdish Bhagwati, um proeminente, impetuoso e astuto economista indiano, elogiou o impacto do crescimento na vida de indianos comuns, dos quais 200 milhões, segundo ele, foram retirados da pobreza. Os que arquitetaram a reforma liberal, disse ele, nunca pretenderam gerar crescimento para promover crescimento. Ao contrário, o crescimento era visto como um impulsionador, um meio de atacar a pobreza. Ele negava que tais políticas tinham alguma coisa a ver com a desprestigiada "economia do gotejamento" popularizada por Ronald Reagan, com seu corte agressivo de impostos para os ricos. Em vez disso, disse ele ao parlamento, o crescimento era "uma estratégia para tirar os pobres da situação precária através de trabalho remunerado, não como um fim em si mesmo".

A posição de Bhagwati era diferente da de outro também proeminente economista indiano, Amartya Sen, ganhador do Prêmio Nobel de economia em 1998 e contemporâneo de Bhagwati em Cambridge, na década de 1950. (Manmohan Singh, o estruturador das reformas da Índia, também estudou economia em Cambridge na mesma época.) Sen se mobilizou contra o "fundamentalismo de mercado" e destacou, em vez disso, o que ele chama de capacidades sociais, termo que resume a liberdade individual e a capacidade de conseguir coisas: desde as básicas, como acesso a comida, educação e saúde, às mais ambiciosas, como expressar opinião política, participar do processo democrático ou escolher como viver a própria vida livre de preconceito racial e de gênero.

Por volta dos dez anos, o jovem Sen brincava no jardim da família em Dhaka, agora capital de Bangladesh, que, à época, era uma cidade da Índia, antes da separação.[8] De repente, um homem entrou gritando no jardim, com um ferimento a faca nas costas. Aqueles foram os dias de violência sectária entre hindus e muçulmanos. O homem esfaqueado, um trabalhador chamado Kader Mia, fora trabalhar em um bairro de predominância hindu e foi confrontado por criminosos locais. O traumatizado jovem Sen lhe deu água, e seu pai levou o homem ferido ao hospital, às pressas. No caminho, Kader Mia explicou que sua esposa havia pedido a ele que não fosse à área hindu em momentos tão conturbados, mas que ele não havia tido escolha, já que precisava até da mixaria que ganhava como operário para comprar comida para sua família. Do contrário, eles não teriam nada para comer. "O castigo de sua falta de liberdade econômica", escreve Sen, "acabou sendo a morte, que aconteceu mais tarde, no hospital". Para o menino que cresceria para se tornar um economista ganhador do Nobel, o incidente concretizou a conexão entre pobreza e limitação.

De acordo com Sen, o propósito do desenvolvimento, um conceito muitas vezes grosseiramente reduzido a uma estatística econômica, "expande as verdadeiras liberdades de que as pessoas desfrutam".[9] O crescimento econômico, escreve ele, proporciona às pessoas os instrumentos para escapar das "limitações", a ausência de liberdade para escolher os rumos da própria vida. Acontece que, argumenta Sen, expandir a liberdade das pessoas assegurando, por exemplo, que elas tenham acesso a direitos básicos como saúde e educação, também é bom para o crescimento. Mas, no texto de Sen, a liberdade — ser livre da falta de liberdades — deveria ser vista como um requisito do desenvolvimento, não um pré-requisito para o crescimento.

As opiniões de Bhagwati e Sen talvez pareçam dois lados da mesma moeda: um argumenta que o crescimento atenua a pobreza, o outro, que ela inibe a liberdade. No entanto, a aparente compatibilidade de seus argumentos não evitou uma rixa mal-humorada entre os dois, para não dizer violenta. Depois do discurso de Bhagwati ao parlamento, Sen disse ao

Financial Times que o governo da Índia era "idiota" por priorizar o crescimento de dois dígitos enquanto dezenas de milhões de indianos estavam subnutridos.[10]

Bhagwati, que zomba de Sen chamando-o de "Madre Teresa da Economia", acusou-o de ser um retardatário das virtudes do crescimento e antagonista das necessárias reformas pró-crescimento. "A redistribuição significativa na Índia talvez não tivesse precedido o crescimento, já que havia pouquíssimos ricos e muitíssimos pobres", escreveu. Se você quer cortar uma torta em fatias iguais, primeiro precisa ter uma torta. Sen, escreve ele em um estilo tipicamente injurioso, "coloca o carro na frente dos bois; e o carro é uma lata velha desmantelada!"

A briga entre os economistas beligerantes se intensificou durante a campanha das eleições de 2013. Isso colocou Rahul Gandhi, herdeiro da dinastia Nehru-Gandhi, que dominou a política indiana desde a independência, contra Narendra Modi, um forasteiro e filho de um vendedor de chá. Modi foi o polêmico governador da província de Gujarat, elogiado por alguns por seu estilo pró-negócios e concreto, mas execrado por outros por supostamente colaborar durante um massacre de quase 800 muçulmanos, em 2002. Modi era uma figura polarizada, e Bhagwati e Sen eram devidamente polarizados. Bhagwati apoiava Modi e Sen, não.

De maneira mais genérica, Sen estava entre os vários que se perguntavam para que servia todo o crescimento midiático na Índia. Ele estava aterrorizado pelo excesso de riqueza e pela contínua miséria dos mais pobres, incluindo o que ele alegava ser uma má nutrição generalizada[11]. Os indianos ricos eram conhecidos por seu extraordinário consumo ostensivo: um indiano magnata da mineração convidou 50 mil pessoas para o casamento de sua filha em um castelo estilo Tudor em Bangalore, a um custo de US$80 milhões.[12] O país exibia um crescente número de bilionários, alguns dos quais não pareciam ter exatamente uma consciência social. Em Mumbai, cidade em que milhões vivem em favelas imundas, Mukesh Ambani, o homem mais rico da Índia, construiu uma casa de 27 andares, um "palácio vertical", que, conta-se, custou US$1 bilhão. Sen destacava Bangladesh, um país mais pobre do que a Índia, mas onde, argumentou, os pobres (sobretudo mulheres) desfrutavam de maior expectativa de vida, melhores taxas de vacinação e mais controle sobre reprodução do que suas contrapartes indianas.[13] Em outras palavras, argumentou Sen, Bangladesh obteve mais desenvolvimento com um PIB menor.

Bhagwati contesta as suposições de Sen. Ele, por sua vez, destaca o que diz serem números reduzidos de pobreza e os avanços em indicadores sociais conquistados pelo crescimento indiano. O crescimento, afirma ele, "é condição necessária, não suficiente. Quanto maior seu PIB, maior sua capacidade — caso sua intenção seja boa — de aprimorá-lo".

A disputa intelectual entre os dois homens pode parecer fútil. Em termos gerais, Bhagwati diz que você precisa de crescimento a fim de gerar fundos para gastar em saúde e educação, enquanto Sen diz que você precisa de ambas para criar as condições necessárias para o crescimento. A disputa deles tem mais a ver com a ordem em que as coisas aparecem do que com o resultado desejado.

No meio acadêmico, essa discussão estava dividida, mas, no âmbito da opinião pública, o veredito foi bem claro. Narendra Modi conquistou uma vitória esmagadora. Acompanhei de perto a eleição, visitando a Índia várias vezes em 2014, ano em que o drama se desdobrava. Algumas semanas antes de a votação acontecer, quando a vitória de Modi já parecia certa, escrevi que a queda do tradicional Partido Congressista deveu-se a seu não reconhecimento do quanto a Índia havia mudado. Quinze anos de crescimento ainda não tinham operado milagres, mas tinham reduzido o número de pessoas que eram desesperadamente pobres. Isso havia eliminado a confiança da população na política partidária daquela agremiação.

"A maioria dos indianos", escrevi, "já não se satisfaz com os esquemas de trabalho provisório ou de distribuição de alimentos em que o Congresso se especializa cada vez mais. Muitos sentiram no ar o aroma de uma vida melhor. Agora, eles querem empregos e oportunidade. Até aqueles que ainda não desbravaram o próprio caminho no patamar inferior da ambiciosa hierarquia já sabem que a possibilidade é real, cortesia dos canais de TV a cabo que transmitem imagens da vida da classe média mesmo para os cantos mais desventurados do país".[14]

Muitos indianos passaram do que um economista chamou de "classe peticionária" para uma aspiracional.[15] A elite da Índia falhou em aproveitar as mudanças que 15 anos de crescimento propiciaram. Foi Modi que viu o quanto o crescimento econômico poderia ser fascinante e transformador.

Não muito tempo antes de ele morrer, em fevereiro de 2017, abordei a questão do crescimento em países pobres com Hans Rosling, um acadêmico suíço. Rosling era uma peça rara, uma estrela pop da estatística.[16] Um mestre do TED talk — em que usava gráficos de bolha dinâmicos para apresentar os dados, para os quais apontava com uma espécie de mão de borracha amarrada na ponta de um bastão comprido —, Rosling descrevia a si mesmo como "educanimador". Embora fizesse objeção ao termo, ele também era um otimista.[17] Ele acreditava que os países pobres estavam ultrapassando aos poucos o abismo em relação aos países ricos do Ocidente, tendência mais perceptível nos dados de saúde básica, como mortalidade infantil. Esses eram os principais indicadores de que os países haviam enveredado pela via do desenvolvimento e, no fim, fariam a transição do que ele chamava de lâmpadas para máquinas de lavar. Como eu, Rosling pensava que essa convergência de padrões de vida mundiais era algo a se comemorar efusivamente.

Durante nossa conversa de uma hora, ele começou a defender o crescimento. "Aqui está você agora, conversando com um professor de saúde global, de um departamento de ciências de saúde pública da Suécia — o país que mais ama impostos no mundo", disse ele, fazendo uma pausa para dar um efeito cômico e enfatizando deliberadamente seu sotaque sueco cantado. "E eu digo: 'Amo dinheiro. Amo o PIB.' Porque, para mim, o PIB nunca foi uma medida de consequências, sempre foi uma medida de contribuições. 'Isso é o que você tem e pode agora usar para fazer alguma coisa.'"

O crescimento não é um fim em si mesmo. Porém, administrado de maneira sábia, pode ser o segredo para melhorar a vida das pessoas. "Fiz um estudo alguns anos atrás no qual comparei o PIB *per capita* e a sobrevivência infantil. E o PIB *per capita* explica 80% da sobrevivência infantil nos países do mundo."[18] Em outras palavras, há uma correlação bem clara entre rendas mais altas e saúde melhor, nesse caso mensurada por taxas de sobrevivência infantil. Mas essa correlação não explica tudo, nem resolve a disputa se o que vem antes é o crescimento ou a população mais saudável.

Os índices de Rosling também mostram que em 20% dos casos você pode errar nas diretrizes. Angola, no sul da África, é um exemplo de país que cresceu de modo espetacular nos primeiros 15 anos deste século, antes de os preços do petróleo entrarem em colapso. Já naquela época o país falhou em transformar o crescimento de dois dígitos em uma vida melhor para seu povo. Isso se deu majoritariamente porque a maior parte das riquezas foi para um círculo estreito ligado ao governo de José Eduardo dos Santos, que comandou o país por 37 anos até finalmente renunciar, em 2017. Naquele ano, não obstante todo o crescimento, a Angola estava com uma taxa de mortalidade infantil de 98 por mil e uma expectativa de vida de 53 anos, bem próxima ao limite inferior de todas as tabelas classificativas, e muito pior do que os países considerados pobres.

Parte do motivo do fracasso angolano — além de más políticas e distribuição péssima — se deve a sua história de crescimento ser recente demais. Transformar o crescimento econômico em bem-estar leva tempo. (Isso sugere que o crescimento, às vezes, *precede os* ganhos em saúde, conforme Bhagwati afirma.) "Você não pode comprar saúde no supermercado. Veja os casos de Kuwait, Arábia Saudita e Emirados Árabes Unidos. Eles têm o dinheiro, mas levaram 25 anos para convertê-lo em bem-estar social e saúde." De qualquer modo, a correlação entre saúde e crescimento se mantém bem firme. "Não há país no mundo com mais de US$20 mil *per capita* em que a mortalidade infantil seja elevada, e não há país no mundo com menos de US$1 mil *per capita* em que ela seja baixa. Portanto, o inferno capitalista não existe, e o paraíso comunista também não."[19]

Os grandes avanços na saúde surgem quando o país passa de um status de renda média/baixa, como Índia e Indonésia, para um de renda média/superior, como a China. Isso acontece quando a renda nominal está por volta de US$4 mil.[20] O grande salto acontece quando você, de Índia, passa a ser China. Mas, em termos de saúde, ir da China à Europa ou América do Norte não faz tanta diferença. Outra maneira de dizer isso é que os grandes ganhos em saúde podem ser obtidos com níveis razoavelmente baixos de renda, em torno de US$4 mil *per capita*. Os retornos para a área da saúde começam a diminuir depois disso. Por conta dos avanços na medicina básica, incluindo vacinas e antibióticos, há mais saúde disponível a um custo menor. Os vietnamitas hoje estão praticamente no mesmo patamar econômico que os norte-americanos nos anos 1880, mas têm a mesma expectativa de vida que os norte-americanos tinham nos anos 1980. Em termos de saúde, o Vietnã antecipou uma marcha de 100 anos.[21]

Rosling tinha algo a dizer sobre desigualdade também. Em um país pobre, o salto é inevitavelmente acompanhado por uma ampla desigualdade, uma vez que ninguém consegue escapar da pobreza de imediato. Ele usou o exemplo da Etiópia, país de 100 milhões de pessoas que estava crescendo com rapidez e transformando esse crescimento em melhoras na saúde. "Eles estão fazendo isso ao mesmo tempo. Mas, quando você distribui a sociedade em quintis, vê que há partes diferentes da Etiópia fazendo coisas diferentes." Na Etiópia em geral, por exemplo, as pessoas estão tendo bem menos filhos; 4,6 em 2015, comparados aos 7 dos anos 1990.[22] No entanto, isso encobre diferenças gritantes. Em partes remotas do país, as pessoas ainda estão tendo muitos filhos, mas, em Adis Abeba, a capital de crescimento acelerado, a taxa de fertilidade caiu para menos de dois, mais baixa do que a de Londres.

Se ele estiver certo, priorizar a igualdade em países pobres, especialmente durante as fases iniciais do crescimento, nem sempre é sensato. "A África não pode reduzir a desigualdade populacional ao longo da próxima década. Eles têm de avançar, e as pessoas altamente instruídas da África devem conseguir serviços de saúde e educação ainda melhores, então todo mundo tem que ir atrás", disse ele. No longo prazo, você precisa de políticas para transpor esse fosso e redistribuir parte da riqueza gerada. Se não, corre-se o risco de ocorrerem atritos sociais ou coisa pior. "Mas a diferença entre a pior condição e a melhor não tem que diminuir em uma ou até duas décadas de trabalho." Deng Xiaoping apresentou o mesmo argumento. O homem que colocou a China no caminho do crescimento transformador também ajustou reconhecidamente os princípios igualitários do comunismo, com sua máxima: "Deixe algumas pessoas enriquecerem primeiro."

Crescimento e aprimoramento social se fortalecem. "É recíproco. Mais dinheiro gera mais bem-estar social, e mais bem-estar social gera mais dinheiro se você administra suas políticas com sabedoria", disse Rosling. Ele apresentou uma receita para transformar o crescimento em desenvolvimento. "Você mantém suas instituições se aprimorando. Você mantém a paz entre os grupos étnicos e as regiões. Você investe em pessoas com dinheiro público, em escolas e saúde básica, em controle de doenças infecciosas. E você coloca impostos em cigarros. E, depois, deixa seu setor privado prosperar. E, se fizer isso com sabedoria, então vai decolar, como vimos a Coreia do Sul decolando, como vimos muitos conseguindo decolar."

O crescimento vem automaticamente depois de melhorias básicas em saúde e educação? "Automaticamente, nunca. Automaticamente, nunca", respondeu. Cuba foi um exemplo de país que, por conta do que ele chamou de "economia idiota", falhou em transformar seus excelentes indicadores sociais em crescimento. "Uma vez palestrei no ministério da saúde de Havana. Fui convidado porque sou politicamente neutro. E, após meu discurso, o ministro da educação disse: 'Esse professor mostra que os cubanos são os mais saudáveis entre os pobres.' E todo mundo aplaudiu", disse Rosling, rindo em silêncio da lógica equivocada do ministro. "Na saída, um jovem estatístico corajoso e brilhante sussurrou em meu ouvido: 'Não somos os mais saudáveis entre os pobres', disse. 'Somos simplesmente os mais pobres entre os saudáveis.'"

9

Poder Negro, Poder Verde

Eles o chamaram de "Arpocalipse". Em novembro de 2015, um cobertor sufocante de fumaça venenosa envolveu Pequim, capital chinesa de 22 milhões de pessoas. A maior parte da fumaça se originou nas províncias vizinhas de Hebei e Shanxi, onde fábricas que se valem da queima de carvão e centrais elétricas movidas a carvão ajudavam a potencializar o milagre econômico da China. Em dezembro, enquanto líderes mundiais se reuniam a um continente de distância para conversar sobre o clima de Paris, os internautas de Pequim estavam revoltados.

O governo chinês entrou em ação, emitindo seu primeiro alerta vermelho sobre a poluição do ar. Isso significou fechar 3.200 escolas e aconselhar as crianças a permanecerem dentro de casa. Os veículos particulares só podiam circular em dias alternados, de acordo com o número da placa, o que tirou 2,5 milhões de carros das ruas de uma só vez. Quando os motoristas se aventuravam, acendiam os faróis para atravessar a escuridão. A Tiananmen Square [uma praça no centro de Pequim] fora engolida pela escuridão. Um ar denso e sulfuroso pairava sobre o maior ponto de encontro público do mundo, cobrindo o retrato gigante de Mao Zedong e as antigas paredes da Cidade

Proibida. Nem os prédios mais volumosos, incluindo o exterior emaranhado de aço do estádio Ninho de Pássaro, construído para as Olimpíadas de 2008, estavam visíveis naquele ar imundo. Os churrascos foram proibidos. E também os fogos de artifício, o passatempo favorito dos chineses. Fábricas foram fechadas; construções, interrompidas.

Ainda assim, muitos moradores de Pequim continuaram resistindo, fazendo exercícios aeróbicos ao som de música alta nos parques fantasmagóricos, ou enfrentando a escuridão, com dificuldade, para caminhar até o trabalho. Um repórter estrangeiro postou no Twitter após testemunhar uma pequena cena de rebeldia – ou loucura. Em um "haicai pequinês" improvisado, ele escreveu:[1]

Alarme de poluição
No banco, o homem abaixa a máscara
para tragar um cigarro

Tive bastante experiência com o ar perigoso de Pequim. Encantadora naquelas raras ocasiões em que os céus cintilam em tons de azul; nos dias em que o ar fica abominável a capital antiga da China é uma visão do inferno. A pele sofre com o ar carregado de elementos químicos nocivos. Os olhos lacrimejam. Os pulmões se incham de muco e poeira. Em um dia ruim em Pequim, o índice de qualidade do ar ultrapassa 200. Sabemos disso porque a embaixada norte-americana começou a fazer a medição de seu terraço, divulgando os dados em mídias sociais em um esforço para constranger as autoridades chinesas. De acordo com os padrões dos EUA, se o índice de qualidade do ar ultrapassa 50, você está no limite máximo de segurança, embora os moradores de Pequim tratem qualquer coisa abaixo de 100 como segura. Em um tuíte típico da embaixada, de terça-feira, 25 de fevereiro de 2014, lia-se: "440. Perigoso. Alerta à saúde: todo mundo pode sofrer danos à saúde, favor evitar exercícios físicos e atividades externas." Um oficial dos EUA uma vez descreveu uma leitura acima de 500 como "muito grave". Durante a pior fase do "Arpocalipse", ela ultrapassou mil.

Poluentes no ar da China incluem sulfatos, ozônio, carbono negro, poeira de deserto, mercúrio e chuva ácida. As partículas de fuligem ligadas ao carbono produzidas por carros, fogões e fábricas têm um diâmetro de menos de 2,5 micrômetros, penetrando a fundo no tecido pulmonar e facilitando que outras toxinas sejam absorvidas. Isso causa asma, bronquite, falta de ar e problemas respiratórios crônicos. O *Lancet* calculou que, em 2010, a poluição do ar na China contribuiu com as mortes prematuras de 1,2 milhão de pessoas, 40% do total mundial dos que morreram por causas similares.[2] Do ponto de vista da saúde, os dados transmitidos do terraço da embaixada norte-americana eram mais importantes do que o nível de crescimento, um número pelo qual o governo chinês – e, em larga escala, o povo – ficou obcecado durante anos. Mas, até recentemente, informações sobre partículas foram ativamente suprimidas.

Em 2017, todo mundo na China, do presidente Xi Jinping ao povo, tornou-se mais consciente em relação ao meio ambiente. Mesmo assim, era difícil abandonar antigas obsessões. Naquele ano, muitos espectadores exprimiam uma profunda admiração por um personagem de um programa televisivo de sucesso, *In the Name of the People*, série de 55 episódios por vezes descrita como o *House of Cards* da China. Um dos personagens, um líder de partido local chamado Li Dakang, demonstra uma devoção obstinada pelo crescimento econômico. "Não há nada de errado em demolir a velha China", diz Li, explicando por que o país precisa promover o desenvolvimento mesmo diante de protestos públicos. "Não há novidade que se instaure sem se abandonarem os padrões obsoletos."

De acordo com o *New York Times*, Li "às vezes negligencia os efeitos negativos de uma busca desenfreada pelo crescimento. Ele quer, sim, proteger o meio ambiente, mas foi sua obsessão pelo produto interno bruto que lhe rendeu a ampla admiração do público e inspirou memes na internet". Leia-se: "Não abaixe a cabeça. O PIB vai cair se você fizer isso."[3]

Seis meses antes do "Arpocalipse", em um dia úmido de abril de 2015, sigo de táxi pelas ruas congestionadas de Pequim. O céu é uma cortina cinza uniforme sobre a cidade, mas o ar está bom de acordo com os padrões lamentáveis da capital. Nosso carro meio avariado chacoalha ao longo do segundo anel viário (agora há sete) e passa pelo Templo Lama, templo tibetano que foi residência de eunucos da corte no século XVII. Seguimos em direção à periferia da gigantesca cidade, onde arranha-céus projetados de maneira futurista dão lugar a uma arquitetura menos imponente, finalizando em um prédio desleixado cor de areia ocupado pela Academia Chinesa de Ciências.

Fui encontrar Niu Wenyuan, um homem pequeno em seus 70 anos que me conduziu a seu escritório e continuou sorrindo e acenando animadamente com a cabeça para tudo o que eu dizia durante nosso encontro de 90 minutos. O rosto de Niu, como o de muitos chineses de sua geração, é marcado por uma acentuada dignidade. Ele é um economista renomado, consultor do conselho estadual (gabinete da China) e ganhador de um prêmio em 2011 do governo chinês por seu trabalho em prol da proteção ambiental e do crescimento sustentável. Ele também é inventor do "PIB verde" da China.

No escritório há fotografias de Niu com vários líderes chineses, incluindo Hu Jintao e Wen Jiabao, o ex-presidente e o antigo primeiro-ministro, respectivamente, que governaram o país durante a década anterior à ascensão de Xi Jinping, em 2013. Quando Niu faz uma colocação, movimenta as mãos no ar de um jeito extravagante. Quando completa o raciocínio, cruza os braços e sorri com benevolência. Durante toda nossa conversa, ele bebe chá aromático de um modesto frasco prateado, que sua secretária reabastece periodicamente com água fervente.

Calcular a produção econômica, conta-me com um generoso eufemismo, é "interessante e complicado". Oficialmente, a China começou a medir o PIB somente em 1992, diz ele. Antes, era utilizado o sistema soviético de contas nacionais conhecido como Material Product System [Sistema Material de Produção]. Esse método, que refletia a ênfase da União Soviética na indústria pesada, mal avaliava os serviços, que eram considerados irrelevantes. Foi somente no sétimo plano quinquenal da China, 1986–1990, que o Partido Comunista, que vários anos antes tinha abandonado o comunismo em tudo, menos no nome, alterou sua metodologia. Ele quis conciliar as próprias medidas de desempenho econômico com as do mundo não comunista.

Desde esses primeiros dias, a China adotou o PIB com a paixão de um convertido. Para o Partido Comunista, gerar crescimento econômico rápido ano após ano tornou-se sua principal fonte de legitimidade. Um poema recitado por um pai a seu filho e, em seguida, a seu neto em *Tempo de Viver*, um filme de Zhang Yimou no contexto da transição chinesa da servidão do comunismo para o capitalismo estatal, resume a ideia do progresso material.

> Nossa família é como um pequeno frango.
> Quando ele cresce, vira um ganso
> E vai se transformar em ovelha.
> A ovelha vai se transformar em um boi
> E depois do boi vem o comunismo
> E haverá bolinhos e carne todo dia.

O Partido Comunista justificou seu monopólio no poder com seu histórico de gerar cada vez mais abundância ao que havia sido um campesinato desesperadamente pobre. Para os partidos oficiais, o progresso através das fileiras comunistas — tal como com Li Dakang [protagonista da série de televisão "In the Name of the People"] — foi determinado pela habilidade de invocar crescimento econômico em nível local. Durante anos antes da recente recessão, era quase um artigo de fé que o crescimento nunca deveria cair abaixo dos 8%, para não desencadear um frenesi de protestos sociais. Na competição pelo poder supremo, somente os partidos oficiais cujas províncias se expandiam rápido o suficiente poderiam ter esperança de alçar os altos escalões do Partido Comunista.

Niu é cético quanto ao crescimento a qualquer custo. No entanto, como muitos pensadores livres de seu país, ele aprendeu como exprimir suas observações em uma linguagem que não conteste abertamente a doutrina do Partido Comunista. Ele não começa recriminando o crescimento, mas elogiando-o. "O PIB é um instrumento muito importante para mensurar a riqueza de uma nação. Até agora não há método alternativo para rivalizar com ele", diz, sorridente. "Como vocês sabem, o PIB foi considerado uma das maiores invenções do século XX. Embora o método atual para o calcular tenha seus defeitos, nenhuma forma melhor foi inventada até hoje."

Quando a China começou a estudar o Sistema de Contabilidade Nacional das Nações Unidas, em 1986, reestruturou seu sistema de cálculo da renda nacional em vigor desde 1952, apenas três anos após os comunistas assumirem, em 1949. Durante quase 25 anos, Mao Zedong, pai da República

Popular, conduziu um experimento desastroso sobre coletivização e a pretensa decolagem econômica. O Grande Salto Adiante, de Mao (1958–1962), foi uma catástrofe emblemática, ainda que grandemente abafada. Com o objetivo de alcançar as nações industrializadas, Mao coletivizou a agricultura em unidades supostamente mais eficientes e implementou o que veio a se revelar como fornos inúteis de fundo de quintal produzindo aço em tachos e panelas. Embora os níveis das colheitas tenham caído como resultado do experimento mal orientado, os governos locais as declararam de maneira incorreta, a fim de cumprir com metas obrigatórias centralizadas. Eles entregaram pretensos excedentes, e a China continuou a exportar grãos para obter moeda estrangeira. Tendo apenas a medida mais rudimentar à disposição, muitos planejadores centrais tinham uma vaga ideia do que realmente acontecia. O resultado da industrialização a qualquer custo foi uma fome em massa, à qual 46 milhões de pessoas sucumbiram.[4]

Dados históricos, calculados pela nova medida de crescimento, mostraram que o desempenho da China durante os anos de comunismo foi extremamente irregular, com crescimento acima de 10% em alguns anos seguido por períodos de recessão catastrófica. Em 1961, no auge do Grande Salto Adiante, de Mao, a economia regrediu espantosos 27%. Mas, a partir do início dos anos 1990, época em que as novas práticas contábeis foram totalmente adotadas, o cenário mudou. Com uma consistência frequentemente posta em dúvida, a China registrou um crescimento em torno de 10% em praticamente todos os anos de

1992 a 2010.[5] No processo, ela se catapultou de economia pobre de campesinato para uma potência moderna.

Os resultados foram impressionantes. Em 1979, a renda *per capita* era de míseros US$272. Aquele foi o ano em que Deng adotou políticas voltadas para o mercado, que permitiram a agricultores vender seus excedentes e propiciaram o estabelecimento de zonas manufatureiras de livre comércio para atrair investimento estrangeiro. Em 2015, a renda *per capita* subiu para US$8 mil, empurrando a China para o confortável status de renda média. Em virtude de sua população elevada, a China também estava se tornando uma potência a se considerar no cenário mundial. Em 2000, sua economia ultrapassou a da Itália, um dos países do chamado Grupo dos Sete do mundo. Em 2005, ultrapassou a França; em 2006, a Grã-Bretanha; em 2007, a Alemanha e, em 2010 — o ápice —, suplantou o amargo adversário Japão como a segunda maior economia do mundo. Só os EUA barraram o caminho. Gastos com equipamento militar acompanharam essa riqueza recém-descoberta.

Entretanto, todo esse crescimento teve um preço, afirma Niu, ficando mais sério. Assim como nos dias do Grande Salto Adiante, de Mao, esse era um preço – traduzido em vidas interrompidas, ar e rios envenenados, e exploração insustentável de recursos naturais – que o Partido Comunista Chinês não poderia, ou não iria, admitir. As pessoas sabiam que deveria haver uma forma melhor de mensuração, diz ele, uma que monitorasse tanto os aspectos bons quanto os ruins de um crescimento tão explosivo. E, então, ele começou a criar uma.

"Minha equipe de pesquisadores e eu fomos os primeiros a publicar um artigo propondo o conceito de PIB verde", diz ele. O PIB convencional só consegue contar coisas que você troca no mercado, afirma. Ele não consegue medir "as forças que podem ser usadas para manter estabilidade, nem as forças da moralidade", acrescenta ele, com o que parece uma versão da famosa máxima de Robert Kennedy de que o PIB mede tudo "exceto o que faz a vida valer a pena".

"O método que usamos é bem primário", admite ele sobre sua medição alternativa. "Pegamos o gráfico atual do PIB e fazemos uma raspagem das partes que acreditamos estar equivocadas ou mal calculadas. E, desse modo, chegamos a algo próximo do PIB real."

Niu diz que há três elementos para esse método. O primeiro começa com a premissa de que não se deveria "hiperconsumir" o meio ambiente. Se você precisa de "uma pilha de carvão e 100 unidades elétricas", mas, em vez disso, usa três pilhas de carvão e 300 unidades elétricas, a parte "desperdiçada" do processo não deveria ser considerada. A parte em excesso deveria ser "raspada".

O segundo diz respeito à produção de crescimento "por engano". "Vou lhe dar um exemplo", diz ele, com uma piscadela. "Em um município específico, você tem um secretário de partido chamado Zhang. Ele decide que você precisa escavar essa área. Durante o processo de escavação, você cria PIB. Então, o secretário de partido Li chega e diz: 'Você não deveria estar escavando essa área. Por favor, feche o buraco.' Niu balança a cabeça com tristeza, como se desacordos desse tipo entre o companheiro Zhang e o Li fossem comuns demais — e, presumivelmente, em uma escala maior. "Esses tipos de erros de administração podem ser evitados. Eles não deveriam ser contados", diz ele.

A propósito, antes de zombarmos dos chineses por cavar buracos, preenchê-los de novo e chamar isso de atividade econômica, deveríamos reconhecer que, no Ocidente, não estamos imunes a tais truques da estatística. Meu exemplo favorito disso é escavar ouro do solo e, depois, guardá-lo em um banco. Nas palavras de um famoso economista: "Homens mineram ouro das entranhas da terra só para devolvê-lo à terra nos cofres de Fort Knox."[6]

O número três da lista de Niu é o que ele chama de "custo para a sociedade". Se as relações sociais são harmoniosas, e os níveis de criminalidade e protestos sociais, baixos, você não precisa, diz ele, gastar muito dinheiro com a manutenção da ordem. "Se há uma taxa alta de desordem, você precisa de uma força policial maior para manter a paz", afirma, parecendo um Simon Kuznets chinês. "Isso também gera PIB, mas você não o deveria considerar porque é desnecessário. Esse é o tipo de crescimento que queremos?"

A proposta de Niu para o PIB verde foi concebida para contabilizar o que os economistas chamam de externalidades. Externalidades negativas são os efeitos colaterais não registrados da produção econômica. Uma fábrica produtora de aço ou plástico, por exemplo, pode estar causando um dano grave aos rios e ao ar ao eliminar produtos químicos tóxicos ou partículas de poeira. Enquanto ela gera produtos e lucros — devidamente registrados como atividade econômica —, todo mundo sofre com uma saúde mais frágil e mais impostos a pagar pela despoluição. Esses são os custos invisíveis que um produtor pode descarregar em silêncio na sociedade. Não só as medidas de crescimento convencionais falham em registrar esses custos como negativos; mas também, com muita frequência, os registram como positivos: dragar um rio contaminado, tratar pacientes com câncer e dar às vítimas de morte prematura um bom funeral contam todos como atividade econômica. Um comentarista descreve nossa medição do crescimento como uma "lavanderia estatística automática" para fazer mazelas sociais desaparecerem como mágica.[7] Há também externalidades positivas, as vantagens não medidas de uma atividade ou recurso. Criar um espaço verde em uma cidade pode parecer um entrave à economia — pense na usina siderúrgica que você poderia construir no mesmo local —, mas um parque gera vantagens economicamente invisíveis em forma de lazer, alívio do estresse e bem-estar mental que provavelmente vão poupar dinheiro com cuidados médicos.

O objetivo do novo método de Niu era expor os custos ocultos das externalidades negativas. Mas sua proposta modesta e meio heterogênea era altamente subversiva em um estado monopartidário cuja "razão de ser" era maximizar o crescimento. A China não estava apenas causando um dano incalculável ao meio ambiente; seu sistema político também gerava custos sociais ocultos. Um dos mecanismos do crescimento da China, por exemplo, foi converter terras agrícolas em terras industriais, que têm maior capacidade produtiva. Oficiais de comunas locais, lutando para cumprir metas de crescimento centralmente orientadas — e para enriquecer enquanto o faziam —, especializaram-se nisso. Eles removem camponeses da terra à força, fornecendo uma indenização ínfima, quando o fazem. A terra, então, é vendida para promotores imobiliários ou industriais, e de uma só vez dinheiro e crescimento misteriosamente caem do céu.

A maior parte do crescimento da China — na verdade, a transformação de qualquer economia pré-industrial em uma moderna — resulta da conversão de uma coisa em outra: jovens camponesas em trabalhadoras fabris, carvão no solo em energia e poluição, e terra comunitária em propriedade privada. Com frequência, o crescimento é um ato de monetizar o que já existe. Como em qualquer outra situação, há custos ocultos: destruição ambiental, deslocamento social, desigualdade e, no caso da China, a espiral da dívida — 250% do PIB em 2017 — necessária para manter seu funcionamento normal.[8] Essa não é uma crítica ao modelo de crescimento da China em particular. Também não é verdade que essas escolhas não valem a pena. Talvez elas sejam apenas o preço do progresso. Mas o problema com nossa obsessão pelo crescimento é que não consideramos os aspectos negativos. Você não pode chamar de transação algo que é avaliado somente por um de seus lados.

Para Niu, suprimir o próprio povo não é uma característica positiva que deveria contar para o crescimento, mas, na verdade, uma negativa que precisa ser eliminada. De maneira similar, contabilizar um buraco cavado por engano — em outras palavras, construção de elefantes brancos, estradas para lugar nenhum e usinas siderúrgicas redundantes — é colocar o que deveria ser uma característica negativa no lado das positivas do livro fiscal. É errado, diz ele, contabilizar destruição ambiental como crescimento, pois gerações futuras terão de pagar pela despoluição. "Se você comete erros, o PIB que gera não é real", afirma.

"Em 2006, quisemos tornar público o PIB verde, mas não tivemos sucesso algum", disse Niu certa vez a outro entrevistador.[9] "A pressão política foi um dos motivos; os funcionários do governo local sentiram que o PIB verde prejudicava suas perspectivas de promoção. O outro foi que ele era hipercomplicado, e o público não o entendia." Impassível, cinco anos depois, ele retornou com seu índice do PIB de qualidade, uma versão simplificada da original. Os líderes locais ainda estavam incomodados, e o índice de Niu continuou sendo mais um exercício acadêmico do que um condutor da política oficial.

Ainda assim, a pequena equipe de Niu produziu números sobre a "verdadeira" taxa de crescimento da China – ajustados quanto ao desperdício, destruição ambiental e desarmonia social. Eles são polêmicos, inconvenientes – e mais ou menos secretos. "Temos um cálculo rudimentar, mas não o anunciamos", diz ele, de modo enigmático. Pressionado, admite que, de acordo com seus cálculos, "cerca de 1/3 do PIB declarado da China não é real".

"Não devemos nem venerar nem abandonar o PIB", disse ele em outra ocasião. "Nosso objetivo é ter um PIB que consuma menos recursos naturais, seja menos prejudicial ao meio ambiente e tenha um custo baixo de gestão social. Queremos um PIB racional, genuíno."[10]

Niu é um idealista. Ele está por trás de algo que nenhum economista — talvez nenhum cientista social — descobriu ainda: como quantificar o que ele chama de mentalidade verde. Seu objetivo máximo, afirma, o qual parece ingenuamente fora de sincronia com uma China modernizada a um ritmo frenético, é descobrir "o verde no coração das pessoas". Só assim, diz ele, "quando as pessoas ficarem mais sábias, o PIB poderá ser verde".

Em março de 2013, moradores de Xangai acordaram e viram as carcaças de milhares de porcos flutuando em um rio na periferia da cidade. Alguns anos antes, enquanto a China se preparava para sediar as Olimpíadas de verão de 2008, algas misteriosas começaram a se disseminar — como se protagonizassem um filme de terror — pela costa, ameaçando os eventos náuticos na cidade portuária de Qingdao. Quando as autoridades começaram a manter isso sob controle, as algas se disseminaram por centenas de quilômetros ao longo da costa leste. A imprensa estatal minimizou o fato, citando cientistas que afirmavam que se tratava de um fenômeno natural. Os ambientalistas chineses discordaram, culpando os responsáveis pela inspeção de poluentes industriais e a piscicultura. "O ecossistema natural do oceano foi destruído, e é por isso que eventos estranhos como esse podem acontecer", disse Wen Bo, coordenador da Save China's Seas Network [Salve a Rede de Mares da China].[11]

Dois quintos das águas fluviais da China não são potáveis, e 1/6 é tão poluído que é impróprio para qualquer uso. O *baiji*, ou Deusa do Yangtze, um dos quatro tipos de golfinhos exclusivos de água doce, foi extinto após seus 20 milhões de anos de existência na Terra. Embora a poluição do ar tenha roubado a maioria das manchetes, a erosão do solo é tão catastrófica quanto.[12] A espessura do solo é de apenas alguns centímetros – ou, no máximo, em torno de um metro – da superfície da crosta terrestre. Uma vez erodido por cultivo excessivo, levado ou desaparecido nos rios e oceanos, ele é substituído somente ao longo do tempo geológico. De acordo com uma estimativa, o solo entra em erosão na China de 30 a 40 vezes mais rápido do que consegue ser naturalmente substituído. Também há "aldeias de câncer" espalhadas pela China, como Xinglong, na província de Yunnan, onde uma indústria química local despejou milhares de toneladas de cromo residual — um conhecido carcinógeno — nas colinas vizinhas e no rio.

Para ser justo — algo que as pessoas que escrevem sobre os impactos negativos da expansão econômica nem sempre são —, o crescimento da China também gera muitos benefícios. A poluição do ar pode causar 1,2 milhão de mortes prematuras por ano, mas também é verdade que o notável progresso econômico da China contribuiu para um salto na expectativa de vida, que mais do que dobrou, de 35 anos em 1949 para 75 hoje. Isso ultrapassa os ganhos da maioria dos outros países e reflete uma melhora significativa do padrão de vida da maioria das pessoas, acarretando melhor alimentação, melhores hospitais e melhores moradias.

Se o crescimento da China ameaça ou não o planeta — bem como sua própria sustentabilidade — é uma questão de conjectura. Desde Thomas Malthus, clérigo e intelectual que escreveu seu famoso *Ensaio sobre o Princípio da População*, em 1798, as pessoas têm previsto que a Terra tem atingido seus limites naturais. Malthus pensava que o crescimento populacional sempre ultrapassaria as melhorias na produção agrícola, garantindo que os padrões de vida se estagnariam e, no fim, uma catástrofe ocorreria. Malthus foi muito ridicularizado. Como um analista do mercado acionário sempre prevendo uma quebra, seu fantasma teve que ficar assistindo enquanto o mundo avançava em direção ao território do mercado em alta.[13] Sem dúvida, houve fome, guerra e pestes, mas a população humana cresceu de maneira exponencial e, a despeito de toda a pobreza que ainda resta, ficou imensuravelmente mais rica.

Um dos padrões do crescimento industrial, nos estágios iniciais do desenvolvimento, é a poluição que os países produzem. Depois, à medida que ficam mais ricos e avançados em termos tecnológicos, eles despoluem. Considere Londres, que já em 1952 tinha dias de poluição por "nevoeiro denso". O ar ficava tão imundo às vezes que as corridas de galgo inglês em White City [um distrito de Londres] eram suspensas, porque os cães não conseguiam enxergar a lebre mecânica que deveriam perseguir.

Essa Londres de 1952 se parece com a Pequim de 2015. No entanto, alguns pensam que a industrialização da China pode ser o golpe final para o planeta, por causa da dimensão desse país. Outras nações, à medida que enriqueciam, conseguiram empurrar indústrias poluentes para os países mais pobres, como um jogo de passar a batata quente. A maior parte da poluição que resulta da fabricação dos produtos norte-americanos e europeus foi simplesmente jogada para a China. A pergunta é: quando a China estiver rica o suficiente, vai conseguir passar a batata quente para outrem, digamos, a África? Ou a batata quente coletiva da produção global é tão grande que não pode mais ser passada adiante? À medida que se reduzir o abismo em termos de riqueza nos Estados Unidos, a emissão de CO_2 da China poderá, sozinha, levar a um aumento insustentável de temperatura, despertando mudanças catastróficas nos padrões climáticos mundiais? Se a China é incapaz de repetir o truque que outras nações conseguiram ao subir na hierarquia industrial, talvez Malthus tenha se adiantado algumas centenas de anos em sua previsão.

É claro que a China pode conseguir despoluir aplicando a tecnologia, mudando sua atividade da manufatura para serviços e reparando aos poucos alguns dos danos já feitos. Para isso, porém, primeiro vai ter que admitir o problema. De algum modo, isso já está acontecendo. Em 2015, Chai Jing, ex-jornalista da emissora estatal Central de Televisão da China, publicou na internet um documentário que fez e financiou por conta própria. Chamava-se *Under the Dome*, e abordava a catástrofe ambiental na província de Shanxi, mineradora de carvão. No momento mais comovente do filme, Chai pergunta a uma garota de seis anos se ela já tinha visto as estrelas. Não tinha.

A reação ao filme foi de tirar o fôlego (com perdão pelo trocadilho). Ele foi baixado mais de 150 milhões de vezes, mesmo tendo sido rapidamente removido pelos censores da China. Não obstante, o ministro do meio ambiente elogiou o filme à época, comparando-o favoravelmente a *Silent Spring*, um livro de 1962, de Rachel Carson, que atacava a indústria química e é tido como a ignição do movimento ambientalista moderno. Mesmo antes de o filme sair, em 2014, Li Keqiang, primeiro-ministro chinês, havia declarado "guerra contra a poluição", e chamou o nevoeiro de "o sinal vermelho da natureza alertando contra o modelo de desenvolvimento ineficiente e cego".

Devemos ficar com um pé atrás com a retórica dos líderes chineses. Mas também precisamos reconhecer que muita coisa mudou. Como afirma um relatório, Pequim "se tornou uma força motriz da energia verde depois de indicar energias renováveis como indústria estratégica. A China tem mais de 1/3 da capacidade de energia eólica do mundo; 1/4 da energia solar; seis entre os dez melhores fabricantes de painéis solares; quatro entre os dez melhores fabricantes de turbinas eólicas e mais vendas de carros elétricos movidos somente a bateria no último ano do que todo o restante do mundo reunido".[14]

É difícil para Pequim mudar suas fontes de energia para as renováveis — incluindo a nuclear — porque o país ainda tem muito que se recuperar se quiser se igualar aos padrões de vida ocidentais. Isso vai significar anos de crescimento rápido, mesmo que os líderes de Pequim tenham gradualmente diminuído as expectativas sobre o que é possível, dos dígitos duplos de apenas alguns anos atrás para abaixo de 7%. E, embora a porcentagem de energia de combustíveis fósseis esteja crescendo, os níveis absolutos de energia poluente continuam a aumentar. Em 2016, um oficial chinês disse que a geração de energia carbonífera poderia, sozinha, aumentar em 1/5 nos próximos cinco anos.[15]

Algumas das melhorias que a China está fazendo, inclusive na qualidade do ar, envolvem um jogo de batata quente doméstico. Nos três primeiros meses de 2016, a concentração média de $PM_{2.5}$ (material particulado fino) de Pequim esteve abaixo de 28%, refletindo os resultados de medidas severas articuladas ano após ano. O ar de Xangai estava 12% melhor, de acordo com dados coletados pelo Greenpeace. Contudo, enquanto as usinas a carvão estavam sendo fechadas na província de Hebei, ao norte, vizinha de Pequim, outras estavam sendo construídas em províncias centrais e ocidentais, onde as regulamentações eram menos rígidas. Das cidades pesquisadas ali, 91 relataram um aumento na poluição do ar.[16]

Entretanto, um estudo realizado em 2016 pela London School of Economics [Escola de Economia de Londres] revelou que as emissões de carbono da China atingiriam o ápice em 2025, e talvez já tivessem atingido chegado lá. O estudo mostrou que as projeções eram sombrias demais, porque a economia da China já estava mudando da indústria pesada para a tecnológica, com menor uso de carbono e serviços. Xie Zhenhua, negociador-chefe climático da China, afirmou que as emissões de CO_2 de seu país não estavam no auge e ainda estavam subindo por conta das construções e de veículos de propriedade particular que surgiram com a urbanização. Mas, disse ele, talvez elas se estabilizassem logo por causa da mudança de políticas da China. "Na realidade, nossas emissões de CO_2 ainda estão aumentando, mas os esforços que estamos fazendo são muito grandes."[17]

As coisas também começaram a mudar em termos políticos. O PIB verde de Niu estava começando a se popularizar. Em 2015, o ministro do meio ambiente da China novamente difundiu a ideia de que o desempenho dos funcionários públicos de província deveria ser julgado em parte pelo progresso em melhorar o meio ambiente. Em 2014, mais de 70 cidades menores e municípios descartaram o PIB como indicador de desempenho e funcionários do governo, priorizando, em vez disso, a proteção ambiental e a redução da pobreza. Naquele verão, o presidente Xi disse aos funcionários do partido: "Precisamos olhar para as conquistas, as óbvias e também as ocultas. Não podemos mais simplesmente usar as taxas de crescimento do PIB para decidir quem são os heróis (do partido)."[18]

Em termos internacionais, Pequim também tinha passado de retardatária a suposta líder mundial. Mesmo com Donald Trump tirando os Estados Unidos do Acordo Climático de Paris, Pequim fez um acordo com a União Europeia para acelerar o que se chamou de mudança histórica de combustíveis fósseis. Wang Hui, da Universidade de Relações Internacionais em Pequim, afirmou que a saída de Washington deu à China a oportunidade de liderar. "Trump é um homem de negócios que enfatiza os interesses próprios dos Estados Unidos em vez dos comuns. A China e a Europa agora precisam dar um passo à frente e assumir juntas nossas responsabilidades internacionais."[19]

À medida que a tecnologia verde avança, os debates sobre um equilíbrio entre crescimento e poluição podem se revelar uma falácia. Um pouco desse aparente equilíbrio se deve simplesmente ao fato de não mensurarmos as coisas da maneira correta. As vertentes do "crescimento", que tornam miserável a vida das pessoas e as matam de forma prematura, são realmente dignas desse nome? A admiração por Li Dakang, o funcionário público local favorável ao crescimento em *In the Name of the People*, sugere que nem todo o povo chinês enxerga isso dessa maneira. Se você estiver fugindo da pobreza, talvez queira o crescimento de qualquer forma e a qualquer custo. Mas até mesmo Li concordaria que é melhor ter dados para que se avalie com mais precisão o que é esse equilíbrio.

Ao sair da China, em 2012, Jonathan Watts, repórter e observador sagaz do meio ambiente chinês, proferiu um discurso memorável. Nele, afirmou que Pequim não tinha feito quase nenhuma reforma política durante seus nove anos no país, mas que tinha conseguido grandes saltos em termos de reforma ambiental. Ele listou ações contra desertificação, plantio de árvores, lei de transparência ambiental, adoção de metas carboníferas, compensação por serviços ecológicos, contabilização ecológica, limitações no uso da água, menores objetivos de crescimento econômico, o Duodécimo Plano Quinquenal, debate e crescente monitoramento de $PM_{2.5}$, e investimentos em energias renováveis e tecnologia limpa.

É claro que isso não significava que a China estava mais limpa. Durante os mesmos nove anos, o volume da economia chinesa quadruplicou, havia cinco vezes mais carros nas estradas, e a emissão de carbono dobrou e ultrapassou a dos EUA. O país agora respondia por quase metade do carvão queimado no planeta. A China, afirmou Watts, era tanto uma "superpotência negra" quanto uma "superpotência verde". Ela poderia matar o mundo, mas também poderia salvá-lo.

Parte Três

ALÉM DO CRESCIMENTO

10

Riqueza

Imagine por um momento duas pessoas, Bill e Ben. Bill é banqueiro e ganha US$200 mil por ano no Goldman Sachs. Bem, sua remuneração é miserável diante dos padrões bancários, mas paciência. Ben é jardineiro e ganha US$20 mil podando rosas e aparando arbustos. Quem está em melhor situação? Se você mede a renda pelo que cada um recebe, Bill, é óbvio, é mais rico; na verdade, precisamente dez vezes mais rico. Essa medida é o equivalente do PIB; ele indica o "fluxo" de renda que cada um recebe em um ano em particular. Mas, assim como o PIB, esses números não revelam muita coisa sobre a verdadeira riqueza de Bill e Ben.

Para saber mais, você precisaria conhecer a reserva de ativos deles. Esqueci de mencionar que Ben, o jardineiro, herdou recentemente uma propriedade rural imensa em Long Island, que vale US$100 milhões? Ele, na realidade, trabalha em seu próprio amplo jardim como um pequeno passatempo nas tardes de terça-feira e paga a si mesmo um salário simbólico. Mas ele planeja vender a propriedade no ano que vem, mudar-se para algum lugar mais modesto em Manhattan e viver dos juros do investimento de US$95 milhões ou mais que ele terá sobrando.

Enquanto isso, o pobre Bill está com dívidas até o pescoço. Ele desembolsa metade de seu salário a cada mês para pagar o financiamento hipotecário, o que ainda vai durar dez anos. Ele tem despesas com seu (arranhado) Porsche e um cheque especial bancário preocupante que utilizou para manter seu estilo de vida pomposo. Infelizmente, ele também está chegando aos 50 anos (Ben tem 19, por sinal), e o banco terá que o dispensar.

E agora, quem parece estar em melhor situação, Bill ou Ben?

Nossa avaliação padrão do crescimento nos informa tudo sobre renda, e nada sobre riqueza. Esse é seu principal defeito. Isso vale tanto para nações quanto para pessoas. Os índices de crescimento para a Arábia Saudita são praticamente inúteis. Por quê? Porque são fundamentados em fluxos de petróleo, que um dia vão se esgotar. Nesse momento, a menos que a Arábia Saudita tenha descoberto outro método de produzir o nível de renda de hoje, sua economia vai encolher.[1] A Arábia Saudita se tornaria, então, o banqueiro Bill das nações.

Mensurar a riqueza — a reserva de ativos — é indispensável se quisermos ter uma noção fiel do mundo. Ainda assim, quando se trata de contas nacionais, temos ferramentas limitadas à nossa disposição. Contas nacionais possuem quantias imensas de informação, mas raramente são levadas à luz por políticos obcecados por crescimento que se debruçam apenas sobre um dos números — o PIB — que têm à disposição.

Isso é algo extraordinário quando se para e pensa a respeito. Quando os investidores estão avaliando uma empresa, não olham somente para seus lucros e perdas, mas também para seu balanço patrimonial. A conta dos lucros e perdas, às vezes conhecida como Demonstração do Resultado do Exercício [DRE], mostra o fluxo de receitas e despesas de um período determinado. Em termos gerais, se as receitas excedem as despesas, a empresa obtém lucro. Se não, tem prejuízo. O balanço patrimonial é diferente. Em vez de medir o fluxo de entradas e saídas, ele faz um apanhado, válido para um determinado momento no tempo. Ele lista ativos, passivos [obrigações] e patrimônio líquido. Ele mostra o que a empresa possui e suas dívidas. No processo, revela quanto uma empresa na verdade "vale", em vez de simplesmente mostrar os lucros que é capaz de gerar em determinado ano — mas não necessariamente nos anos seguintes.[2]

Políticos e dirigentes recorrem somente a um surrado conjunto de contas para fins de comparação. Nós o chamamos de PIB. Ele equivale a uma declaração de renda. Além de poucas contas satélites experimentais, não houve tentativa sistemática para medir a reserva de ativos de uma nação, ou o que poderíamos chamar de riqueza.[3] "Não houve inovação alguma em contas nacionais. Isso está totalmente parado", diz Umair Haque, um economista vestindo uma jaqueta de couro. Ele considera isso um fracasso alarmante. É urgente, argumenta, para as chamadas grandes mentes econômicas, incluí-las em órgãos multilaterais como o FMI e o Banco Mundial, a fim de elaborar medições de riqueza que se adequem a todas as incontáveis revisões e atualizações e informem as que se aperfeiçoaram em termos de medir o crescimento. "Por que não há uma inovação em contas nacionais que nos propicie uma imagem mais precisa da economia? Sem uma medida de riqueza nacional, não temos a menor ideia", disse literalmente soltando fumaça, com o cigarro em uma das mãos e o café na outra. "Sem uma descrição dos ativos, não podemos dizer com nenhuma precisão quão ricos realmente somos."

Partha Dasgupta é professor emérito na cadeira Frank Ramsey da Universidade de Cambridge e pioneiro em economia ambiental. Ele passou a maior parte de sua carreira buscando maneiras de pensarmos nossa economia de forma diferente. Fui a Cambridge conversar com ele. Encontramo-nos em frente do imponente portão de entrada do St. John's College, usando paletó, calça e tênis brancos. Para um homem de 74 anos, era elegante e dinâmico. Fomos à sua sala repleta de livros, perto do Rio Cam, onde me ofereceu xerez, um retorno a uma época mais cortês. Aceitei com prontidão. Afinal, já eram 11h.

Como muitas pessoas que fizeram de outro país o próprio lar — Dasgupta nasceu onde hoje em dia é Bangladesh, mas foi para a Inglaterra no início dos anos 1960 para cursar doutorado em economia no Trinity College, Cambridge —, ele é mais inglês do que os ingleses. Ele é polido e refinado. Dasgupta não é tanto um crítico do crescimento quanto está convencido de que se está avaliando a coisa errada. Para qualquer divisão que estudemos — lares, nações ou o planeta em geral — nosso interesse não deve ser a renda, mas a riqueza, argumenta ele. Por riqueza, ele quer dizer "o valor social do estoque de ativos de uma economia, incluindo bens físicos (estradas, portos, maquinaria, e assim por diante), capital humano (tamanho e composição da população, educação, saúde), conhecimento (artes, humanidades e ciências) c capital natural (ecossistemas, fontes de água, atmosfera, terras, recursos do subsolo)".[4]

Isso parece ser uma tarefa difícil. Como poderíamos, por exemplo, atribuir um valor numérico ao conhecimento ou à cultura? Dasgupta não se esqueceu das dificuldades conceituais, mas ele tem duas respostas. Uma é que, desde os anos 1940, os seres humanos investiram um imenso capital intelectual e dezenas de bilhões de dólares em criar, revisar e refinar medidas de crescimento. Em comparação, o esforço para produzir uma versão do balanço das contas nacionais foi minúsculo. "Não importa o quão difícil seja fazer estimativas. Essa dificuldade não justifica fugir delas", diz ele, com firmeza. "Afinal, fazer estimativas sobre o PIB também é muito difícil."

Segundo, diz ele, a melhor abordagem para qualquer problema é esmiuçar uma hipótese até seu limite e, então, voltar atrás se as coisas se revelarem complexas demais. Conceitualmente, devemos ter um balanço de nossa economia nacional, uma fotografia em determinado instante do que possuímos e de nossas dívidas. Então, não devemos nos esquivar da tarefa; em vez disso, é preciso pensar juntos para elaborá-la.

Medidas de estoque e fluxo estão intimamente relacionadas, a maioria em um conjunto a contas corporativas. Uma empresa tem maquinário e força de trabalho habilitada para produzir bens e serviços a fim de gerar renda neste e nos próximos anos.

Ela pode liquidar parte de seus ativos para gerar mais lucro agora ou aumentá-los, abrindo mão de uma renda hoje a fim de fazer mais dinheiro mais à frente. Por exemplo, ela poderia parar de atualizar o maquinário para maximizar os lucros hoje. Em algum momento, no entanto, as máquinas iriam travar de vez. Alternativamente, ela poderia investir em robôs da próxima geração ou mandar seus funcionários para cursos caros de treinamento para aprimorar suas habilidades. Ambas iriam maximizar a competitividade (e os lucros) no futuro, mas à custa de lucros mais baixos hoje.

Considere uma família. Em um país rico, os ativos de uma pessoa incluem sua casa, seus investimentos e uma estimativa de prováveis ganhos e pensões vitalícios futuros ajustados aos valores de hoje. "Isso é um capital, e é ele que lhe permite ter um plano de vida. Você poderia consumi-lo se desejasse – digamos, para se instruir. Poderia retirar o investimento de algum de seus ativos a fim de adquirir outro, a saber, o capital humano." Em um país pobre, os ativos de uma pessoa incluem terra, gado ou o direito de pescar em águas comunitárias junto à costa. Em tempos difíceis, você poderia vender sua vaca para comprar comida no intuito de manter o próprio capital humano (nesse caso, a força física) e pagar o transporte até a cidade para procurar trabalho remunerado. "Você está convertendo uma forma de capital em outra."

Os ativos de uma família ou nação vão além de ativos físicos, sejam naturais ou industriais. Eles incluem habilidades, contabilizadas por meio de carpinteiros qualificados e do número de profissionais com doutorado, por exemplo. Você pode estender a ideia até o capital cultural. Considere duas ilhas idênticas. Na primeira, as famílias não têm absolutamente nenhuma confiança nas outras, na segunda têm confiança total. Na ilha em que há confiança, o comércio entre as famílias é possível porque as pessoas confiam umas nas outras para cumprir a parte no acordo; digamos, fornecendo leite por um ano em troca de dois cobertores. Mas na outra não há confiança e, portanto, nenhuma perspectiva de troca de mercadorias entre as famílias. Os futuros das ilhas serão totalmente diferentes, mesmo que elas comecem exatamente com a mesma base de ativos.[5]

No momento, vamos nos ater ao capital natural. "Modelos contemporâneos de crescimento econômico e desenvolvimento julgam a natureza como um fator fixo e indestrutível de produção. O problema é que essa hipótese está errada", escreve Dasgupta. "A natureza é um mosaico de ativos degradáveis. Terras, florestas, bacias hidrográficas, pesqueiros, fontes de água doce, estuários, mangues, atmosfera — de maneira mais geral, ecossistemas — são ativos autorregenerativos, mas podem sofrer deterioração ou esgotamento por uso humano."[6]

No produto interno bruto, diz Dasgupta, "a palavra perigosa é 'bruto'". Isso porque ela não considera a depreciação dos ativos. "Se um mangue é drenado para dar lugar a um shopping, sua construção contribui com o PIB, mas a destruição do mangue não é registrada." Se o valor social do shopping for menor do que o do mangue, "a economia teria se tornado mais pobre — a riqueza teria declinado —, e o bem-estar em potencial nas gerações presentes e futuras iria reproduzir esse declínio. Mas o PIB sinalizaria o contrário."

Há três motivos interligados para pensarmos no estoque de riqueza além do fluxo em que o "crescimento" se baseia.

Primeiro, fazer isso ajuda as sociedades a tomar decisões melhores sobre a interação entre estoque e fluxo, entre o presente e o futuro. Para uma pessoa, se você sabe quanto dinheiro tem no banco, sabe quanto pode gastar, digamos, em um mestrado que, no fim, pode trazer recompensas (além do prazer de aprender) em forma de ganhos maiores. No nível de uma nação, há uma infinidade de ocasiões em que seria útil pesar as vantagens de usar rendimentos para aumentar o estoque de capital ou aproveitar parcela dos ativos a fim de gerar mais crescimento. A educação universitária gratuita, por exemplo, pode parecer um sacrifício econômico muito custoso, mas se você está medindo o estoque de riqueza em vez do fluxo, todas essas pessoas mais qualificadas podem representar um aumento na riqueza de sua nação, não uma redução de seu crescimento. O mesmo vale para investimentos em infraestrutura, digamos, um trem de alta velocidade, prevendo retornos futuros para esses investimentos. A maneira como se contabilizam essas coisas é importante. Nos EUA, o senador independente Bernie Sanders e, no Reino Unido, Jeremy Corbyn, líder da oposição do Labour [Partido Trabalhista], querem aumentar o financiamento público e eliminar as anuidades escolares. Suas políticas parecem menos radicais — e, portanto, mais plausíveis — de uma perspectiva de contabilização de riquezas.

O segundo motivo para contabilizar ativos é que as atitudes de hoje impactam as gerações futuras. Registrar a renda nacional de hoje não oferece nenhuma ajuda quando se tomam decisões que afetarão as próximas gerações. O sinal que essa atitude envia é maximizar o crescimento hoje, não importa o impacto amanhã. Em situações extremas, uma geração pode esgotar toda a cobertura florestal e toda sua reserva de petróleo visando a um crescimento de dois dígitos, esperando que gerações vindouras, de algum modo, resolvam a situação. Hoje, um governo que instigasse tais políticas apontaria para o crescimento rápido como justificativa para seus atos. Mas uma medição da riqueza mostraria uma queda acentuada. Isso ao menos daria aos eleitores motivo para reflexão, proporcionando um quadro mais claro do equilíbrio. QUEDA DE 5% NA RIQUEZA não é uma manchete tão boa quanto ECONOMIA CRESCE 3%. Controlar as riquezas daria às gerações atuais a chance de ver com mais clareza que tipo de futuro estão deixando para seus filhos e netos.

O terceiro motivo, intimamente relacionado, para levar a riqueza em consideração é a sustentabilidade. Falando claramente, medir a riqueza ajudaria as sociedades a evitar o colapso. A Ilha de Páscoa, a 3.700 km da costa da América do Sul, é um exemplo bem conhecido de uma civilização outrora próspera que implodiu. Ela é famosa por suas misteriosas esculturas de cabeças de pedra, que agora jazem abandonadas e profanadas.[7] Quando a ilha foi "descoberta" pelo explorador holandês Jacob Roggeveen, na Páscoa de 1722, ela já era uma pradaria estéril sem uma única árvore ou arbusto com mais de 3m. Embora fosse habitada por polinésios, antigamente famosos por suas habilidades marítimas, os ilhéus foram reduzidos a remadores em canoas decrépitas. Muitos viviam em cavernas e levavam uma vida miserável. Entretanto, no passado, a Ilha de Páscoa era muito diferente. Quando se estabeleceu, por volta de 400 d. C., era coberta por árvores e arbustos e tinha uma vida selvagem abundante, oferecendo a seus habitantes uma rica dieta. No ano 1200 d. C., os ilhéus começaram a esculpir as grandes cabeças de pedra em uma parte da ilha e a transportá-las usando troncos e cordas por vários quilômetros até a praia, para serem exibidas em pedestais gigantes.

Eles cortaram as árvores não somente para transportar as cabeças de pedra, mas também para obter lenha e para construir casas e canoas. O que poderia ter induzido os ilhéus a cortar a última árvore da qual toda a civilização dependia? Na realidade, a destruição não teria acontecido dessa maneira. Em vez disso, teria ocorrido aos poucos, como o sapo do provérbio sendo fervido vivo em um banho quente imperceptível. A civilização da Ilha de Páscoa não sucumbiu com um disparo — ou o golpe do último machado no último tronco de árvore —, mas com um coaxar resignado. Na época em que Roggeveen chegou, sua população havia caído para algo entre um quarto e um décimo de seu auge, a flora e a fauna foram totalmente destruídas e a civilização, massacrada. Os ilhéus, que antes se deleitavam com uma rica dieta composta de botos, mariscos e frutos do mar, aparentemente tinham se rebaixado ao canibalismo. Seu "insulto" mais "inflamado" era: "A carne de sua mãe está grudada em meus dentes."[8]

A Ilha de Páscoa, tida como uma representação em pequena escala da Terra, é uma parábola do que pode acontecer às sociedades se elas negligenciarem a riqueza da qual suas vidas dependem. Citando um adágio de madeireiros no noroeste dos Estados Unidos — "Empregos acima das árvores" —, Jared Diamond, geógrafo e polímata norte-americano, afirma que as sociedades modernas não estão imunes a um colapso repentino. Longe disso. "Se continuarmos a seguir nosso curso atual, teremos exaurido os maiores pesqueiros do mundo, florestas tropicais, combustíveis fósseis e a maior parte de nosso solo" dentro de poucas gerações, diz ele. "Talvez algum dia os arranha-céus de Nova York se degradem e fiquem cobertos de vegetação, como os templos de Angkor Wat e Tikal."

Manter um registro preciso da riqueza de uma sociedade não é, em si, suficiente para impedir uma catástrofe. Cientistas têm alertado há anos sobre os perigos do aquecimento global, fornecendo evidências sólidas da relação entre emissões de carbono, aumento da temperatura e mudanças ambientais futuras perceptíveis e possíveis. No entanto, sem o aval da ciência ou sem a vontade política para agir, todos os dados do mundo não são o bastante para fazer as sociedades se modificarem. Quem pode saber se os ilhéus de Páscoa, se tivessem contabilizações avançadas de riqueza mostrando que suas práticas eram insustentáveis, teriam mudado seu rumo e salvado a si mesmos? E, ainda assim, fazer medições deve ser o ponto de partida. Sem isso podemos, como espécie, estar fadados a repetir o suicídio coletivo dos habitantes da Ilha de Páscoa.

Dasgupta pensa nisso como peixes em uma lago gigante. "Se o volume da população de peixes é baixo, então há muita comida na lagoa, e a população de peixes cresce. Se há peixes demais, eles não conseguem controlar o suprimento de comida e, então, o estoque diminui." Sem intervenção humana, o estoque de peixes atingiria um equilíbrio natural com base em um determinado suprimento de comida e nutrientes. "Aí vêm uns pescadores. Eles podem pegar peixes, e, é claro, o estoque diminui. Mas isso não quer dizer, necessariamente, que eles estão arruinando o pesqueiro, porque, se o estoque diminuir, a produção líquida de peixes, a taxa reprodutiva, poderia subir porque há menos deles. Eles estão consumindo menos comida, então se reproduzem a uma velocidade maior. Contudo, se você constantemente pega cada vez mais, então, um dia, ele entra em colapso." Portanto, gerir com eficiência um pesqueiro significa pegar apenas a quantia justa de peixes para que os estoques se regenerem.

"Pense na biosfera como sendo o pesqueiro em um estado estável. Então, à medida que crescemos, estamos vivendo mais da "produção" da biosfera e mudando seu estado. E você pergunta: como comparar a quantidade de biomassa que estamos convertendo para nossos propósitos com a biomassa que está sendo produzida pela biosfera? O impacto é realmente a proporção entre a oferta e a procura."

Todas as metodologias para mensurar a riqueza natural têm suas complexidades, mas o problema de subvalorizar recursos naturais — ou tratá-los como gratuitos — exige algum tipo de resposta dos economistas. Por que precificar a natureza nos ajuda a enxergar o que estamos fazendo e, talvez, nos impeça de fazer? "Suponha que você seja empreendedor e esteja tentando desenvolver uma nova tecnologia para produzir mel ou o que quer que seja, ou um novo tipo de carro", diz Dasgupta. "Você vai economizar no projeto das coisas caras ou vai economizar nas baratas? Bem, você quer economizar nas coisas caras. Agora, se o capital natural está subvalorizado, o rumo da mudança tecnológica se dará inevitavelmente em direção a tipos mais gananciosos de descobertas. É muito natural. Ar é gratuito. Água é gratuita. Sabemos que o petróleo é subapreciado porque sua precificação não é ditada fato de que há aquela imensa externalidade [carbono] cada vez que você queima um galão de petróleo. E, se está subapreciado, então haverá uma tendência de que a mudança tecnológica seja lenta. Em outras palavras, há um viés negativo das inovações tecnológicas em relação à natureza."[9]

Assim como entre os ilhéus de Páscoa, uma catástrofe poderia se insinuar sobre nós em vez de chegar de imediato. A destruição gradual de espécies e da biodiversidade é um sinal preocupante. "Não estou falando de cangurus e tigres. Estou falando daqueles que você não vê: todos os insetos e aves, os polinizadores e decompositores. Você tem uma variedade de estatísticas — mercados, se preferir — que sugerem que estamos nos alastrando e que temos nos alastrado há algum tempo." É fácil demais ser otimista com o progresso humano. "Vivemos mais, comemos melhor, somos mais altos, mais bem qualificados, desfrutamos de bens e serviços, viajamos. Mas estamos mudando pouco o futuro ao fazer isso? Estamos pegando um empréstimo do futuro? Pegando um empréstimo, por exemplo despejando tanto carbono que estaremos encrencados. A resposta, muito provavelmente, é sim. Estaremos encrencados."

11

Um Domesday Moderno

O Domesday Book, finalizado em 1086, foi um estudo realizado por ordem do Rei William, o Conquistador, sobre a estrutura fundiária da Inglaterra e da maior parte do País de Gales. Seu objetivo era catalogar as propriedades particulares e, portanto, definir os tributos devidos e a extensão das terras controladas pela Coroa após a turbulenta Conquista Normanda. Como observamos no mapeamento das terras conquistadas na Irlanda realizado por Oliver Cromwell e nos primeiros passos do PIB, o impulso de medir o que agora chamamos de economia muitas vezes surgia como consequência de uma guerra.

De acordo com a *Crônica Anglo-Saxônica*, uma coleção de anais medievais, o extenso documento de William, o Conquistador pretendia registrar "o que, ou quanto, cada homem possuía, quem habitava as terras da Inglaterra, seus terrenos ou rebanhos, e seu valor em dinheiro". Devido ao caráter definitivo de seus registros, o relatório ficou conhecido como Domesday Book [Livro do Juízo Final, em tradução livre], uma alusão ao Dia do Juízo Final, embora o manuscrito se defina de modo mais prosaico como uma *descriptio*, um estudo. Algumas seções são tão detalhadas que registram cabeças de gado individuais em suas páginas oniscientes. "Não havia boi, vaca ou suíno que não tivesse sido declarado."[1]

O Domesday Book era o Google Maps da época. Além disso, apresentava uma forma de ver o mundo com base em um balanço patrimonial que mesmo hoje, mais de 900 anos depois, nossas modernas agências de estatísticas – com todas as suas técnicas de pesquisa, computadores e satélites – não conseguem reproduzir. Um Domesday moderno preencheria uma grande lacuna na maneira como pensamos sobre nossa economia ao criar um balanço patrimonial para registrar nossos ativos, tanto naturais quanto físicos. "Não seria um quadro bonito de se ver", diz um dos defensores da ideia, apontando que o relatório mostraria como os seres humanos estão esgotando os próprios recursos de maneira insustentável em prol do crescimento. Mas "maquiar o desempenho econômico com as cores brilhantes do PIB não altera a realidade".[2]

Vamos começar com o capital natural. Ou, em sua nomenclatura mais coloquial, a natureza. Se atribuíssemos um valor em dólares, quanto valeria a natureza? Segundo a Bíblia, ela foi criada em apenas seis dias. Nada demais, portanto. Então, qual é seu palpite? Que tal US$33 trilhões?

Na verdade, esse número não foi inventado. Pelo menos, não por mim. Ele aparece na obra de Robert Costanza, um famoso "economista ecológico".[3] Esses US$33 trilhões foram apresentados em um artigo revolucionário – e extremamente polêmico – publicado em 1997 na *Nature*, uma revista científica, com o título PRECIFICANDO O PLANETA. O estudo foi criticado tanto por economistas, que acharam ridículo atribuir um preço aos "serviços ambientais" ou "serviços ecossistêmicos" (no medonho jargão), quanto por ambientalistas, que se opuseram à ideia de atribuir um valor em dinheiro a algo tão precioso quanto uma floresta tropical ou um campo. Lord Darlington, na peça *Lady Windermere's Fan* [O Leque de Lady Windermere], de Oscar Wilde, ironiza a questão ao dizer que um cínico é "um homem que sabe o preço de tudo e o valor de nada". Aqui, no lugar de cínico, podemos dizer economista.

Entretanto, se você não atribui um valor monetário a algo, as pessoas tendem a não valorizá-lo. Salvo quando os governos elaboram um processo economicamente racional para salvar a praia "x" ou preservar o mangue "y", a natureza quase sempre perde para os imperativos do crescimento. Os livros de economia analisam o mundo com base nos fatores de trabalho, capital, conhecimento, meios de produção, comércio e consumo. Comumente, a natureza não entra nessa equação.[4]

Mas se toparmos o desafio de definir o preço da natureza, por onde deveremos começar, considerando que o ar e a água, para não mencionar os ecossistemas complexos, raramente são negociados nos mercados? As chuvas caem gratuitamente, e as árvores crescem em direção à luz a seu bel-prazer. Os nutrientes são reciclados sem nenhum alarde. Os ecossistemas são tão complexos e têm um equilíbrio tão delicado que, em muitos aspectos, não temos nem a mais vaga ideia de como eles realizam seus milagres regenerativos. Então, como fixar um preço para essas atividades? Para ser direto, isso não é possível. Os economistas, porém, criaram alguns métodos – reconhecidamente bem rudimentares – para definir o chamado "preço sombra" dos bens e serviços que não são negociados em nenhum mercado. Para isso, é necessário estabelecer indicadores para representar o que as pessoas estão dispostas a comprar (preferência revelada) ou perguntar diretamente a elas (preferência declarada). Um método indicativo consiste em definir o custo de construir um item artificial equivalente. A cidade de Nova York determinou que os serviços ambientais prestados pelas Montanhas Catskill, que purificam naturalmente a água potável consumida na metrópole, custariam entre US$8 e US$10 bilhões se fossem realizados por uma estação de tratamento de água.

Muitos dos cálculos indicados no artigo emblemático de Costanza eram uma síntese de mais de cem pesquisas e estudos sobre o tema. Ele e os demais coautores suplementaram essas descobertas com seus próprios cálculos. O artigo divide o mundo natural em dezesseis biomas, como oceanos, florestas, zonas úmidas, lagos e rios, e dezessete serviços ambientais, incluindo abastecimento de água, polinização, produção de alimentos, reciclagem de nutrientes, formação do solo, recursos genéticos, lazer e cultura. Em seguida, apresenta uma matriz com estimativas da contribuição de cada bioma para cada serviço. O oceano, por exemplo, não contribui nada para a polinização e a formação do solo, mas sua contribuição é imensa para a produção de alimentos e os "serviços culturais".

Mas qual é o preço de itens subjetivos como os benefícios estéticos, artísticos, educacionais, espirituais e científicos associados ao oceano? O indicador usado por Costanza é o preço superior fixado para as propriedades litorâneas em relação ao valor das demais propriedades. Essa tendência indica que as pessoas estão dispostas a pagar mais para ficar perto do mar, uma preferência revelada. Costanza se baseia no valor de US$76 por hectare. Estendendo essa referência para a totalidade dos oceanos do mundo, o preço do lote inteiro fica em US$2,5 trilhões. Como eu disse antes, o cálculo é bem rudimentar.

Em cada cálculo, a metodologia aplicada estabelece um preço similar ao de mercado partindo do valor que as pessoas estão dispostas a pagar pelo ativo natural em questão. Por exemplo, embora não estejam no artigo de Costanza, quanto valeriam os cerca de 1.000 gorilas que habitam as florestas tropicais nas montanhas de Ruanda, Uganda e da República Democrática do Congo? Para definir esse valor, podemos utilizar um método que determine quanto as pessoas estão dispostas a pagar para vê-los. O preço inclui o transporte aéreo para a África Central e o custo dos hotéis e das permissões para ver os gorilas, que em Ruanda chegam a US$1.500 por hora e são racionadas como ouro em pó. (Lembre-se: essa é uma visão de mundo totalmente centrada no *Homo sapiens*.) Esses animais magníficos – e incrivelmente gentis –, que tive a sorte de ver nas florestas de bambu de Uganda, também têm o que os economistas chamam de valor de existência. Esse valor corresponde ao preço que as pessoas estão dispostas a pagar pela existência desses seres, mesmo que não possam ou não tenham interesse em visitá-los.

Atribuir um valor à natureza não é um passeio no parque. De fato, parece bem mais com uma trilha pela selva congolesa. No entanto, segue um resumo das descobertas de Costanza:

FIGURA 2

Serviço	*Em trilhões de US$ (valores de 1994)*
Por bioma	
Oceano aberto	8,4
Áreas litorâneas	12,6
Total marinho	*21*
Florestas	4,7
Gramados e pastagens	0,9
Zonas úmidas	4,9
Lagos e rios	1,7
Terras de cultivo	0,1
Total terrestre	*12,3*
Total	*33,3*

Por serviços ambientais	
Regulação dos gases	1,3
Regulação de distúrbios	1,8
Regulação da água	1,1
Fornecimento de água	1,7
Reciclagem de nutrientes	17,1
Tratamento de resíduos	2,3
Produção de alimentos	1,4
Serviços culturais	3,0
Outros	3,6
Total	*33,3*

Chamar essa metodologia de "cálculo aproximado" é distorcer totalmente a noção de proximidade. (Ou será que são "serviços aproximados"?) Uma boa resposta a esses números é que eles são uma empolada enrolação. Por que, por exemplo, os serviços culturais de US$3 trilhões prestados pela natureza valem o dobro dos serviços de produção de alimentos se, em regra, sem alimentação não estaríamos aqui para desfrutar da cultura? Mas Costanza não se intimidou diante das críticas que recebeu por sua bravata intelectual. Em resposta a um crítico, ele escreveu: "Não acreditamos que haja somente uma maneira correta de atribuir um valor aos serviços ambientais. Mas há uma maneira incorreta: não fazer isso de maneira alguma."[5]

Em 2012, o governo britânico criou o Natural Capital Committee [Comitê do Capital Natural], o primeiro sobre o tema no mundo. Segundo o comitê, sua função é "assessorar o governo no que diz respeito a seu capital natural, como florestas, rios, jazidas minerais e oceanos". Até 2020, o governo estabeleceu que o Instituto Nacional de Estatística deverá incorporar uma medida de capital natural às contas nacionais da Grã-Bretanha. O comitê deverá auxiliar no desenvolvimento de "métricas adequadas" para monitorar o estado do meio ambiente e comparar a zona rural inglesa com o resto do mundo. Além disso, elaborará um "registro dos riscos" associados a habitats ameaçados e assessorará o governo sobre seu plano ambiental para os próximos vinte e cinco anos.

O comitê, formado por sete membros, é presidido por Dieter Helm, professor da Universidade de Oxford e especialista em contabilidade ambiental. Helm propôs um axioma em sua obra acadêmica que, assim espera, orientará o comitê em sua atuação no mundo real. À primeira vista, tal postulado é de uma simplicidade desconcertante, mas tem implicações complexas. Ele diz o seguinte: "O nível agregado do capital natural não deve decair."[6]

Helm começa com uma definição padrão de desenvolvimento sustentável: "A humanidade é capaz de promover o desenvolvimento sustentável para satisfazer suas necessidades atuais sem comprometer a capacidade das gerações futuras de satisfazer suas próprias necessidades."[7] Em seguida, ele descreve o que chama de "elo de compromisso entre gerações", na qual as pessoas de uma geração assumem um contrato tácito para legar à geração seguinte os recursos necessários para prosperar. Quando se trata de capital natural, cada geração é obrigada a deixar o mesmo volume de riquezas que recebeu. Segundo o autor, isso é que significa "O nível agregado do capital natural não deve decair."[8]

Evidentemente, isso não nos proíbe de utilizar a natureza. Nenhuma sociedade, nem mesmo pré-industrial, poderia assumir um compromisso como esse. Os humanos interagem com seu ambiente. Derrubam árvores e aram campos. Drenam recursos não renováveis, como petróleo e gás natural. Adaptam, mudam ou destroem recursos renováveis. Podem transformar parte de um rio construindo uma represa para gerar energia hidrelétrica. E podem, ao longo de várias gerações, derrubar florestas primitivas e substituí-las pela moderna zona rural inglesa, com suas sebes, pastos e terras de cultivo, bem como transformar pradarias repletas de bisões em campos de trigo. Não é realista esperar que uma geração deixe o ecossistema exatamente como o encontrou. Na verdade, segundo Helm, as pessoas devem conservar a quantidade *agregada* de capital natural.

Mas como? E, quase tão importante quanto, como definir isso? Peter Drucker, um guru do gerenciamento, teria feito o seguinte comentário: "Se você não pode medir, não pode gerenciar." Esse talvez seja um bom subtítulo para este livro. Se a natureza é transformada quando convertemos uma floresta em um curral de ovelhas e um rio em eletricidade, precisamos de ferramentas contábeis para descobrir o valor do prejuízo líquido a ser deduzido do capital natural e o valor a ser compensado.

Sob certo aspecto, o exercício inteiro está equivocado. Os economistas são o último tipo de pessoa que você gostaria de ver brincando com a natureza. Assim que os economistas põem as mãos em nossos lagos e florestas, estes correm um sério risco de serem comoditizados, comprados e vendidos, até caírem no esquecimento. No final das contas, os economistas nem sabem responder a perguntas como: "Devemos construir no cinturão verde para reduzir o déficit habitacional?" Alguns dilemas são questões éticas que não podem ser resolvidas com cálculos sofisticados. Em teoria, um economista pode decidir que "vale a pena" provocar a extinção de um golfinho de água doce para construir uma usina hidrelétrica que gerará muitos megawatts de energia para centenas de milhares de pessoas. Contudo, essa é uma questão que exige um moralista tanto quanto um economista. O Rei Salomão não é menos qualificado para respondê-la do que Mervyn King, que esteve no comando do Banco da Inglaterra entre 2003 e 2013. Isso não quer dizer, no entanto, que os economistas não devem contribuir com o debate. Pode ser bom ouvir o que eles têm a dizer.

Na sua missão de mensurar o imensurável, Helm primeiro divide o capital natural em duas categorias: recursos renováveis e não renováveis. Tradicionalmente, os recursos não renováveis recebem mais atenção. Chegamos ao "pico do petróleo"? O que vamos fazer quando não houver mais carvão ou cobre? Mas os recursos não renováveis são a parte fácil. É relativamente simples avaliá-los com base em preços de mercado. Se um governo sabe que dispõe de um volume equivalente a cinquenta anos de gás natural, é possível utilizar os preços atuais para calcular o valor e decidir quanto devemos "gastar" hoje e economizar para amanhã.

Os recursos renováveis são mais complicados. Considere o exemplo do salmão selvagem.[9] Podemos saber o valor do salmão por quilo, mas como o peixe se reproduz indefinidamente, é impossível quantificar os fluxos de receita atuais e futuros. Eles são infinitos, e por isso o salmão é, efetivamente, gratuito. Isso, é claro, se não causarmos sua extinção, pois nesse caso ele seria não estimável – o termo dos economistas para extinto. Portanto, mais importante do que atribuir um valor ao salmão é determinar o limiar de sua sobrevivência. Precisamos saber a quantidade de salmão que podemos extrair com segurança de um determinado local sem pôr em risco a oferta futura. Tão importante quanto isso é definir os limiares do ecossistema em que os salmões se desenvolvem.[10] Devemos pecar por excesso de precaução. Quando identificamos um ponto que não podemos ultrapassar, o senso comum estabelece que devemos parar bem antes de atingi-lo.

Uma abordagem possível é elaborar um balanço patrimonial para o capital natural – indicando, sobretudo, os ecossistemas em risco – para identificar os níveis agregados de capital natural. Segundo a regra de Helm, os danos causados a uma parte do ecossistema devem ser compensados pela recuperação ou melhoria de outra parte. Se uma zona úmida é destruída para a construção de um shopping, então o governo (ou empresa privada) competente é obrigado a compensar essa destruição, digamos, melhorando a qualidade do solo ou recuperando áreas degradadas pelo cultivo agrícola. Se derrubar árvores, você deve plantar outras em outro local. Se mudar o curso de um rio, você deve proteger uma zona úmida em outro local. Para compensar o uso de recursos não renováveis como o petróleo, você pode simplesmente desenvolver outras formas de capital, como poupanças para as gerações futuras, ou recuperar itens do capital natural renovável.

Tudo isso pode parecer obscuro. Em certo aspecto, é. Afinal, os humanos não conseguem nem mesmo chegar a um acordo sobre a redução das emissões de carbono, embora a ciência afirme de forma bem peremptória que o aquecimento global pode causar – e, na verdade, já está causando – consequências ambientais terríveis. Basta perguntar a qualquer agricultor africano sobre a atual imprevisibilidade de padrões de chuva que permaneceram constantes durante várias gerações.[11] O mercado de créditos de carbono, criado para atribuir um preço à poluição, vem sendo, segundo a maioria das opiniões, um fiasco deplorável. As pessoas se opõem incisivamente à ideia de um imposto sobre o carbono, em geral por alegarem que isso pode prejudicar o crescimento. Assim, é difícil acreditar que podemos melhorar na determinação de novas ameaças à natureza – da destruição de florestas tropicais à criação de aterros sanitários – e, então, implementar soluções.

Difícil ou não, a lei de Helm agora faz parte da política britânica oficial. Se você ler com bastante atenção os manifestos de 2015 e 2017 do Partido Conservador, que governava o país na época, vai encontrar uma variação: "Assumimos o compromisso de ser a primeira geração a deixar o meio ambiente em uma situação melhor do que a recebemos." Evidentemente, é fácil para um partido político assumir um compromisso aberto como esse. Os líderes políticos de hoje já terão deixado de existir há muito tempo quando essa promessa for testada. Mas isso explica exatamente por que, segundo os economistas ambientais, precisamos de métodos contábeis robustos para preservar a honestidade dos políticos.

Embora Helm fale muito sobre limiares e sobre precificar a natureza, seu comitê acabou definindo valores para árvores e zonas úmidas. Em um relatório para o governo, no qual se indicou que o capital natural da Inglaterra tendia a "decair a longo prazo", o comitê listou várias prioridades. Entre suas recomendações, selecionei três, mais ou menos ao acaso.

- Reflorestamento de mais de 250.000 hectares. Próximas a cidades de grande e pequeno porte, essas áreas podem gerar benefícios sociais líquidos de valor superior a £500 milhões anuais.
- Restauração de florestas de turfa em cerca de 140.000 hectares de áreas montanhosas. Essa medida pode gerar benefícios líquidos de £570 milhões durante 40 anos somente em créditos de carbono.
- Criação de zonas úmidas em cerca de 100.000 hectares, sobretudo em áreas com hidrologia adequada, à montante das principais cidades de grande e pequeno porte; deve-se evitar áreas agrícolas de alta qualidade. Benefícios: o índice de custo-benefício típico será de 3:1, chegando a 9:1 em alguns casos.

É fácil ridicularizar essas recomendações. Muita gente faz isso. Escrita na linguagem nada inspiradora dos relatórios oficiais e com números aparentemente extraídos da imaginação, essa tentativa de precificar a natureza parece no mínimo estúpida. Em primeiro lugar, por que as unidades de medida têm que ser monetárias? Não medimos o peso e a altura em dólares ou euros. Contudo, quilogramas e metros são referenciais inteligíveis que fundamentam nossas ações. Por exemplo, os médicos podem recomendar que um paciente siga uma determinada dieta caso sua proporção altura/peso se aproxime de um valor "x". Sabemos que uma pista deve ter uma extensão específica para permitir o pouso de um Airbus A380. Por questões de segurança, não precisamos saber que a construção da pista custa US$700 milhões. (Será que construiríamos uma pista mais curta se ela custasse a metade do preço?) Então, por que, segundo um autor, o dinheiro se tornou "a língua franca da moral"?[12] Temos que superar a ideia, predominante desde a invenção do PIB, de que as únicas medidas válidas têm um cifrão na frente delas.

O dinheiro *é* uma unidade estranha quando aplicado à natureza. Podemos imprimir dinheiro à vontade – como demonstrado por alguns bancos centrais, com alegre displicência. O objetivo principal da atribuição de valor ao meio ambiente é certamente relativizar determinadas restrições. Quando fixamos o preço do carbono, concluímos que estamos livres para poluir indefinidamente enquanto ele for pago continuamente em moeda corrente, com potencial para desvalorização.[13] Mas em vez de quilos, dólares ou euros, podemos medir o carbono em *momme*, uma unidade utilizada para medir a massa das pérolas no Japão na qual 1 *momme* = 10 *fun*. Como alternativa, sugeriu um autor, podemos usar o Cat [Gato], uma antiga medida norte-americana que determina a dose mínima fatal de droga por quilo de cat [gato].[14] Pessoalmente, eu adoraria ver o Cat substituir o PIB como nossa principal medida de atividade econômica só para escrever a manchete: NO ÚLTIMO TRIMESTRE A ECONOMIA CRESCEU EM UM BIGODE.

Precificar a natureza pode não ser apenas inútil, mas também imprudente. Essa prática sugere que a natureza é algo fungível que pode ser comercializado sem problemas e que só tem valor enquanto prestar serviços aos seres humanos. Segundo um autor: "O paradoxo da economia ambiental é incentivar a precificação da natureza para indicar suas perdas de modo visível no balanço patrimonial, mas, ao mesmo tempo, legitimar sua comercialização e validar seu hiperconsumo alarmante." Na pior das hipóteses, "a compensação da biodiversidade" sugere que uma parte da natureza, com sua beleza, seus encantos e seus milênios de história, pode ser mecanicamente substituída por outra. Um "carvalho cortado até o talo", nas palavras de outro autor, pode ser substituído por uma "muda plantada ao lado de uma estrada com uma cerca ao redor".[15] Estruturar o debate em torno de valores monetários é ceder o terreno elevado da ética a economistas com visão de mundo implacavelmente utilitarista.

Visando resolver esses dilemas, alguns economistas vêm adotando uma abordagem diferente, não monetária. Uma delas foi desenvolvida pelo Global Footprint Network (GFN), um instituto de pesquisa com sede na Califórnia que até mesmo inventou um novo feriado. Caso você esteja perdido, 2 de agosto de 2017 foi o Dia da Sobrecarga da Terra. Se você é norte-americano, esse feriado ocorreu entre o Dia da Independência e o Dia de Ação de Graças. Talvez ele não tenha sido comemorado em sua vizinhança nem homenageado pela Hallmark com cartões bregas, então não se preocupe se passou batido. O Dia da Sobrecarga da Terra marca a data em que os humanos esgotam toda a capacidade regenerativa do ecossistema a cada ano. Desde o feriado de 2017, estamos esgotando o tanque de combustível natural da Terra para abastecer nosso consumo.

O objetivo do Dia da Sobrecarga da Terra é destacar o tema da sustentabilidade chamando atenção para a relação entre nossos impactos ecológicos e a biocapacidade da Terra – sua capacidade de absorver essa atividade e se regenerar. É uma tentativa de contabilizar o meio ambiente usando uma medida diferente de dólares e centavos. O GFN propõe uma forma de comparar a capacidade de oferta da Terra com as demandas impostas ao planeta. Seu fundador e presidente, Mathis Wackernagel, insiste que a metodologia tem rigor científico, embora muitos comentem que ela é mais útil como uma ferramenta publicitária do que como base para políticas públicas.

A biocapacidade é a capacidade da Terra de fornecer alimentos e recursos a humanos e outros animais – madeira para construir casas, água para nossas plantações, gnus para o café da manhã do leão – e de absorver os resíduos produzidos. Esses resíduos incluem a poluição humana, como o nitrato utilizado nas fazendas e as emissões de carbono das indústrias. A demanda é o impacto. O GFN divide a Terra em cinco categorias gerais: terras de cultivo, pastagens, florestas, zonas de pesca e terrenos construídos. As terras de cultivo produzem alimentos; as florestas fornecem materiais de construção, lenha e captação de CO_2. As áreas consideradas predominantemente improdutivas, como desertos, não são contabilizadas.[16] A unidade básica de medida é o hectare global. Para calculá-lo, multiplicamos a área física, por exemplo, da terra de cultivo, pela produção específica de cada país e pelo chamado fator de equivalência, que expressa a diferença de produtividade, digamos, entre as terras de cultivo e as pastagens menos eficientes. A metodologia, apesar de rudimentar, permite que todas as terras sejam indicadas por meio de uma só unidade – o hectare global.

Segundo os cálculos do GFN, a quantidade total de águas e terras produtivas corresponde a 12 bilhões de hectares globais. Dividido pelas cerca de 7 bilhões de pessoas na Terra, isso equivale a 1,72 hectare global por pessoa.[17] (Um hectare tem quase o mesmo tamanho de um campo de futebol.) De acordo com o GFN, só há relativamente pouco tempo ultrapassamos a capacidade da Terra de se regenerar. Em 1961, a proporção entre a demanda humana e a biocapacidade do planeta correspondia a 0,7. Isso indicava que estávamos no azul. Em meados dos anos 1980, a humanidade pendeu para o vermelho, e, em 2008, o cenário mudou drasticamente. Naquele ano, segundo o GFN, passamos a precisar de 1,5 planeta para sobreviver, uma situação claramente insustentável. É o suficiente para fazer Thomas Malthus se revirar no túmulo e dizer: "Eu avisei."

A riqueza é uma medida não somente do presente, mas também do futuro. Isso porque a riqueza de hoje – o balanço patrimonial que registra todos os nossos ativos, naturais, físicos e institucionais – é a renda de amanhã. Essa noção contrasta com nosso medidor econômico padrão – o PIB – que é, em essência, uma medida retrospectiva, um modo de registrar o que foi produzido, por exemplo, no ano passado. Mas olhar para o futuro suscita importantes problemas conceituais.

Primeiro, o valor dos ativos de hoje é essencialmente indeterminável. Isso se deve, em grande parte, às mudanças na tecnologia. O cobalto extraído no Congo está em alta demanda hoje por ser um elemento essencial das baterias dos carros elétricos, mas talvez amanhã algum mineral menos valioso no presente tome seu lugar. De acordo com os avanços tecnológicos, talvez possamos produzir mais com menos no futuro. Podemos desenvolver novas técnicas para extrair petróleo e gás em locais inacessíveis agora. Foi o que aconteceu na revolução do xisto. Podemos até não precisar mais de petróleo e gás; usaremos novas formas de energia, que atualmente são pouco utilizadas ou desconhecidas.

Alguns economistas consideram as tentativas de mensurar o capital natural como, em essência, falaciosas, ferramentas de ambientalistas que querem impor entraves desnecessários ao crescimento. Um economista com quem conversei foi além e sugeriu que o exercício todo foi realizado para permitir que as pessoas ricas dissessem aos pobres que lamentavam muito, mas que o planeta não era capaz de suportar mais crescimento.

"Do meu ponto de vista, isso não passa de uma operação política de disseminação do pânico", disse ele, praticamente rugindo ao telefone quando mencionei o assunto da medição da riqueza natural.[18] "Quando uma teoria afirma que esgotar a reserva de petróleo é uma perda no PIB, encontrar campos de petróleo corresponde a um ganho no PIB. Mas eles [os economistas ambientais] nunca contabilizam nada de positivo. Eles rapidamente definem como esgotamento de capital a exaustão de uma reserva de petróleo. Mas nunca são honestos o bastante para reconhecer que, quando se descobre uma tecnologia de fraturamento hidráulico, isso é um incremento nos recursos", disse ele.

Esse economista, que não quis ser identificado, disse ainda: "Quando descobrimos a tecnologia da videoconferência, diminuímos o número de pessoas viajando e a quantidade de carbono despejada no ar; devemos nos orgulhar disso. Mas, para esses economistas, isso não passa de uma manobra de visão estreita para que todo mundo fique em casa. Todo mundo em casa fazendo tricô." Deixando de lado a imagem de agulhas e suéteres listrados e sem forma, eu prossegui. É possível elaborar um modelo teórico rigoroso que vá além da propaganda ambientalista? "Se você fizer as correções conceitualmente apropriadas, talvez chegue à conclusão de que o PIB estava crescendo mais rápido. Você deve fazer as duas coisas. Deve reconhecer as coisas ruins e as coisas boas. Se foi bem feito, talvez seja interessante", disse ele. "Mas acredito que a postura correta em relação às pessoas que estão fazendo isso agora é menosprezá-las."

Somar e subtrair não deveria estar além da capacidade de ninguém – menos ainda dos economistas. Porém, há outro problema com o futuro, mais filosófico. Por que devemos nos importar com isso? Afinal de contas, vamos todos morrer, mas nosso universo também vai morrer. Ele vai se transformar em uma sopa de energia zero. A muito longo prazo, nossos ativos atuais não vão valer absolutamente nada.[19] Em outras palavras, é possível amar os próprios filhos e os filhos dos próprios filhos, mesmo que eles ainda não tenham nascido. Mas e os filhos dos filhos dos filhos dos filhos, estendendo-se indefinidamente pelo futuro? Os humanos tocam suas vidas alegremente enquanto guerras e fome arrasam outras pessoas a poucos milhares de quilômetros. Podemos realmente esperar que eles ajam agora para evitar algo em outra dimensão temporal em prol de pessoas que ainda não nasceram, mesmo que sejam nossos parentes distantes? Em termos filosóficos e, sem dúvida, econômicos, essa é uma pergunta praticamente sem resposta.

Até agora, falamos sobretudo a respeito do capital natural. Mas o ilustríssimo Banco Mundial, um organismo do mais alto quilate, desenvolveu a chamada "riqueza global" das nações, uma medida que abrange não só o capital natural, mas também os capitais físico e institucional. Desde meados dos anos 1990, a organização sediada em Washington dispõe de uma pequena equipe (para ser justo, uma equipe muito pequena) dedicada a essa tarefa. O princípio orientador da equipe aparece no prólogo de um dos seus extensos relatórios: "A maneira como medimos o desenvolvimento vai direcionar a maneira como promovemos o desenvolvimento."[20]

O relatório aponta que, à medida que os países enriquecem, a importância do capital natural diminui. Isso porque as nações convertem o fluxo de renda obtido com a exploração de recursos naturais – por exemplo, com a venda de bananas, petróleo e urânio – em outros tipos de capital, como estradas, universidades e robôs que produzem carros. Pelo menos, essa é a ideia. A Nigéria, o país exportador de petróleo mais importante da África subsaariana, começou a atrair a atenção dos investidores sérios a partir de meados dos anos 1990, quando obtinha belos retornos com suas exportações de petróleo. Como aponta o relatório do Banco Mundial, no que diz respeito ao crescimento, a Nigéria estava em uma situação excelente. Mas, quanto à riqueza, estava regredindo. Suas elites estavam roubando e dilapidando o futuro do país, pois não convertiam a renda em capital físico e humano. A maneira como medimos as coisas não impede que líderes inescrupulosos vendam o patrimônio de uma nação. Porém, pode ajudar a esclarecer o que está acontecendo. Se as manchetes sobre a Nigéria fossem RIQUEZA DA NIGÉRIA DESABA e não CRESCIMENTO DA NIGÉRIA DISPARA, talvez o governo tivesse sido pressionado a mudar de rumo.

Para determinar o capital produzido ou físico, o Banco Mundial usa, sempre que possível, os números coletados pelas agências de estatística nacionais. Cerca de trinta governos compilam dados abrangentes sobre seu capital social: fábricas, estradas, sistemas de esgoto e assim por diante. Embora não recebam nenhuma publicidade, esses números realmente existem. Além disso, o banco também recebe dados sobre 150 países compilados por um grupo ligado à Universidade de Groningen, na Holanda.[21]

Quando o assunto é capital natural, o Banco Mundial adota uma abordagem mais realista do que Costanza. Em vez de atribuir um valor a ecossistemas inteiros, o organismo se limita a definir o valor de terras agrícolas, florestas e recursos do subsolo como petróleo, carvão, bauxita e ouro. De maneira muito genérica, o Banco Mundial calcula o valor das terras de cultivo segundo seu preço comercial: quanto custa uma fazenda de trigo na Austrália ou um laranjal na Espanha? Para ativos de subsolo, a definição do valor se restringe a quatro fontes de energia e dez minerais essenciais, sobre os quais há dados de mercado abrangentes relacionados a preços e reservas.[22] A área florestal é avaliada não por sua beleza ou capacidade de absorver carbono, mas, de modo mais prosaico, pelo valor que seria obtido se todas as árvores fossem derrubadas e vendidas.[23]

Presume-se que os serviços prestados pela natureza – por exemplo, o valor de polinizadores como as abelhas – estão contabilizados no custo da terra. Mesmo minerais importantes, como diamantes, urânio e lítio, e recursos marinhos, como peixes, não são registrados devido à ausência de dados definitivos. A água não é listada como fonte de energia, embora a energia hidrelétrica seja de extrema importância para países como China e Etiópia [para o Brasil também]. Áreas protegidas, como o Parque Nacional Yellowstone e o Serengeti na Tanzânia [o Brasil tem diversas e grandes áreas de preservação ambiental], não são avaliadas com base na sua beleza natural e diversidade genética, mas no dinheiro que seria obtido se fossem vendidas como solo arável. As estimativas do banco são uma subestimativa grosseira do verdadeiro "valor" da natureza.

Um aspecto interessante do relatório sobre riqueza elaborado pelo banco é a atribuição de um valor muito elevado ao "capital intangível", como força de trabalho qualificada e instituições funcionais. Em países ricos, por exemplo, verifica-se que o capital natural contribui com apenas 2% da riqueza total, enquanto o capital intangível representa a imensa fatia de 81%. O capital produzido soma os outros 17%.[24]

Então, como exatamente o capital intangível é calculado? Prepare-se para a decepção: ele não é. Ele surge como um "resíduo", o que para os leigos significa erro. É impossível não erguer ceticamente as sobrancelhas quando 81% do que estamos tentando medir se revela um erro. Sem entrar em detalhes, o Banco Mundial basicamente faz o cálculo de trás para frente, determinando o capital necessário para produzir uma receita específica. Depois da definição do capital natural e do capital físico, o valor que faltar será o capital institucional. Funciona um pouco como as premissas dos cientistas sobre a matéria escura.

Se você pensar na parábola das duas ilhas, na qual em uma as pessoas confiam umas nas outras (e realizam transações comerciais) e na outra não existe confiança mútua (e não há transações comerciais), então atribuir uma grande fatia da renda à capacidade institucional não é algo ridículo. No entanto, os números do banco parecem implausivelmente altos em comparação com o capital natural. Para ilustrar o raciocínio, seguem os números da riqueza total, em trilhões de dólares, com os valores expressos em porcentagens.[25]

FIGURA 3

Grupos de países por renda	*Riqueza total (em trilhões de US$)*	*Capital intangível (%)*	*Capital produzido (%)*	*Capital natural (%)*
Baixa	3,6	57	13	30
Média-baixa	58	51	24	25
Média-alta	47	69	16	15
Alta	552	81	17	2
Mundial	674	77	18	5

Esse quadro suscita algumas observações. Conforme indicado acima, a contribuição do capital natural para a riqueza total dos países ricos corresponde a apenas 2%. Mesmo nos países pobres, muitos com pouca produção industrial, ele contribui com apenas 30% da riqueza total. Dos US$674 trilhões que representam a riqueza total mundial, só 5% são atribuídos ao capital natural, enquanto 77% supostamente correspondem aos elementos intangíveis do capital humano, institucional e social.

Em segundo lugar, todas as porcentagens do quadro têm o mesmo peso. Portanto, teoricamente, qualquer país se sairia bem ao converter seu capital natural em outras formas de capital: petróleo e gás em estradas; e escolas, trigo e salmão em universidades e tribunais bem administrados. É exatamente o que o banco orienta um país a fazer na transição entre os status subdesenvolvido e desenvolvido. Mas há um problema óbvio. Se todos os países seguissem esse conselho ao pé da letra, não sobraria nenhuma natureza. O capital natural do planeta seria exaurido e tudo nele morreria. Um país pode ser completamente destruído pelo excesso de poluição e causar a extinção de sua fauna e flora sem que suas atitudes sejam definidas como problemas de acordo com esses modelos contábeis de riqueza. O banco reconhece o problema, que decorre da noção de que uma forma de capital pode ser convertida facilmente em outra, algo que a instituição chama de substituibilidade. (Em economia, como em outras áreas, palavras grandes geralmente causam preocupação.) Mas isso não destaca as "possíveis irreversibilidades e eventos catastróficos" associados ao contexto. Para uma medida que pretende enfatizar a sustentabilidade, essa falha é mais do que um pequeno lapso metodológico.

O terceiro ponto serve mais como curiosidade. O método de contabilização do capital natural aplicado pelo Banco Mundial se baseia no preço de mercado dos minerais, das áreas de cultivo e assim por diante. Essa abordagem é totalmente diferente da maneira como Robert Costanza definiu o mesmo problema em seu artigo publicado na *Nature*. Ele tentou precificar ecossistemas inteiros e até mesmo atribuiu valores aos benefícios espirituais e recreativos que uma paisagem pode oferecer aos seres humanos. O banco se atém a petróleo, ouro, vacas e batatas, mas ainda atribui a esse capital natural 5% da riqueza total mundial, avaliada em US$674 trilhões. Essa operação coloca o capital natural de US$33,7 trilhões a dois passos dos US$33,3 trilhões de Costanza. É pura coincidência. Mas, para duas abordagens tão diferentes quanto essas, você tem que admitir: é um pouco assustador.

Sem dúvida, a contabilização da riqueza ainda tem um longo caminho pela frente. Há muitos problemas conceituais e ideológicos. Além disso, os economistas têm bem pouco a dizer sobre esses assuntos. De fato, eles já exercem autoridade demais sobre nossos processos decisórios. Ao que parece, não se pode fazer nada que prejudique a economia – e apenas uma seita de economistas pode determinar o que é a economia. Se "retomar o controle" se tornou o mantra de nossa época, então recuperar a gestão das políticas públicas, que agora se encontram sob a supervisão exclusiva dos economistas, deve ser parte da solução. Paradoxalmente, às vezes, quando você deixa a teoria de lado e efetivamente adota medidas práticas para lidar com algumas dessas questões, as coisas ficam mais claras. Considere o exemplo da Noruega.

Knut Ole Viken é um contador de árvores norueguês.[26] Ele tem contado árvores há quase três décadas; inicialmente, quando era criança e acompanhava seu pai em passeios pelos bosques próximos ao Círculo Polar Ártico e, hoje, ao realizar um estudo de longo prazo sobre as florestas do país para o Instituto Norueguês de Pesquisas em Bioeconomia. Em ciclos de cinco anos, uma equipe de especialistas em florestas, entre eles Viken, examina árvores de norte a sul na Noruega, visitando 15.000 locais. Florestas e zonas arborizadas cobrem cerca de 40% do território norueguês, incluindo o norte glacial do país.[27] Quando um ciclo de cinco anos termina, é hora de começar outro. Contar árvores norueguesas é uma tarefa sem fim.

O negócio de contar árvores começou há cerca de cem anos, em 1919. Foi quando o governo norueguês decidiu agir. Durante a maior parte do século anterior, as florestas, que antes eram onipresentes, foram exploradas em excesso. Boa parte da antiga floresta foi derrubada e enviada para a Europa. "Em nível local, os agricultores usavam a lenha para aquecer suas casas, e o gado, ao pastar, impedia que as florestas se recuperassem", contou Viken à BBC. "Não havia nenhum projeto para plantio ou regeneração."

O plano para a realização de um inventário completo das florestas da Noruega foi o primeiro no mundo. Outros países europeus promoveram iniciativas pontuais, mas nada na escala da proposta norueguesa. O Inventário Florestal Nacional da Noruega acabou sendo um divisor de águas. O projeto apresentou ao governo um cenário claro, indicando as regiões florestais devastadas, as áreas com bom desenvolvimento vegetal e os locais onde havia mais biodiversidade. Com base nesse quadro, a administração passou a tomar decisões informadas, definindo as áreas que podiam ser derrubadas com segurança e as que precisavam ser protegidas para preservar o habitat da fauna local e algumas das regiões mais antigas da floresta.

Hoje, a Noruega tem um estoque de madeira em pé quase três vezes maior do que tinha cem anos atrás. Para ser exato, o país dispõe de 823 milhões de m^3 de floresta em crescimento, sendo que 8–11 milhões de m^3 são derrubados a cada ano. Tendo em vista que a floresta cresce a um ritmo duas vezes maior do que o volume extraído, a Noruega está incrementando seu estoque florestal o tempo todo. A nação escandinava tem árvores suficientes para absorver cerca de 60% de suas emissões de gases do efeito estufa. Evidentemente, nem tudo é perfeito. Apenas 4% das florestas norueguesas são virgens, e a maior parte da área florestal é formada por árvores relativamente novas e plantadas para fins comerciais. No século XIX, grandes extensões das antigas florestas do país foram destruídas, reduzindo a biodiversidade. De qualquer modo, o inventário florestal da Noruega foi uma ideia inovadora. Esse é o tipo de mentalidade que fez da Noruega a nação mais eficiente na preservação dos seus recursos naturais em comparação com quase todos os outros países do mundo.

Dois dias antes do Natal de 1969, a Phillips Petroleum informou ao governo norueguês que havia descoberto um imenso campo petrolífero na plataforma continental do país, no Mar do Norte. Essa foi a primeira das grandes descobertas que fizeram da Noruega um dos principais países produtores de petróleo do mundo durante várias décadas. Nos primeiros vinte anos, Oslo investiu seus crescentes rendimentos com o petróleo na indústria petrolífera e no desenvolvimento do país. Entretanto, no início dos anos 1990, quando a receita do petróleo superou todas as expectativas e as projeções apontaram para décadas de preços altos à frente, o governo começou a fazer planos para o futuro. Foi criado o Fundo Petrolífero da Noruega, um fundo de riqueza soberana que serve como uma poupança para as gerações futuras.

Em 1996, o primeiro dinheiro proveniente do petróleo foi transferido para o fundo. Em apenas vinte anos, o Fundo Petrolífero, como é mais conhecido, se tornou o maior do mundo na categoria, com um saldo de aproximadamente US$875 bilhões.[28] O fundo investe o que costuma chamar de "dinheiro do povo" em três categorias de ativos – participação acionária, títulos e imóveis, sempre fora da Noruega. Hoje, o fundo tem participações em aproximadamente 8.000 empresas internacionais, como a Apple e a Nestlé, e controla cerca de 1% do total de ações listadas nas bolsas de valores globais. Além disso, investe dezenas de bilhões em títulos da dívida pública e dispõe de um imenso portfólio imobiliário. Entre suas dezenas de imóveis estão parte da Regent Street, em Londres, e edifícios na Fifth Avenue e na Times Square, em Nova York. Nas palavras de Partha Dasgupta, a Noruega vem esgotando uma forma de capital (petróleo sob o fundo do mar) e transformando esse capital em outro tipo (dinheiro no banco para gerações futuras).

Tudo parece fácil demais. Mas a Noruega é uma exceção. Muitos países, sobretudo nações em desenvolvimento com instituições frágeis, acabam sendo vítimas da chamada maldição dos recursos. Em vez de usar os rendimentos para construir seu futuro, esses países se esforçam para gastá-los o mais rápido possível. Uma oportunidade única para melhorar as perspectivas do país acaba se tornando o que os economistas chamam de oportunidade de busca de renda, com os poderosos e seu séquito se movimentando freneticamente para ganhar dinheiro fácil.

Isso não se aplica apenas a países em desenvolvimento. Até mesmo o Reino Unido, uma nação com instituições que geralmente funcionam bem, pode ser acusado de ter dilapidado seus recursos petrolíferos. Como a Noruega, a Grã-Bretanha também teve a sorte de encontrar imensas quantidades de petróleo no Mar do Norte. Mas, ao contrário da Noruega, o país simplesmente gastou o dinheiro. Dos anos 1970 até hoje, as companhias petrolíferas pagaram cerca de £330 bilhões em impostos para o Reino Unido. As gerações existentes se beneficiaram desses rendimentos suplementares na forma de despesas correntes, maiores investimentos – alguns deles, ao menos teoricamente, em ativos duráveis e vantajosos – e impostos mais baixos. Contudo, nenhuma providência foi tomada em relação às gerações futuras. Não há nenhum Fundo Petrolífero do Reino Unido. De fato, assim que as reservas petrolíferas começaram a se exaurir, por volta de 2010, ficou claro que a indústria abriria um rombo no Tesouro Público. Em vez de receber dinheiro, o governo prometeu subsidiar as empresas para desativar campos petrolíferos exauridos.

Se o petróleo equivale a dinheiro no cofre da natureza, o banco do Mar do Norte está prestes a falir.

12

O Senhor da Felicidade

Geralmente, os economistas determinam o valor de algo aplicando o chamado princípio da propensão a pagar. Quanto alguém estaria disposto a pagar por algo tangível, como um dispenser de plástico para doces Pez, ou por algo intangível como, digamos, uma baía não poluída ou mais tempo de folga? Quanto vale, por exemplo, a cabeça de Jeremy Bentham, o grande filósofo inglês morto em 1832? Este livro está repleto de ceticismo a respeito do valor que atribuímos a determinadas coisas e da dificuldade de precificar itens que realmente deveriam ser mensurados, como poluição, trabalho doméstico e natureza. Mas, pelo menos, existe uma resposta simples para essa pergunta simples. A cabeça de Jeremy Bentham vale dez libras esterlinas.[1]

Temos certeza disso porque quando alguns estudantes sequestraram a cabeça do filósofo em 1975, a University College London, sua proprietária, concordou em pagar um resgate de dez libras. A oferta foi aceita. Em economia, isso é o mais próximo possível de um "gol de placa".

Como a cabeça de Bentham se tornou propriedade da UCL é uma história curiosa. No final da vida, Bentham, que dedicara a maior parte da carreira a escrever sobre a felicidade das pessoas, não conseguia tirar de sua cabeça de 10 libras a ideia de preservar seu corpo após a morte. Ele ficou tão obcecado por essa ideia que, dizem, durante sua última década de vida ele sempre levava no bolso dois olhos de vidro para que os embalsamadores os colocassem em suas órbitas oculares se fosse necessário. Em seu testamento, ele pediu que seu cadáver fosse mumificado, vestido com um terno preto e preservado como um "autoícone", sentado em postura ereta dentro de uma redoma. Para um filósofo tão associado à ideia da busca pela felicidade, a frase que melhor resume seu desejo final seria: "fazer o que me der na cabeça".

Hoje em dia, o corpo de Bentham está de fato conservado em uma redoma em um salão do South Cloisters, na UCL. Em sintonia com seus desejos, às vezes ele é levado, fora da redoma, para participar de reuniões, como a que presidiu em 2013, a última reunião do conselho do reitor.[2] (Na ata, consta que ele estava presente, mas não votou.) Infelizmente para Bentham, sua cabeça não está mais em seu corpo. Quando o filósofo morreu, aos 84 anos, o embalsamento foi malfeito, e a cabeça acabou sendo substituída por uma réplica de cera. A original foi guardada em um armário, de onde foi roubada em 1975 por alunos brincalhões em busca de doações filantrópicas. Agora, a cabeça é mantida em outro local, por segurança.

Na verdade, este capítulo não aborda o valor da cabeça de Bentham, mas o que havia dentro de seu crânio. Ele era feliz ou triste? Como interpretar suas ideias sobre felicidade humana hoje em dia? Mais precisamente, vamos definir a viabilidade de mensurar a felicidade e se essa iniciativa vale a pena.

No que diz respeito à economia, o debate sobre a felicidade foi inutilmente monopolizado pelo Butão, um país pequeno e montanhoso que anunciou uma nova medida: a felicidade interna bruta. Tente mencionar em uma conversa uma forma de mensurar a felicidade; as pessoas vão olhar para você com uma expressão ligeiramente sábia e dizer: "Tal como o Butão?" Vamos falar sobre o Butão mais adiante, mas a discussão mais interessante sobre felicidade está nas tentativas de mensurá-la promovidas pelas maiores universidades dos Estados Unidos e da Europa.

Desde 1974, quando Richard Easterlin, professor de economia da Universidade da Pensilvânia, publicou seu emblemático artigo "Does Economic Growth Improve the Human Lot?" [O Crescimento Econômico Melhora a Condição Humana?], os pesquisadores vêm recorrendo à psicologia, neurociência, economia e sociologia para investigar os mistérios da felicidade. Easterlin deu o pontapé inicial ao questionar a relação entre renda e felicidade, argumentando que, depois que um certo nível de prosperidade era atingido, a renda extra não fornecia nenhum bem-estar adicional. Essa era uma ideia radical, pois contrariava a noção de que maximizar o crescimento – que tinha se tornado o principal objetivo político dos governos – seria a melhor forma de aumentar o bem-estar.

Desde essa ocasião os economistas têm se interessado cada vez mais em definir e mensurar a felicidade e em determinar as condições e políticas mais adequadas para reproduzi-la na realidade. Segundo uma fonte, mais de 10.000 artigos acadêmicos foram escritos sobre o tema, e os governos ocidentais têm promovido uma série de pesquisas sobre os níveis de felicidade informados pelas pessoas. Felicidade, resumindo, agora é um assunto extremamente sério. E nenhuma discussão sobre esse tema pode começar sem Jeremy Bentham.

Bentham foi um filósofo britânico e crítico social nascido em 1748, em Houndsditch, Londres. Filho de um rico advogado, foi uma criança prodígio. Por volta dos três anos, dizem que ele já estudava as declinações do latim e, aos doze, começou a frequentar a Universidade de Oxford. Graduado e com mestrado na avançada idade de dezoito anos, Bentham rapidamente desistiu de exercer a advocacia, que detestava, e passou a dedicar sua vida a escrever e promover a causa da mudança social.

Bentham era um excêntrico. Caso a história da cabeça mumificada não tenha sido suficiente para convencê-lo disso, uma vez ele escreveu ao Ministério do Interior sugerindo que os departamentos da instituição fossem ligados por uma rede de "tubos de conversa" para facilitar a comunicação. Você poderia chamá-lo de pai da internet. Ele também idealizou uma prisão panóptica, na qual um único guarda observaria todos os prisioneiros ao mesmo tempo. Bentham foi um reformador social e, com uma prosa incisiva, escreveu sobre tudo, de igualdade de gêneros às penas aplicadas pelo Estado. O "axioma fundamental" de sua filosofia era o princípio de que "a maior felicidade para o maior número de pessoas é a medida do certo e do errado".

Isso parece extremamente avançado para um homem que escreveu 200 anos atrás, mas, na história da economia, pelo menos na minha opinião, Bentham pode figurar tanto como herói quanto como vilão. Ele geralmente é considerado o fundador de uma doutrina chamada utilitarismo, segundo a qual uma ação está correta se promove a felicidade geral. Em sua explicação sobre o conceito, Bentham escreve que "a natureza colocou a humanidade sob o governo de dois mestres soberanos, a dor e o prazer. Somente eles devem apontar o que devemos fazer."[3]

As ideias de Bentham são orientadas pela ideia de utilidade, que, para ele, não corresponde à noção de útil, mas à "propriedade de um objeto por meio da qual ele tende a produzir benefícios, vantagens, prazer, o bem ou felicidade". Suas ideias se baseavam na maximização da felicidade; segundo Bentham, o objetivo da sociedade era maximizar a felicidade geral e não somente a felicidade de uma pessoa específica.

A noção de utilidade de Bentham, mais tarde adotada por John Stuart Mill, se tornou um dos principais fundamentos da economia moderna. De acordo com esse modelo, a economia seria uma ciência quase mecânica, para a qual os agentes de maximização da utilidade – pessoas como você e eu – se esforçariam para atingir interesses próprios e racionais. Quando os mercados funcionam adequadamente, isso não só os beneficia, mas a sociedade em geral. Essa interpretação se baseia fundamentalmente no modelo das ciências físicas. Para promover a vitória do mecanismo sobre o moralismo, essa teoria parte da noção de que os mercados funcionam melhor quando as pessoas não são incomodadas. A utilidade de Bentham se combina com a mão invisível de Adam Smith para compor uma visão de mundo segundo a qual agentes racionais produzem o melhor resultado possível sob determinadas condições. "Nosso jantar não é produto da benevolência do açougueiro, do cervejeiro e do padeiro", escreveu Smith, "mas de sua inclinação para atender aos próprios interesses".

A utilidade de Bentham expressa o mecanismo através do qual a soma das decisões individuais forma um sistema maior. Para os neoliberais, o mercado é "um amplo dispositivo sensorial que capta milhões de desejos, opiniões e valores individuais e converte-os em preços".[4] Bentham era hostil a conceitos filosóficos abstratos como bondade, dever, errado e certo. Esse material era bom o bastante para Platão e Aristóteles, mas qual era seu significado real? Era bem melhor, segundo Bentham, rejeitar esses conceitos "fictícios" e basear o raciocínio em coisas reconhecidamente reais, como prazer e dor.

Essa visão de mundo talvez seja muito "gradgrindiana". De fato, o superintendente escolar e industrialista Thomas Gradgrind foi criado por Charles Dickens no romance *Hard Times* [Tempos Difíceis] com base nos utilitaristas vitorianos da época. Gradgrind era, segundo Dickens, "um homem de fatos e cálculos. Um homem que age de acordo com o princípio de que dois mais dois são quatro, e nada mais... Com uma régua, um par de tabelas e a tabuada de multiplicação sempre no bolso, meu senhor, ele está sempre pronto para pesar e medir qualquer pedaço da natureza humana e dizer exatamente do que se trata."

Talvez essa seja uma caricatura do pensamento de Bentham, mas a ideia de que a utilidade pode ser mensurada – geralmente em termos de preço – agora domina a economia moderna. Segundo a teoria da escolha racional, quando todos agem de forma autônoma, produzem o melhor resultado possível para o número máximo de pessoas. Essa é a origem do *Homo economicus*, "uma visão meio miserável sobre o ser humano, segundo a qual ele estaria sempre calculando, colocando preço nas coisas, perseguindo de forma neurótica seus interesses pessoais".[5] Isso faz de Bentham "o inventor da chamada 'elaboração de políticas públicas baseadas em evidências', a ideia de que as ações governamentais podem ser isentas de princípios morais e ideológicos e baseadas exclusivamente em fatos e números. Sempre que uma política é avaliada com base em seus resultados mensuráveis ou sua eficiência, por meio de uma análise de custo-benefício, a influência de Bentham está presente."[6]

Por isso, Bentham também é uma importante referência no que diz respeito à determinação do crescimento econômico, cujo objetivo consiste em atribuir um único número para a atividade humana como um todo. A opção pelo modelo de Bentham talvez tenha sido um grave equívoco da economia que já se arrasta há cerca de 150 anos. A definição estreita que Bentham aplica à felicidade – a experiência do prazer e a ausência da dor – coloca a economia em um caminho "gradgrindiano" de pesos e medidas. Nessa visão de mundo, não há lugar para o conceito aristotélico de felicidade, mais amplo e edificante – eudaimonia –, centrado na virtude, na amizade e na formação de caráter. Esses princípios eram ficções indetermináveis e praticamente inúteis para o Grande Utilitarista.[7]

De acordo com essa descrição, as ideias de Bentham são precursoras de um conceito de humanidade frio e baseado na maximização da utilidade, que hoje denominamos economia, mas podemos encontrar outra versão, mais generosa, de Bentham em sua obra. Uma versão mais feliz, por assim dizer. Para descobri-la, precisamos ir à London School of Economics, onde a "felicidade econômica" encontrou um de seus grandes profetas.

Para um lorde, Peter Richard Grenville Layard é um tipo modesto. O homem que vem me cumprimentar no saguão indistinto do prédio da universidade tem cabelos grisalhos e uma fala tranquila. Ele não demonstra nada da arrogância típica de algumas pessoas de sucesso, passando a impressão de alguém bastante seguro de si. Layard tem um brilho no olhar e, aos oitenta e dois, um jeito de andar suave e elegante. É membro da House of Lords [ou Câmara dos Lordes, é um dos três componentes do Parlamento Britânico] desde sua indicação como par vitalício em 2000, mas continua o mesmo acadêmico despojado de sempre, com suas calças em estilo casual e sapatos confortáveis. Nele, um pequeno detalhe se destaca: em sua lapela, há um bóton branco e redondo com as palavras ACTION FOR HAPPINESS [ação pela felicidade, em tradução livre].

Há mais de quarenta anos Layard defende a causa do bem-estar. Economista por formação, especializado em relações de trabalho com foco em desemprego e desigualdade, nos anos 1970, Layard passou a se interessar pela recente disciplina da felicidade. Além da felicidade, ele também começou a estudar temas como saúde mental e sofrimento mental. Discípulo de Bentham, ele acredita que a lógica da maximização da felicidade não está, de modo algum, em calcular a quantas anda a mesquinhez de espírito do ser humano. Em vez disso, diz ele, ocupa-se em promover uma sociedade gradualmente mais solidária, para a qual é mais importante aliviar o sofrimento das pessoas infelizes do que proporcionar um pouco de felicidade extra aos que já estão contentes. Para Layard, uma interpretação verdadeira de Bentham revela uma mensagem profundamente humanista, indicando uma sociedade que valoriza a cooperação tanto quanto a competição. O objetivo da sociedade, segundo o autor, deveria ser "gerar o máximo possível de felicidade no mundo. Uma sociedade só é civilizada quando as pessoas estão usufruindo de suas vidas".

Layard trouxe sanduíches para nosso almoço. Com um saco de papel marrom nas mãos, ele me conduz até sua pequena sala. Em vários momentos da conversa, ele se levanta da cadeira para retirar um livro de uma prateleira e, em seguida, mostrar uma tabela comparativa de felicidade entre países ou dados que indicam o nível de felicidade de uma pessoa durante um dia específico. De acordo com uma dessas tabelas, na qual se atribuiu uma pontuação numérica para atividades preferenciais, pesquisadores descobriram que as pessoas gostam muito de sexo e odeiam o deslocamento de ida e volta do trabalho. *Eu poderia ter dito isso*, pensei, *pela metade da verba*.

Layard tem uma ideia de felicidade um pouco mais limitada do que a de um filósofo grego padrão. "Aristóteles não compreendia bem o conceito, mas Bentham entendeu muito bem", diz ele. Como Bentham, ele define a felicidade como um objeto real que pode ser mensurado. Outro ponto em comum entre os dois é a convicção de Layard de que o objetivo de qualquer sociedade deve ser gerar a felicidade máxima para o maior número de pessoas. "A quantidade de infelicidade é extraordinária hoje em dia", diz ele, desaprovando toda a tristeza perceptível ao redor, o resultado de diversos fenômenos como brigas familiares, dor crônica, desemprego de longa duração e o que considera uma busca, muitas vezes sem sentido, por dinheiro e bens materiais.

Layard usa os termos "bem-estar" e "satisfação com a vida" como sinônimos, embora claramente prefira o conceito mais intuitivo de "felicidade". Mas os formuladores de políticas públicas não se sentem à vontade com a ideia de felicidade, mesmo que valorizem esse conceito intensamente no cotidiano. "Provavelmente, muitos deles tomam decisões importantes com base no que pode deixá-los mais felizes. Com quem casar e que carreira seguir? Seu filho está feliz na escola? É difícil pensar em uma pergunta mais importante que essa", diz ele, com a frustração de alguém que bate na mesma tecla há décadas. "Mas eles não consideram esse tipo de questionamento válido para o Estado. Quando falam sobre felicidade, pensam: *Ah, isso é ridículo. Felicidade é uma coisa fugaz.*"

Layard adaptou sua terminologia. "O que você deve dizer para ser levado a sério pelos formuladores de políticas públicas? Essa sempre foi minha abordagem. E a maioria deles não tem nenhuma dificuldade com o conceito de 'satisfação com a vida'.

Eles costumam perguntar às pessoas: 'Você está satisfeito com o serviço de coleta de lixo e com seu hospital?'" Logo, não é algo tão radical perguntar se elas estão satisfeitas com suas vidas.

Os políticos podem ter motivos pragmáticos para levar a sério a satisfação com a vida. A convicção de Bill Clinton de que o estado da economia sempre determina o resultado de uma eleição se revelou questionável. De fato, os políticos que monitoram a felicidade podem determinar melhor suas chances de reeleição. Um artigo escrito na London School of Economics comparou dados das pesquisas bianuais do Eurobarômetro, promovidas desde 1973, com os resultados das eleições realizadas na Europa. A pesquisa abrange uma amostra aleatória de mais de um milhão de entrevistados e faz o seguinte questionamento: "Em geral, você está i) muito satisfeito, ii) razoavelmente satisfeito, iii) insatisfeito ou iv) muito insatisfeito com a vida que leva?" O artigo descobriu que as respostas dessa pergunta eram um "forte indicativo dos resultados das eleições" e uma base melhor para a determinação das intenções de voto do que as outras medidas, inclusive o PIB.[8] Layard corrige Bill Clinton: "É a felicidade, estúpido."

A nova "ciência" da felicidade prevê várias formas de medir o que os pesquisadores chamam de "bem-estar subjetivo". Uma delas se baseia nos avanços acelerados da neurociência. Richard Davidson, da Universidade de Wisconsin, desenvolveu métodos para determinar o humor das pessoas através de eletrodos fixados no couro cabeludo. Quando as pessoas assistem a um vídeo divertido, o lado esquerdo do cérebro

– associado à felicidade – fica mais ativo. Uma sequência assustadora provoca a reação oposta. Os *left-siders* (pessoas cujo lado esquerdo do cérebro é naturalmente mais ativo) são geralmente mais felizes. Já os *right-siders* (pessoas com o lado direito do cérebro mais ativo) tendem a sorrir menos e são considerados menos felizes por seus amigos. Para Layard, a ciência confirma a premissa básica de que a felicidade é algo real e mensurável, bem como a existência de uma "conexão direta entre atividade cerebral e humor".

No entanto, a maior parte das pesquisas relacionadas à economia da felicidade parte de uma técnica básica que também é usada para compilar as estatísticas sobre o crescimento: a coleta de dados em pesquisas de campo. Vários métodos foram desenvolvidos para determinar a felicidade das pessoas através de perguntas sobre seus sentimentos. Aqui, é necessário diferenciar os diversos tipos de felicidade. Algumas pesquisas abordam o que se pode chamar de humor – as pessoas informam como se sentem no momento ou em diferentes horários do dia anterior. O Instituto Nacional de Estatística do Reino Unido faz a seguinte pergunta: "Em geral, qual foi seu nível de felicidade ontem?"

As pesquisas mais adotadas pelos economistas que estudam o bem-estar nacional tendem a abordar principalmente a chamada satisfação com a vida. A mais abrangente delas, realizada em 150 países, pede que as pessoas avaliem a qualidade de suas vidas utilizando uma escala de onze pontos conhecida como Cantril Ladder. Os entrevistados devem imaginar uma escada e colocar sua satisfação com a vida no degrau apropriado; dez é a melhor vida possível e zero, a pior. A European Social Survey também faz seguinte pergunta: "Considerando o quadro total, como você classificaria sua felicidade?"; as respostas variam de zero a dez. Outra pesquisa – a World Values Survey – faz uma pergunta parecida, mas organiza as respostas em uma escala de zero a três. "Considerando o quadro total, você diria que é: Muito feliz, Bastante feliz, Não muito feliz ou Nem um pouco feliz?" Esses tipos de perguntas, segundo Layard, produzem os resultados mais úteis.

A boa notícia para a economia da felicidade é que os resultados de diferentes pesquisas tendem a coincidir. Os níveis de felicidade determinados quando perguntamos às pessoas como elas se sentem e quando realizamos testes são bastante parecidos, como os resultados das pesquisas baseadas em diferentes perguntas e outras escalas. Para Layard, as medidas da felicidade são sólidas o suficiente para que decisões de políticas públicas sejam tomadas com base em suas descobertas. Em seu livro – o título não vai matar ninguém de surpresa: *Happiness* [Felicidade] –, ele desenvolve seu argumento em uma linguagem admirável pela objetividade. "A felicidade deve ser o novo objetivo das políticas públicas, e o progresso da felicidade nacional deve ser mensurado e analisado de modo tão minucioso quanto o crescimento" da economia. Para mim, Layard diz: "O PIB não vai nos dizer nada do que queremos saber sobre o bem-estar."

Não resisto e pergunto se ele se considera feliz. Em tese, sua obra gera um senso de propósito, uma das chaves para a satisfação. Seus olhos brilham rapidamente diante dessa pergunta capciosa (e, sem dúvida, previsível), que ele responde com algo que soa como uma piada. "Quem pensa demais sobre a própria felicidade, acaba se sentindo infeliz." A única maneira de saber se ele está falando sério é plugar eletrodos em sua cabeça.

O que será, você pode perguntar, que eles estão colocando na água lá no norte da Europa? Todos os anos desde que o World Happiness Report [Relatório Mundial da Felicidade] começou a ser publicado, em 2012, os países nórdicos dominam a lista das nações mais felizes da Terra.[9] O relatório de 2016 não foi uma exceção: os cinco países nórdicos apareceram entre os dez mais felizes. Nada mal para um grupo de nações associadas à escuridão – que ocorre de modo bastante literal durante os meses de inverno, quando o sol raramente aparece. Pense no "*noir* nórdico" [um gênero de ficção policial típico de países escandinavos], no drama extravagante e sombrio de August Strindberg e na arte perturbadora de Edvard Munch, que pintou uma figura gritando contra um céu em tons laranja. Isso sem mencionar algumas das cargas tributárias mais altas do planeta. Um pensamento deve estar passando pela sua cabeça: dificilmente esses fatores seriam uma receita para felicidade. Ainda assim, os escandinavos estão entre as pessoas mais satisfeitas do mundo inteiro. Esse time ainda conta com a Holanda e a Suíça, bem como o Canadá, que provavelmente é a Escandinávia das Américas, e vence de goleada. Os outros dois países entre os dez mais felizes são a Austrália e a Nova

Zelândia, que de agora em diante vamos chamar de nórdicos antípodas.

Confira, a seguir, o ranking dos dez primeiros e dos dez últimos países do mundo no quesito felicidade, de acordo com o Cantril Ladder, que aplica uma escala de zero a dez.[10] Há uma grande lacuna de quatro pontos entre os países mais bem classificados e os últimos, localizados, em sua maioria, na África subsaariana, um resultado também obtido em outras pesquisas. A Dinamarca é o país mais feliz do mundo, e o Burundi, o mais triste.

FIGURA 4

Os 10 primeiros (em uma escala de 0 a 10)	*Os 10 últimos (em uma escala de 0 a 10)*
1. Dinamarca (7,526)	148. Madagascar (3,695)
2. Suíça (7,509)	149. Tanzânia (3,666)
3. Islândia (7,501)	150. Libéria (3,622)
4. Noruega (7,498)	151. Guiné (3,607)
5. Finlândia (7,413)	152. Ruanda (3,515)
6. Canadá (7,404)	153. Benim (3,484)
7. Holanda (7,339)	154. Afeganistão (3,360)
8. Nova Zelândia (7,344)	155. Togo (3,03)
9. Austrália (7,313)	156. Síria (3,069)
10. Suécia (7,291)	157. Burundi (2,905)

Todos os países felizes são ricos e todos os infelizes são pobres. Portanto, uma renda maior realmente traz felicidade; pelo menos, até certo ponto. Os resultados reforçam a convicção de que a felicidade é uma medida real. Quando achamos que a felicidade depende exclusivamente de humor e personalidade, esperamos que as pessoas se adaptem a qualquer condição de vida e demonstrem níveis similares de felicidade no mundo inteiro. Definitivamente, esse não é o caso. Nos países em que as condições são objetivamente terríveis, os habitantes se definem como infelizes.

As diferenças, porém, não podem ser explicadas somente pela renda. De fato, dos dez países com os maiores PIBs per capita do mundo, apenas a Noruega e a Suíça estão na lista dos dez mais felizes.[11] Oito dos dez países com as maiores rendas – incluindo Luxemburgo, Qatar e Singapura – não estão no grupo dos muito felizes. Se, por um lado, uma certa quantidade de conforto material gera felicidade, por outro há provas contundentes de que a felicidade não se restringe à questão da renda. Segundo a pesquisa, um dos países mais felizes do mundo é a Costa Rica. Mas esse país é a 77ª economia do planeta e tem uma renda per capita de US$ 15.000.[12]

Três outros países da América Latina com renda média – Brasil (17º mais feliz), México (21º) e Chile (24º) – estão mais bem colocados do que países bem mais ricos. Os países latinos são melhores em converter níveis de renda modestos em felicidade. O Reino Unido, na 23ª posição, está praticamente empatado com o Chile, embora tenha uma renda média quase duas vezes maior. A situação da França (32º lugar) e da Itália (50º) é pior ainda. Os italianos – notavelmente infelizes em comparação com sua renda – estão abaixo de vários países muito mais pobres, como Argélia, Guatemala e Tailândia. Lá se vai *la dolce vita*.

Os EUA estão em 13º, uma posição que corresponde razoavelmente à sua renda per capita, mas que provavelmente está abaixo da expectativa de muitos norte-americanos. Afinal de contas, a Declaração de Independência consagra a busca pela felicidade como um dos direitos inalienáveis dos cidadãos do país. Apesar de seu estado de alerta quase permanente, Israel ocupa uma posição surpreendentemente alta (11ª), em contraste com a classificação dos Territórios Palestinos, que aparecem em um previsível e infeliz 108º lugar. A China, mesmo com todos os seus avanços econômicos, está apenas em 83º no ranking da satisfação mundial.

Entre os dez últimos estão a Síria e o Afeganistão, ambos envoltos em terríveis guerras civis. Os outros países estão na África subsaariana. O destaque do grupo é Ruanda, uma das nações preferidas das agências de desenvolvimento devido a seus avanços no combate à pobreza coordenados por Paul Kagame, seu formidável presidente. Mas Ruanda também é um país autoritário que convive com as lembranças do genocídio de 1994, que resultou em cerca de um milhão de pessoas trucidadas em cem dias. Portanto, é compreensível que Ruanda não seja um lugar tão feliz quanto sugerem seus recentes avanços materiais.

De acordo com os autores do relatório, 3/4 da variação entre nações felizes e menos felizes podem ser explicados por seis variáveis: a renda (PIB per capita), os anos saudáveis e a expectativa de vida, a existência de pessoas a quem recorrer, a confiança em outras pessoas (algo que pode ser equiparado à falta de corrupção), a liberdade efetiva para tomar decisões relacionadas à própria vida (algo que, às vezes, chamamos de capacidade de agir) e a generosidade (a propensão a fazer doações filantrópicas).

O trabalho de Layard prioriza os fatores que influenciam os níveis de felicidade dentro dos países em vez de estabelecer comparações entre eles. A partir dos dados coletados pela World Values Survey [Pesquisa Mundial de Valores], um estudo realizado desde 1981, ele definiu os sete principais determinantes da felicidade[13]: relações familiares, situação financeira, trabalho, amigos, saúde, liberdade pessoal e valores pessoais. Layard tabulou esses fatores e demonstrou o impacto negativo de vários eventos sobre a felicidade total, determinada em uma escala de 10 a 100, em que 100 seria a felicidade perfeita:[14]

FIGURA 5

Evento	*Queda nos pontos de felicidade*
Queda de 1/3 na renda familiar	2
Divorciado (não casado)	5
Separado (não casado)	8
Viúvo (não casado)	4
Nunca foi casado	4,5
União estável (não casado)	2
Desempregado	6
Sob risco de perder o emprego	3
Alta de 10% na taxa de desemprego	3
Saúde (queda de 20% na saúde subjetiva)	6
Sem religião	3,5

A tabela destaca alguns padrões. Encontrar um parceiro estável traz felicidade, mas estar casado é ainda melhor. Quando os casais se separam, os níveis de felicidade despencam. Quando se divorciam, provavelmente algum tempo após a separação, os níveis de felicidade se recuperam, mas não totalmente. A dissolução da unidade familiar agora é mais frequente. Em 1950, o divórcio ainda era incomum nos EUA, mas hoje somente metade dos norte-americanos com 15 anos de idade vivem com seus pais biológicos. O divórcio foi apontado como o maior motivo da crescente onda de suicídio entre os jovens nos EUA.[15]

O desemprego é um golpe duplo porque afeta não somente a renda, como também, e mais importante, a autoestima e o senso de propósito. Até mesmo o desemprego dos outros tem um impacto negativo, provavelmente porque diminui a sensação de segurança das pessoas em relação a seus empregos e abala a harmonia social. Uma queda de 1/3 na renda tem um impacto adverso na felicidade (2 pontos negativos), mas não tanto quanto outros fatores, como a quebra da unidade familiar (8 pontos negativos). A religião também parece ser uma fonte de felicidade, uma descoberta mais evidente nos EUA do que na Europa, de tendência mais secular. As pessoas que respondem não à afirmação "Deus é importante na minha vida" são, em média, 3,5 pontos menos felizes do que aquelas que respondem sim.

Por fim, a saúde é importante. As pessoas podem se adaptar a alguns problemas de saúde, mas dor crônica e doenças mentais são – de acordo com Layard – fontes muito relevantes e, em grande parte, evitáveis de infelicidade. Para pessoas com problemas de saúde mental, Layard defende a terapia cognitiva, que, segundo ele, produz resultados melhores, baseados em autocura, do que a eterna investigação dos freudianos sobre a infância. Em algumas circunstâncias, ele também recomenda o uso de medicamentos como o Prozac e incentiva a realização de mais pesquisas, voltadas para o desenvolvimento de remédios melhores e com menos efeitos colaterais. Layard certamente não é o único defensor do uso de medicamentos para aliviar o sofrimento mental. Carrie Fisher, a atriz que interpretou a Princesa Leia nos filmes da série *Star Wars*, apoiava abertamente a causa das vítimas de transtornos mentais, e suas cinzas foram enterradas em uma urna cujo formato lembrava uma pílula de Prozac.[16]

Layard acredita tanto na solidez dos dados que, em sua opinião, as políticas governamentais deveriam focar a maximização da felicidade e não a maximização do crescimento. "Sabemos que os principais fatores que influenciam a felicidade são a saúde mental, que é extremamente importante, e a qualidade das relações no ambiente familiar, no trabalho e na comunidade", afirma Layard.

Devemos nos concentrar mais em ensinar os pais a serem bons pais, a evitarem separações quando o casal não quiser se separar, a lidarem com os problemas comportamentais das crianças, e assim por diante. Essas ações devem ser prioridades máximas para os gastos públicos. Em comparação, uma viagem mais rápida de Londres a Liverpool não é tão importante. Você nunca vai perceber nenhuma alteração na felicidade nacional associada ao tempo do trajeto entre Londres e Liverpool.[17]

Várias recomendações interessantes, às vezes surpreendentes, surgem ao longo da nossa discussão sobre políticas públicas. Todas resultam da convicção de Layard de que a felicidade é tão importante quanto a renda.[18] Algumas das ideias de Layard são profundamente impopulares, pois enfatizam menos o individualismo e mais a coletividade, como sua proposta para o ensino de ética nas escolas. Ele está ciente de que pode parecer um velho antiquado desenterrando uma era supostamente mais benevolente, anterior à televisão. Além disso, suas ideias soam contraintuitivas porque, em vez de promover coisas que trazem felicidade, ele geralmente defende políticas públicas que atuem no sentido de neutralizar o que considera como manifestações de nossos ímpetos autodestrutivos. Para Layard, o Estado às vezes sabe o que é melhor para nós.

Uma falha humana sanável, segundo o autor, é a busca por status, algo que as pesquisas apontam como inscrito em nossos genes. O status nos deixa felizes. Mas o problema, para Layard, é que não há status suficiente para todos. Se eu sou o chefão, então você não pode ser. Se você for promovido, então eu devo necessariamente perder meu status anterior. Ele compara esse fenômeno com os torcedores que se levantam para conseguir uma visão melhor em um estádio de futebol. Quando eu me levanto, você tem que se levantar também, e logo todo mundo está em pé. Então, a visão de todos permanece exatamente a mesma de antes; só há o inconveniente de ficar em pé nesse novo estado. Esse jogo de status, no qual ninguém vence realmente, não passa no teste de Bentham, pois não gera a felicidade social máxima. Quando não é controlado, esse modelo nos condena a uma corrida incessante em busca de status e à erosão da felicidade geral.

Como uma política pública pode abordar um desejo humano tão característico? Layard propõe impostos. Uma das formas de conseguir status, segundo ele, é o salário. Algumas pesquisas sobre felicidade apontam que aumentar os salários dos que já são ricos gera bem pouca felicidade extra, mas causa mais infelicidade para os profissionais cujos salários ficam inferiores por comparação. A solução de Layard é elevar a tributação das rendas mais elevadas, não apenas pelos motivos usuais de redistribuição, mas também para coibir o que ele considera como uma busca viciante e, no final das contas, fútil por ganhos mais altos. Tendemos a nos habituar rapidamente a uma renda maior — e nem por isso ficamos mais felizes — e ainda deixamos outras pessoas mais infelizes nesse processo. A busca por status através do salário nos faz trabalhar mais do que o necessário. No processo, negligenciamos algo que as pesquisas apontam como importante para a felicidade: passar um tempo com os amigos e a família. O vício da busca por status e renda é como fumar. "Em geral, para lidar com vícios, criamos impostos. Estabelecemos tributos pesados para os cigarros, e com razão... Não devemos hesitar em criar impostos para outras despesas envolvendo vícios e riscos em potencial."[19]

Layard propõe a criação de impostos e regulamentos para qualquer coisa que reduza os níveis gerais de felicidade, como os cigarros e a poluição. Ele admira, por exemplo, o modelo da Suécia, que proibiu a publicidade voltada para menores de até 12 anos, pois essa prática visa inculcar desejos consumistas – e, de fato, inúteis – nas pessoas mais jovens e impressionáveis. A campanha francesa pelo direito de se desconectar da internet, segundo a qual as empresas não podem exigir que os funcionários respondam e-mails depois do expediente, segue mais ou menos a mesma filosofia da legislação de promoção da felicidade.

Toda essa tributação do excesso de trabalho não afetaria o crescimento? Não importa, diz Layard. O objetivo da vida é a felicidade, não uma noção abstrata sobre o volume de uma economia nacional. Ele defende a redistribuição mesmo que ela diminua o bolo da economia, mesmo que ela chegue a prejudicar a felicidade agregada.

Segundo Layard, a estabilidade é mais importante para os seres humanos do que os economistas pensam. Ele menciona pesquisas que demonstram como as pessoas odeiam perdas mais do que gostam do ganho potencial, em uma proporção aproximada de dois para um. Quando você pergunta a uma pessoa quanto ela deseja ganhar para compensar uma perda potencial de £100 no cara ou coroa, a resposta típica gira em torno de £200. Um economista atribuiria isso a uma aversão irracional a riscos, mas Layard acredita que os seres humanos não gostam de perda nem de mudanças bruscas. Ele propõe a adaptação das políticas públicas a esse comportamento.

"A felicidade deve ser o objetivo das políticas públicas, não o dinamismo", diz ele. As constantes reorganizações do setor público em sua suposta busca por eficiência tendem a trazer mais infelicidade do que ganhos em produtividade. Os economistas são obcecados pela ideia de aumentar a eficiência através da mobilidade profissional e ignoram os custos invisíveis da disrupção social, da alienação e do aumento da criminalidade em regiões com grandes populações flutuantes. "Um bom indicativo de baixas taxas de criminalidade é o número de amigos que uma pessoa tem em um trajeto de quinze minutos a partir da sua casa."[20] A mobilidade, como a poluição, tem custos ocultos. Os governos devem lidar com essa situação estabelecendo impostos ou incentivando a criação de empregos nesses locais.

Apesar de sua tendência em direção a políticas redistributivas e socialistas, a economia da felicidade pode tomar rumos menos previsíveis. Como a saúde, especialmente a saúde mental, desempenha um papel tão importante na felicidade das pessoas, Layard argumenta que administrar bem essa área é mais importante do que tentar erradicar a pobreza. Ele cita pesquisas que comprovam como seria dezesseis vezes mais barato para um governo aumentar a felicidade ao investir em serviços melhores voltados para a saúde mental do que produzir o mesmo impacto por meio da mitigação da pobreza. "Afirmar que a saúde mental é um assunto mais sério do que a pobreza deixa algumas pessoas muito irritadas. Mas as provas são tão nítidas que você tem a obrigação de dizer."

A maior parte dos itens descritos por Layard soa familiar. Impostos mais altos, ênfase na confiança social e um Estado sem medo de intervir. Você poderia chamar esse modelo de Estado paternalista. Você poderia chamá-lo de Escandinávia.

Layard não fica constrangido diante de nenhuma dessas sugestões. Na verdade, segundo ele, a Escandinávia fez um trabalho muito melhor em promover o que ele considera como valores mais saudáveis, que viabilizam a felicidade. Esses valores não se baseiam excessivamente na sobrevivência do mais apto proposta por Darwin nem na mão invisível de Smith, as duas doutrinas que, segundo Layard, sustentam as sociedades anglo-saxônicas. Ao contrário, sua base é um senso de propósito comum e um empenho compartilhado.

Layard cita um estudo em que 77% das crianças suecas entre 11 e 15 anos de idade concordaram com a seguinte afirmação: "A maioria dos alunos da minha turma é gentil e prestativa." Nos EUA, essa proporção era de somente 53%, e no Reino Unido, de apenas 43%. A Grã-Bretanha, pelo jeito, é boa em ensinar crianças a chegarem na frente. A Suécia é melhor em ensiná-las a se relacionar.

Existe alguém contrário à felicidade? Se mensurá-la ajuda o governo a desenvolver políticas melhores, então certamente devemos adotar essa ideia. Um indicador de felicidade pode complementar nossa medida de crescimento padrão ou até mesmo substituí-la totalmente. No entanto, antes de entrarmos de cabeça na economia da felicidade, vamos considerar alguns pontos com ceticismo.

Um problema dessa forma de medir a felicidade é sua escala finita. Em um dos métodos de pesquisa mais populares, os participantes são orientados a avaliar sua felicidade entre "nem um pouco feliz" (equivalente a zero) e "muito feliz" (igual a três pontos). A renda, por outro lado, é determinada em uma escala aberta, já que, em teoria, ela pode crescer indefinidamente. Portanto, comparar renda e felicidade não faz muito sentido. "Nos Estados Unidos, as pessoas não estão mais felizes, embora os padrões de vida tenham mais que dobrado [em relação à década de 50]", escreve Layard. Mas a forma como a felicidade é medida impede o registro de um crescimento como esse.

Mensurar a felicidade desse modo é compreensível. A felicidade tende a ser algo finito, não um valor que cresce indefinidamente. Mas esse fato pode limitar sua utilidade como ferramenta no âmbito das políticas públicas. Nos EUA, as pesquisas sobre felicidade baseadas no método das três categorias geralmente chegam a um resultado aproximado de 2,2. Para melhorar esse valor de maneira substancial, dezenas de milhões de pessoas devem subitamente mudar de opinião, de "não muito feliz" para "feliz" e de "feliz" para "muito feliz", algo bem pouco provável. Por isso, é difícil relacionar a felicidade a qualquer coisa, não apenas à renda. Os gastos públicos nos EUA, por exemplo, quase dobraram entre 1973 e 2004, mesmo levando em conta a inflação. Na Grã-Bretanha, essas despesas cresceram 60% durante o mesmo período. "Ainda assim, nos dois países, a felicidade contabilizada aumentou meros 2%", escreve Paul Ormerod, um cético da felicidade.[21] "Se utilizássemos dados sobre felicidade como base para formular políticas públicas, para que, alguém perguntaria com razão, todas essas escolas e hospitais?" Só vale a pena coletar dados que possam ser interpretados facilmente. Um conjunto de dados que passa quarenta anos arquivado não atende a esse requisito. "Uma coisa é atribuir valor à felicidade; outra é esperar que a felicidade da sociedade como um todo seja mensurável e tenha um comportamento compreensível diante das intervenções políticas."

Para Layard, esse argumento é simplista demais. Uma análise atenta dos dados revela um quadro mais sutil: o aumento da renda e dos gastos sociais incrementou a felicidade em alguns pontos, mas esse crescimento foi compensado por outros fenômenos, como o declínio na confiança social, o estresse da busca incessante por status e o aumento da criminalidade. Talvez a felicidade seja uma medida imperfeita. Mas daí a abandoná-la para medir exclusivamente o crescimento – que também está longe da perfeição – é escolher a opção fácil, mas ilógica; é "como procurar as chaves debaixo do abajur por ser o local onde é mais fácil procurar". Em vez disso, "devemos procurar o que queremos, esteja onde estiver."[22]

Em segundo lugar, um elemento de engenharia social pode facilmente ser introduzido na economia da felicidade. A vantagem da renda é que você pode fazer o que quiser com ela. Entretanto, quando tentamos adivinhar o que deixa as pessoas felizes, não é preciso ir muito longe para começar a imaginar um "admirável mundo novo", no qual os governos invadem constantemente as mentes das pessoas e administram drogas para programá-las e deixá-las felizes – e dóceis. De fato, segundo Layard, embora o romance de Aldous Huxley tenha sido concebido como uma distopia moderna "revoltante e ameaçadora", as drogas que melhoram a vida das pessoas não são tão ruins assim. "Se alguém inventar uma droga da felicidade sem efeitos colaterais, não tenho a menor dúvida de que a maioria de nós vai usá-la de vez em quando."

Mas queremos mesmo que o Estado nos conduza abertamente em direção à satisfação interior? E, quase pior do que isso, queremos que ele nos empurre com incentivos invisíveis – proibindo uma propaganda, criando um imposto para quem procura emprego em outra cidade – rumo a um comportamento "mais feliz" ou "mais sensível"? Você não precisa ser um libertário para enxergar nisso mais do que um simples traço do Grande Irmão.

Além disso, as pesquisas sobre felicidade – mesmo sendo frequentemente promovidas por economistas de esquerda – às vezes apontam para uma visão de mundo mais paternalista e conservadora. Casamentos estáveis e fé religiosa são dois fatores importantes para o bem-estar. Devemos tributar o divórcio e subsidiar cultos religiosos? É possível até mesmo afirmar que a produção acadêmica está disseminando uma postura conformista entre as pessoas, inclusive quanto à sua posição social, já que o esforço contínuo para obter um padrão de vida melhor é visto como uma tarefa vã e nociva à felicidade. Isso soa paternalista e contrário à ambição. Como diria Donald Trump: "Felicidade? Triste."

Você pode até mesmo utilizar a busca pela felicidade como um argumento contra a modernização e o desenvolvimento econômico em geral. É aqui que entra o Butão, um minúsculo país com apenas 800.000 habitantes, espremido entre a Índia e a China. Em 1972, o quarto rei do Butão, Jigme Singye Wangchuck, ainda adolescente, fez de seu país o primeiro do mundo a declarar como principal base de suas políticas a felicidade nacional bruta e não o produto interno bruto. Seu decreto, exaltado pela sabedoria por muitos economistas desenvolvimentistas, foi inspirado em uma antiga tradição nacional de culto à felicidade. O código do Butão, datado da unificação de 1729, estabelece que: "Se o governo não pode gerar felicidade (*dekid*) para seu povo, não há nenhum propósito para a existência do governo."[23]

A felicidade nacional bruta (FNB) é diferente do tipo de felicidade estudado pela maioria dos acadêmicos ocidentais. Ao contrário do trabalho de Layard, a FNB não tem como foco principal o bem-estar subjetivo e a felicidade autodeclarada. Em vez disso, essa medida adota uma visão de felicidade "objetiva" e com traços budistas, evidenciados nos nove domínios que constituem a base do índice da FNB (listado a seguir). O modelo também difere da versão proposta por Bentham para a felicidade, que seria um fenômeno detectado principalmente por meio da percepção individual do prazer e da dor.

Em 2008, Jigme Thinley, o primeiro primeiro-ministro a ser eleito no Butão, declarou: "Agora, distinguimos com clareza a felicidade... da FNB dos prazeres agradáveis e fugazes tantas vezes associados ao termo. Sabemos que a felicidade verdadeira e duradoura não pode existir enquanto outros estiverem sofrendo e que ela só é obtida quando servimos aos outros, vivemos em harmonia com a natureza e percebemos nossa sabedoria inata e a natureza real e brilhante de nossas mentes."

O "Relatório de Desenvolvimento Humano Nacional" do governo butanês descreve o objetivo do país da seguinte forma: "O Butão pretende criar uma sociedade feliz, em que as pessoas se sintam seguras, em que todos vivam de modo decente e em que os cidadãos tenham acesso universal a uma boa educação e a bons serviços de saúde. Nessa sociedade não haverá poluição nem danos ao meio ambiente; não haverá nenhuma agressão nem guerra; não existirão desigualdades e os valores culturais serão consolidados a cada dia."

Bom demais para ser verdade? Os componentes do índice são os seguintes:

1. Bem-estar psicológico
2. Saúde
3. Uso do tempo
4. Educação
5. Resiliência e diversidade cultural
6. Boa governança
7. Vitalidade das comunidades
8. Resiliência e diversidade ecológica
9. Padrões de vida

A ideia de orientar as prioridades do Butão com base nesses domínios é uma tentativa de evitar o destino dos países pobres que mergulharam de cabeça no desenvolvimento. Em alguns casos, o desenvolvimento acelerado resultou no aumento do crescimento e das economias, mas, muitas vezes, veio acompanhado de efeitos colaterais como favelas, alienação social, desigualdade excessiva, destruição de florestas e rios e poluição atmosférica, bem como da perda de patrimônios culturais e até mesmo da identidade. Em tese, a FNB deve ser uma bússola diferente, apontando o caminho para um desenvolvimento mais generoso e leve. As políticas públicas de planejamento — como a construção de represas e a urbanização da capital, Thimphu — devem ser avaliadas quanto a seu impacto sobre a FNB, como ocorre nos países que condicionam essas propostas a estudos de impacto ambiental.

O desenvolvimento é, de fato, um negócio confuso. Até 1999, o Butão proibia a televisão. Com a legalização da mídia, os butaneses foram expostos ao que Layard chama de "mistura habitual de futebol, violência, traição sexual, campanhas publicitárias, luta livre e similares". Desse jeito, logo, logo os pobres e indefesos butaneses estarão acessando a internet! Os resultados do consumo de televisão são previsíveis: ruptura familiar, criminalidade, uso de drogas e violência em playgrounds. Ainda assim, é difícil achar uma utilidade para essas informações. Sem dúvida, a exposição ao mundo moderno, com todas as suas tentações, nem sempre é uma receita para a satisfação. Apesar de toda nossa idealização sobre o mundo pré-moderno — deixando de lado as desvantagens do analfabetismo, da dominação masculina e da saúde precária —, devemos ao menos reconhecer que a ignorância, às vezes, pode ser uma bênção. Mas, quando ela alcança as políticas públicas, surgem ameaças reais de paternalismo e até mesmo de autoritarismo.

A medida está funcionando? De fato, o Butão está passando por uma mudança bastante drástica e dramática, até mesmo para os padrões de países como a Índia e a China, cujas riquezas aumentaram intensamente. Até 1953, o Butão ainda era um país feudal. Sua primeira estrada pavimentada foi construída em 1962. Agora, a nação é uma democracia parlamentar, com um primeiro-ministro eleito e um monarca constitucional. Seu rápido desenvolvimento foi inevitavelmente acompanhado de obras como estradas e represas, que macularam as belas e intocadas paisagens do país, e com as pessoas, que antes se contentavam com padrões mínimos de subsistência, agora vivendo infelizes em cidades, tentando adotar um estilo de vida moderno (e provavelmente inatingível).

"Quem deseja viver da agricultura de subsistência e se levantar às quatro da manhã para pegar água se não é obrigado a fazer isso?" Paljor Dorji, membro da família real, conselheiro de longa data e bastante próximo do antigo rei, fez esse comentário a um jornalista. "Quando as pessoas recebem educação, não querem mais levar a vida miserável de seus pais."[24]

O desenvolvimento de Thimphu, capital do país, está sendo estritamente controlado, e o governo tem se empenhado na construção de estradas, redes de esgoto e escolas de boa qualidade. Não se pode comparar a minúscula Thimphu com uma megalópole gigantesca como Mumbai, cuja população é vinte vezes maior que a do Butão, mas, como sabem todos os que já visitaram as cidades menos bem planejadas da Índia, Indonésia e Filipinas, o fluxo descontrolado de pessoas pode criar problemas urbanos terríveis, como miséria, poluição, congestionamentos c doenças.

Já a modernização do Butão é planejada e contida. Se você quiser construir em Thimphu, deve fazer mais do que levantar um barracão e furtar eletricidade do poste mais próximo. As construções devem incorporar estilos da arquitetura tradicional butanesa, como os telhados de duas águas e as janelas características. Os habitantes são encorajados a usar os trajes típicos do país em público. O Butão limita o número de visitantes, e ao estabelecer como requisito um gastos mínimo, viabiliza só a entrada da nata dos turistas no país. "Thimphu é uma cidade agradável para caminhar, livre dos labirintos caóticos de muitas das cidades indianas. O povo é alegre, seus vendedores não têm nada da insistência típica do sul da Ásia; até os cães vira-latas parecem amáveis. Não há favelas", escreve um repórter.[25]

No entanto, o Butão não é nenhuma Shangri-la. É um país de rendimento médio baixo, com uma renda per capita aproximada de apenas US$8.000, a preços locais.[26] Os índices de alfabetização são baixos, apesar de o governo associar a felicidade a uma boa educação; somente 55% das mulheres butanesas sabem ler e escrever. Em Bangladesh, um país bem mais pobre, 58% das mulheres são alfabetizadas; as Filipinas, um país tão rico quanto o Butão, se saem ainda melhor, com 97% das mulheres alfabetizadas.[27] Os serviços de saúde do Butão também não são exatamente extraordinários, a despeito da atenção dispensada à saúde no Relatório de Desenvolvimento Humano Nacional. A expectativa de vida é um pouco inferior a 70 anos, o que coloca o Butão em 114° lugar no ranking mundial. Compare esse dado com a expectativa de vida de 79 anos em Cuba (32° lugar), um país que se dedica ao comunismo e não à felicidade, e de 81 anos no Chile (28° lugar), uma nação que implementou um regime autoritário seguindo as instruções de economistas da Escola de Chicago. Até onde se sabe, Fidel Castro e Milton Friedman nunca ganharam nenhum concurso de felicidade.

A dedicação do Butão à preservação de bens culturais é elogiada com frequência. A cultura é vista não só como uma fonte de identidade, mas também como uma proteção contra os aspectos mais corrosivos da modernização. No domínio "resiliência e diversidade cultural", a FNB determina a fluência em um dos doze dialetos falados no país, o conhecimento e o interesse das pessoas por treze habilidades artesanais, como metalurgia e bordado, e sua adesão ao chamado Driglam Namzha, o Caminho da Harmonia. O povo butanês deve destinar de seis a doze dias por ano a atividades "socioculturais". Em 2010, somente 1/3 da população atingia a meta de seis dias. (Cerca de 15% dos habitantes dedicavam treze dias ou mais a essas atividades, mas ninguém menciona se isso é visto como um exagero.)

No entanto, a ideia de preservar a cultura tenta empurrar muitas falhas para debaixo do tapete. Nem todas as culturas são igualmente interessantes. A cultura pode determinar que as mulheres conheçam o seu lugar e se ocupem de bordados em vez de aprender a ler. Em algumas regiões da África, um índice que recompensa iniciativas de preservação cultural pode atribuir pontos pela mutilação genital feminina. No Butão, já houve vezes em que a cultura significou pureza étnica. Nos anos 1990, o governo adotou medidas severas contra os habitantes de etnia nepalesa, expulsando dezenas de milhares do país em um ato de limpeza étnica, de acordo com algumas organizações de direitos humanos.[28]

Segundo os dados informados pelo Butão, 91,2% da população era feliz em 2015, uma melhora de 1,8% em relação aos resultados de 2010.[29] Uma análise mais apurada mostrava que 8,4% dos butaneses eram "profundamente felizes", 35% "bastante felizes" e 47,9% "relativamente felizes"; no país, pouco menos de 9% dos habitantes eram considerados "infelizes". Tanto o resultado quanto a melhora pareceram uma vitória do governo butanês, mas a interpretação desses dados depende essencialmente de um consenso em torno do que está sendo mensurado. O fato de que o Butão não está medindo a felicidade declarada por entrevistados, mas mediante um pot-pourri de indicativos determinados de forma burocrática, pode dar o que pensar.

O interessante é que, quando se trata de bem-estar subjetivo, de acordo com a definição do Relatório Mundial da Felicidade de 2016, o Butão obtém 5,196 pontos em uma escala que vai até 10. O país aparece em 84º lugar no ranking mundial, logo atrás da China e à frente do Quirguistão. Pode me chamar de cínico, mas, para um país cujas políticas públicas têm como objetivo gerar felicidade, isso não me parece um sucesso absoluto. Portanto, o Butão vem simbolizando o debate sobre a felicidade, mas isso pode ser uma distração em vez de uma ferramenta de campanha útil, como alguns dos seus defensores parecem imaginar.

É bastante compreensível que o Butão tente lidar com o desenvolvimento de modo cauteloso e responsável. Quando são atirados às leis do mercado e aos caprichos da globalização, os países pobres que querem erradicar a pobreza muitas vezes passam por violentos deslocamentos. Mas devemos reconhecer as limitações da abordagem do Butão.

A economia da felicidade pode estar mais associada aos países ricos, para os quais a acumulação contínua de renda talvez não seja a única resposta diante de todas as questões. Layard está absolutamente certo quando afirma que as medidas da felicidade indicam alguns fatores importantes, como a futilidade da busca incessante por status e dinheiro e a importância da comunidade e da sensação de segurança e estabilidade. Não é preciso glorificar as medidas da felicidade para compreender sua importância por destacarem pontos negligenciados pelas políticas públicas, como depressão e excesso de trabalho.

Contudo, quando se trata de felicidade autodeclarada, uma coisa é certa: os escandinavos estão se dando bem. Se você está em busca de bem-estar subjetivo, então, falando de maneira objetiva, é melhor estar na norueguesa Tromsø do que em Thimphu.

13

PIB 2.0

Caso Simon Kuznets pudesse escolher um local para renascer, talvez optasse por Maryland. O inventor do PIB não confiava totalmente em sua medida da atividade econômica, que contabilizava vários pontos negativos e ignorava muitas coisas boas da vida. Para Kuznets, era uma loucura contabilizar poluição, deslocamentos e defesa militar como fatores positivos. Além disso, ele defendia a criação de uma medida que captasse melhor alguns tipos de contribuições intangíveis que influenciavam o bem-estar. Mas o PIB, nascido em meio à guerra e à recessão, já andava com as próprias pernas. Por volta da morte de Kuznets, em 1985, o PIB havia se tornado exatamente aquilo contra o qual seu criador alertara – um indicador de bem-estar e a síntese de tudo que, supostamente, devemos almejar como consumidores, produtores, políticos, eleitores e cidadãos.

Se nossa obsessão pelo crescimento, na forma indicada pelo PIB, é um produto acidental do trabalho de Kuznets, a alternativa implementada no estado de Maryland, o Genuine Progress Index [Indicador de Progresso Genuíno ou IPG], está muito mais alinhada com o espírito daquele grande homem. Você pode chamá-la de PIB 2.0. O IPG foi adotado por Maryland em 2010. A medida não foi inventada nesse estado; sua história remonta a pelo menos 1970, quando os economistas William Nordhaus e James Tobin começaram a pensar no conceito que chamaram de "medida do bem-estar econômico".[1] Usando o PIB como medida base, eles acrescentaram "bens" que antes ficavam invisíveis, como tempo livre e trabalho doméstico não remunerado, e subtraíram o que chamaram, de maneira excêntrica, de indesejáveis, como tempo de deslocamento, poluição e gastos com prevenção de crimes.

Variações desse tema foram desenvolvidas ao longo dos anos por acadêmicos e profissionais. O IPG, que resultou do trabalho iniciado por Herman Daly, um economista ecológico, é uma das medidas mais consistentes entre as que tentam ir além do PIB. É possível pensar nessas medidas como o produto interno líquido. Lembre-se que o B em PIB significa "bruto", o que não expressa satisfatoriamente a depreciação de ativos, sobretudo os naturais, nem os efeitos colaterais da produção. Ao subtraírem os pontos negativos, vários índices alternativos usam o PIB como ponto de partida para chegar a um valor líquido mais razoável. Como Niu Wenyuan, o pai do PIB verde na China, esses economistas tinham a esperança de ultrapassar a camada exterior da principal estatística econômica do século XX e revelar algo mais autêntico sob ela.

Martin O'Malley foi prefeito de Baltimore por oito anos, até 2007, quando se tornou o 61º governador de Maryland.

Durante a época em que administrava a cidade, "ele se interessava bastante por dados", diz Sean McGuire, contratado por O'Malley para mudar o modo como Maryland media o progresso. "Ele realmente pensava que dados podiam orientar decisões. Ter a métrica certa, os conjuntos de dados específicos e a certeza de que eles representam o que de fato está acontecendo – e não o que pensamos que está acontecendo – é crucial."

McGuire se interessava por medidas econômicas alternativas desde sua época na Universidade de Maryland, onde havia estudado economia ecológica com Herman Daly. Quando o governador O'Malley pediu a McGuire que elaborasse uma nova métrica, seu objetivo era aproveitar uma área com a qual McGuire já colaborava há anos. O primeiro pensamento de McGuire foi sugerir sua medida favorita. Ela se chamava Happy Planet Index [Índice do Planeta Feliz]. "É muito elegante, é muito simples", exclama McGuire. "É sua felicidade, multiplicada pelo número de anos que você vive na Terra, e dividida pela pegada ecológica."

Havia dois grandes problemas com o Happy Planet Index. Primeiro, Maryland não media nem a felicidade nem sua pegada ecológica; logo, McGuire não tinha acesso aos dados relevantes, lamentavelmente. O segundo problema era mais básico ainda. "Eu nunca encontrei um líder eleito", diz McGuire, "que conseguisse dizer 'Índice do Planeta Feliz' sem rir." No mundo real, isso é importante. Nenhum índice será útil se não tiver credibilidade política e popular. As medidas devem ser levadas a sério. Se o Índice do Planeta Feliz declinasse, manchetes tristes deveriam pipocar nos noticiários noturnos e em seu feed do Twitter. Cabeças deveriam rolar, e os eleitores deveriam considerar a opção de remover do poder seus líderes eleitos. Isso era totalmente impossível. McGuire pensou nisso durante cinco minutos – e descartou a ideia.

Então, ele se voltou para o IPG, uma medida com quarenta anos de história e que já havia sido testada de várias formas em diversos países, do Japão à Finlândia. O IPG, segundo McGuire, não é tão radical. Na verdade, é uma versão refinada do PIB. De acordo com o Departamento de Recursos Naturais de Maryland, que compila o índice, o IPG é elaborado com base em três princípios básicos. A medida se ajusta à desigualdade de renda, considerada um ponto negativo. O índice contabiliza contribuições não comerciais do meio ambiente (como zonas úmidas) e da sociedade (como trabalho voluntário) e subtrai itens como os custos da degradação ambiental, gastos com prevenção de crimes, planos de saúde e similares e a perda do tempo livre. Ao todo, são usados 26 indicadores, todos expressos em dólares, para produzir um único número parecido com o PIB. Os indicadores são divididos em categorias econômicas, ambientais e sociais, da seguinte forma:

FIGURA 6

Indicadores econômicos	*Indicadores ambientais*	*Indicadores sociais*
Despesas com consumo pessoal	Custo da poluição da água	Valor do trabalho doméstico
Desigualdade de renda	Custo da poluição do ar	Custo de mudanças familiares
Consumo pessoal ajustado	Custo da poluição sonora	Custo do crime
Serviços de bens de consumo duráveis	Custo da variação líquida de zonas úmidas	Custo da redução da poluição pessoal
Custo de bens de consumo duráveis	Custo da mudança líquida de terrenos agrícolas	Valor do trabalho voluntário
Custo do subemprego	Custo da mudança líquida da cobertura florestal	Custo da perda do tempo livre
Investimento de capital líquido	Custo da mudança climática	Valor do ensino superior
	Custo da destruição da camada de ozônio	Serviços de estradas e ruas
	Custo da destruição de fontes de energia não renováveis	Custo de deslocamentos
		Custo de acidentes envolvendo veículos motorizados

Segundo McGuire, um atrativo do IPG era que Maryland podia compilá-lo sem coletar nenhuma informação nova. "Todos esses dados vêm de fontes federais ou são dados que já estávamos coletando", diz ele. "Área total de florestas, área total de zonas úmidas, dívidas, estradas. Já tínhamos ou estávamos acompanhando todas as informações necessárias para os 26 indicadores. Então, foi uma jogada de mestre. Não há nada de novo aqui, crianças. É só pegar o que já temos e reformular aqui e ali."

McGuire conseguiu financiamento para a pesquisa, contratou um estagiário da Universidade de Maryland e iniciou a produção do primeiro IPG oficial em nível estadual da história dos EUA. Eles começaram a trabalhar em fevereiro de 2009. Em outubro, depois de analisar todos os números, estavam prontos para divulgar suas descobertas em um site novo e elegante. Por conta de uma defasagem nos dados, o ano mais recente para o qual eles tinham determinado o IPG era 2008. O que eles definiram sobre 2008 depois de todo aquele trabalho, pergunto a McGuire. "Essa é uma ótima pergunta," responde. "Não definimos nada."

Como o PIB, explica ele, o IPG é só um número. Então, isoladamente, ele não diz muita coisa. O truque é comparar o IPG em uma série de anos. Felizmente, McGuire foi capaz de determinar o IPG de Maryland a partir de 1960, o que trouxe outras revelações. Esse meio século de dados mostrou claramente algo que já tinha sido apontado antes: enquanto o PIB crescia continuamente, o IPG estava estagnado. Em outras palavras, depois de um certo nível de renda, contribuir para a atividade econômica produzia retornos menores – ou até mesmo nenhum retorno. Havia um motivo para isso. Você pode aumentar o PIB, digamos, construindo em áreas verdes e obrigando as pessoas a trabalharem mais horas, mas, no que diz respeito ao IPG, o lado positivo do aumento na produção econômica foi compensado pelos pontos negativos da destruição natural e da perda do tempo livre.

Para explicar a lógica do IPG, o site do departamento cita o exemplo do crescimento econômico resultante da "expansão urbana desenfreada". As atividades associadas à construção, novos sistemas de esgoto, novas estradas e carros, tudo isso conta para o crescimento, mas essa expansão também está ligada a vários custos, como deslocamentos mais longos, perda de comunidades, destruição de áreas preservadas e poluição da água e do ar. "O fato de estarmos trocando dinheiro dentro de uma economia não significa necessariamente que nosso modelo é sustentável e próspero." Isso é puro Kuznets.

FIGURA 7

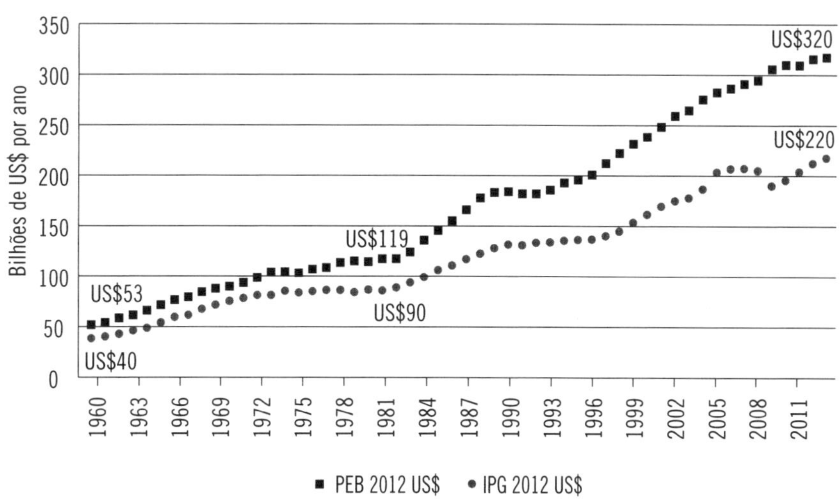

IPG vs. Produto Estadual Bruto (PEB) de Maryland desde 1960

McGuire agora atua em Óregon, onde realiza um exercício similar. Então, liguei para Elliott Campbell, seu sucessor no cargo de guardião do IPG em Maryland. Começo pedindo alguns detalhes sobre o modo como o IPG é realmente compilado. Primeiro, diz ele, vem o consumo. O IPG contabiliza como positivas todas as coisas necessárias que compramos, como a comida que comemos, a casa onde moramos, nossas férias e atividades de lazer. "Se você gasta seu dinheiro com algo que contribui para sua satisfação, para sua utilidade econômica", diz ele, invocando Jeremy Bentham, "incluímos isso como um ponto positivo no livro-razão dos cálculos do IPG."

Contudo, "se você preferiria não ter de gastar seu dinheiro com algo que chamamos de despesa defensiva, isso conta como um ponto negativo no livro-razão". Então, todos os gastos com plano de saúde, trancas para portas, serviços judiciais, custos de pensão alimentícia (lembre-se do impacto da separação e do divórcio na felicidade), desperdício de alimentos, desperdício de energia e tabaco são subtraídos. Isso também ocorre com as ações de "redução da poluição", os gastos obrigatórios das famílias e do governo para lidar com a poluição sonora (como a instalação de vidros antirruído, por exemplo) e a poluição da água (como a instalação de sistemas de filtragem, entre outros métodos). Para as medidas de crescimento tradicionais, que não fazem nenhuma distinção entre gastar dinheiro para assistir a um filme, comprimidos para combater o colesterol ou um alarme antifurto, todos esses itens devem ser contabilizados indiscriminadamente.

O IPG evoluiu nesses poucos anos em que vem sendo compilado no estado de Maryland. Hoje em dia, Maryland usa *big data* [imensos volumes de dados] para determinar padrões de consumo no setor imobiliário em vez de fazer extrapolações de dados nacionais como antes. Além disso, o estado usa imagens de satélite para calcular com maior precisão a área de suas reservas florestais e zonas úmidas. Há décadas sabemos que o crescimento é uma péssima medida para o bem-estar e até mesmo para a atividade do mercado, mas as novas tecnologias e o big data agora permitem o aprimoramento das nossas métricas. "Sem dúvida, Kuznets conhecia as limitações do produto interno bruto", diz Campbell. "Penso que, se ele tivesse tido acesso aos dados disponíveis hoje, teria desenvolvido o IPG."

O fato de Maryland não ter que realizar pesquisas especiais para calcular o IPG destaca um fator importante. De fato, já temos toneladas de informações úteis em nossas declarações de renda nacional sobre como nossas sociedades funcionam e como elas se tornam disfuncionais. O problema é que optamos por não enfatizar a maioria dessas coisas. Um dos motivos para isso é a priorização excessiva do PIB, considerado uma condição *sine qua non* para o sucesso econômico, tão importante que obscurece a maioria dos números hierarquicamente inferiores. Vários dados importantes permanecem ocultos, escondidos em relatórios oficiais e soterrados por uma série de números em planilhas eletrônicas.

Se nosso objetivo como sociedade é maximizar o crescimento, diz McGuire, então a pergunta sempre será: do que precisamos abrir mão para conseguir tempo livre, áreas verdes, segurança no trabalho, normas de proteção ao meio ambiente e de combate a incêndios e serviços públicos? "Essencialmente, sempre fazemos a mesma pergunta: 'O que podemos sacrificar para obter ganhos econômicos?'", diz McGuire. "Nunca fazemos uma outra pergunta: 'Estamos dispostos a sacrificar ganhos econômicos para manter nosso meio ambiente e nossa saúde com qualidade máxima?'"

McGuire recorda que, quando introduziu o IPG em Maryland, alguém no estado – uma pessoa que ele alegremente descreve como "um maluco de direita"— o acusou de simplesmente jogar suas medidas favoritas dentro de um caldeirão. "Ele chamou o IPG de 'tábua Ouija e dados Yahtzee'. Só um conjunto aleatório de números. Aquilo me marcou para sempre." McGuire contesta firmemente essa caracterização. Ele aplicou o IPG exatamente como o encontrou, diz ele, e só fez ajustes mínimos para adaptar a medida às circunstâncias de Maryland. Para McGuire, o IGP é um índice que já vem pronto e tem uma história brilhante. Ainda assim, o maluco de direita fez uma crítica válida. Precisamos considerar esse ponto com cuidado ao avaliar os prós e os contras dos índices. Porque, de fato, é possível colocar no índice quase tudo que lhe agrade. É o que Hans Rosling, um estatístico sueco, chama de "PIB na era do Excel".

Quase todos os elementos do IPG são juízos de valores. Bebida é um exemplo. O consumo moderado de álcool é contabilizado como despesa positiva. Quem não gosta de um copo de vinho tinto ou de uma cerveja depois do trabalho? Mas qualquer coisa acima do que se considera consumo razoável é deduzido do IPG, que não registra os gastos com "consumo excessivo de álcool". Pesquisas acadêmicas apontam que o consumo excessivo de álcool representa 25% de todo o consumo alcoólico; logo, esse valor é subtraído do IPG, não somado. De acordo com suas convicções políticas, talvez você considere os juízos de valor por trás do IPG eminentemente sensatos. Cigarros e destruição de zonas úmidas: ruins. Casa própria, equilíbrio entre trabalho e vida pessoal e ar puro: bons. Mas precisamos reconhecer que isso é subjetivo. O IPG, por exemplo, contabiliza o tempo passado dentro do carro como perdido, porque você poderia estar em casa brincando com seus filhos. No entanto, talvez eu ame dirigir e odeie perder tempo com crianças ranhentas – mesmo que sejam meus filhos.

Segundo o IPG, se você bebe até cair, está diminuindo o bem-estar da sociedade. Mas talvez eu encontre consolo em uma garrafa e pense que não é da conta do governo a forma como gasto meu dinheiro, mesmo que seja em quantidades imensas de vodca. O IPG diz que a desigualdade é ruim porque pesquisas mostram que sociedades desiguais são menos felizes. Mas você pode – como muitos fazem – defender a desigualdade com um instrumento necessário para punir a preguiça e recompensar as pessoas por seu trabalho duro e novas ideias. Talvez você pense que a ênfase do IPG em preservar o meio ambiente é perfeitamente racional. Por outro lado, você pode considerar a extinção de um besouro desconhecido ou de um passarinho de plumagem levemente manchada um preço totalmente aceitável a se pagar por uma TV de tela maior e mais dinheiro no fundo fiduciário para a universidade de seus filhos.

A bem da verdade, os índices são autorreferenciais. Eles emitem os sinais que você deseja. Você os equipa com as ferramentas que julga importantes e eles dizem como você está. Os países escandinavos, por exemplo, frequentemente ficam no topo do Índice de Desenvolvimento Humano. Isso ocorre, segundo um crítico, "porque o IDH é basicamente uma medida que determina o quanto seu país é escandinavo".

Na busca por um substituto – ou complemento útil – para o PIB, é importante reconhecer esse problema básico dos índices compostos.

O homem que fez essa crítica à Escandinávia é Bryan Caplan, professor de economia da George Mason University, na Virgínia. Ele não atacou o IPG e seus 26 componentes, mas o Índice de Desenvolvimento Humano, bem mais simples, com três componentes. O IDH foi uma das primeiras tentativas sérias de criar uma alternativa para o PIB. Seu inventor foi o economista desenvolvimentista paquistanês Mahbub ul Haq, que escreveu o seguinte comentário sobre o PIB: "Qualquer medida que atribui a uma arma um valor centenas de vezes maior do que o de uma garrafa de leite necessariamente levanta sérias dúvidas sobre sua relevância para o progresso humano." O índice de Haq, elaborado em colaboração com Amartya Sen, foi lançado em 1990. A medida era a própria simplicidade, combinando três elementos: renda, alfabetização e longevidade. Embora o índice agora inclua uma medida de desigualdade, sua premissa básica continua a mesma. A renda é determinada pelo PIB per capita ajustado com base no custo de vida; a longevidade corresponde à expectativa de vida ao nascer; e a educação combina alfabetização e matrículas em escolas e universidades.

A lista a seguir compara os países com maior IDH e os países com maior PIB per capita. Observe que os dados são de 2015. Países e números variam de modo bastante substancial de ano para ano, sobretudo em relação ao PIB per capita.

Dos países que se saem bem de acordo com o PIB convencional, apenas três – Noruega, Irlanda e Suíça – estão entre os dez primeiros em IDH. As outras sete estrelas do PIB não se saem tão bem em converter renda em saúde e educação. Os EUA, por outro lado, não estão entre os dez primeiros no quesito PIB per capita, mas ficam entre os dez primeiros em IDH.

FIGURA 8

Posição	*Por IDH*	*Por PIB per capita*
1	Noruega	Qatar
2	Austrália	Luxemburgo
3	Suíça	Singapura
4	Dinamarca	Brunei
5	Holanda	Kuwait
6	Alemanha	Noruega
7	Irlanda	EAU
8	Estados Unidos	Irlanda
9	Canadá	San Marino
10	Nova Zelândia	Suíça

À primeira vista, não há muito o que contestar no IDH. Na verdade, esse índice me agrada bastante, por ser uma medida mais equilibrada do que nosso indicador tradicional de crescimento. No entanto, a crítica de Caplan é ponderada e incisiva. Cada uma das três medidas — renda, expectativa de vida e educação — recebe uma pontuação que varia entre 0 e 1, observa ele, sendo que 1 é a pontuação máxima. "Com efeito, isso significa que um país de imortais com PIB per capita infinito obteria uma pontuação de 0,666 (menor do que a da África do Sul e do Tajiquistão) se sua população fosse analfabeta e nunca tivesse ido à escola", diz ele, sarcasticamente. Além disso, para obter 1 em educação, um país precisaria converter todos os seus habitantes em eternos estudantes, o que não é necessariamente uma meta razoável. (Quem iria ensiná-los?) Já a renda, em tese, pode continuar crescendo; mas nos países ricos ela já está próxima de seu limite máximo de 1, o que quase não deixa espaço para melhoria. Isso porque Huq e seus colaboradores pensavam que a renda não era importante acima de um certo nível. Portanto, como os outros índices, o IDH também diz o que você quer ouvir. "O problema crucial do IDH", escreve Caplan, "é a falta de ambição. Essa medida de fato proclama o 'fim da história', definindo a Escandinávia como o auge da realização humana."[2]

Ainda assim, os índices têm sua função. As medidas são ferramentas poderosas. Quando medimos algo que consideramos positivo, os políticos elaboram políticas para maximizar essa variável, que pode sugerir um aumento na renda, na qualidade do ar ou no consumo de rosquinhas. Isso é muito poderoso. Significa que medidas "melhores" têm o poder de produzir sociedades "melhores". Se você quer ficar parecido com a Escandinávia — melhor do que muitos outros modelos, segundo as medidas de felicidade —, então desenvolver um índice que determine sua semelhança com o modelo escandinavo talvez seja o melhor ponto de partida.

É claro, nem todo país quer ser como a Noruega ou a Suécia. Determinar horas em pistas de esqui em Barbados pode não ser uma boa ideia. Mas todo país, em tese, quer melhorar seu modelo. Não devemos esquecer que o PIB também tem seu sistema de valores oculto. Ele mede a capacidade de uma economia para maximizar sua atividade sem se preocupar com o custo em destruição ambiental e ruptura social. Podemos dizer que o PIB mede o quão chinesa sua economia é.

Do mesmo modo, você pode considerar o IPG como uma tentativa de estruturar um país de acordo com o modelo desenvolvido pelo economista ecológico Herman Daly, que defende a chamada economia do "estado estável", que minimiza ou até elimina o crescimento mensurado da maneira convencional. McGuire prefere ver o IPG como uma ferramenta para definir melhor os prós e contras de cada situação. "Quando você destrói uma área verde para construir um minimercado, isso tem um custo", diz ele. "Não tiro meu chapéu para o IPG, mas ele é um modo de perguntar: se atribuímos valor a algo, o que estamos dispostos a fazer para preservá-lo? Então, se for necessário aceitar apenas 1,5% de crescimento do PIB para preservar todas as coisas que valorizamos, estamos dispostos a fazer isso?" Não há, diz ele, "nenhum sistema no mundo que possa crescer a uma taxa de 3% até o infinito".

O IPG subtrai externalidades negativas: poluição do ar, poluição da água e perdas de florestas, terras agrícolas e zonas úmidas. Por outro lado, o índice contabiliza externalidades positivas como os benefícios ocultos de um investimento, inclusive a melhoria na saúde mental e física de uma comunidade resultante da instalação de uma piscina pública. A certa altura, o governador O'Malley quis estabelecer uma política para dobrar o número de usuários do transporte público. "Analisei os números pelo filtro do IPG," recorda McGuire. "Eu poderia usar os números reais para fazer uma análise da política e mostrar que, sim, os contribuintes geralmente se beneficiam disso. Talvez haja um pequeno aumento nos gastos com ônibus públicos e coisas do tipo, porém, quando você contabiliza os benefícios em termos de custo de deslocamento, tempo livre, poluição causada por carros e uso de recursos não renováveis... essa medida se vende sozinha."

Além de ser uma ferramenta útil para a elaboração de políticas públicas, diz McGuire, o IPG vem demonstrando mais sensibilidade às condições econômicas reais do que o PIB. Ele cita números de 2009, quando o impacto da crise financeira causou efeitos devastadores na economia dos EUA. Nesse ano, o produto estadual bruto de Maryland (o PIB do estado) cresceu 3,8%. Em um memorando que enviou ao chefe de seu departamento, McGuire escreveu que isso era "quase implausível", considerando as dificuldades econômicas que afligiam as pessoas no estado. Em contrapartida, o IPG sofreu uma queda de 6,3% nesse ano. Ou seja, houve uma diferença gritante de 10 pontos porcentuais em relação ao PIB. Um dos motivos que faziam do IPG um indicador "mais preciso" para a situação real, ele afirma, era sua capacidade de informar que o investimento líquido de capital despencara de US$9 bilhões em 2008 para menos de US$1 bilhão em 2009, conforme o estado continha gastos de maneira massiva.[3] O IPG também era mais sensível a taxas de desemprego e subemprego, indicando inclusive as pessoas que tinham empregos de meio período mas queriam trabalhar em período integral, e aquelas que tinham desistido totalmente de procurar emprego porque o mercado de trabalho estava péssimo.

Ponderação e juízos de valor não são os únicos possíveis problemas de um índice como o IPG. Por ser expresso em dólares, ele incorre nas mesmas dificuldades que vimos no capítulo sobre o capital natural. "Odeio essa atribuição de valor monetário à poluição do ar para que possamos ver o pôr do sol ou as montanhas," diz McGuire. "É degradante." Quando ele começou a estabelecer custos para as zonas úmidas, florestas e espaços verdes de Maryland, ele pensou: "Bem, isso não é legal." Porém, concluiu, no mundo real das decisões políticas, "os números são importantes, e o dinheiro é mais importante ainda. As pessoas se perguntam: 'Como colocar um preço no que não tem preço?' Mas, se você não fizer isso, acaba chegando ao ponto em que estamos neste exato momento: sacrificando nossa saúde e nosso meio ambiente por ganho econômico."

McGuire compara o IPG a um banho de realidade orçamentária; depois dele, o orçamento é visto como ar puro, água pura e tempo livre, tanto quanto como dólares e centavos. "Sou funcionário municipal. Não posso sair e comprar uma Ferrari todo dia. Não estou fazendo os dólares", diz ele, ilustrando sua explicação sobre os limites orçamentários. "Se queremos gerar crescimento econômico, maravilha. Mas precisamos ter certeza de que podemos bancá-lo."

Se a desvantagem de um índice é que você pode colocar tudo o que quiser nele, essa também é sua vantagem. O Canadá levou essa ideia ao limite ao perguntar – é isso mesmo – aos próprios canadenses o que eles queriam medir. O Índice Canadense de Bem-Estar foi desenvolvido a partir de grupos de referência implementados no país no início dos anos 2000. Bryan Smale, professor da Universidade de Waterloo, em Ontário, e diretor do índice, diz: "Os grupos de referência eram organizados em torno de uma questão bem simples: 'O que é importante para você? Quais são as coisas boas de sua vida?'"[4] O índice não era uma tentativa de tornar o Canadá mais escandinavo. Seu objetivo era identificar os valores canadenses e aprimorar o que o país já tinha: resumindo, era torná-lo mais canadense.

Nos grupos de referência, formados por uma amostra das diferentes gerações e orientações políticas presentes na sociedade, os canadenses eram notavelmente consistentes sobre o que valorizavam: educação primária e secundária, acesso a serviços de saúde, um meio ambiente saudável, ar e água limpos, programas sociais, tributação responsável (seja lá o que for isso), segurança pública, segurança no trabalho, oportunidades de emprego, um salário mínimo, equilíbrio entre trabalho e vida pessoal e participação cívica. Esses referenciais constituíram a base dos oito "domínios" medidos no índice: Vitalidade das Comunidades, Participação Democrática, Educação, Meio Ambiente, Populações Saudáveis, Lazer e Cultura, Padrões de Vida e Uso do Tempo.

Em seguida, os administradores do índice identificaram conjuntos de dados sólidos — que Smale chama de "canários nas minas" [alusão à prática dos mineiros de carvão, no século XIX, de levar esses pássaros para o local de trabalho pois as aves eram as primeiras a morrer se gases tóxicos fossem liberados] — para cada domínio. Em cada domínio, há 64 indicadores que medem o progresso e acionam o alarme se a qualidade de vida em uma área específica estiver decaindo. "A questão real era: podemos encontrar dados válidos e confiáveis, coletados de maneira consistente ao longo do tempo, para definir se estamos ou não fazendo progresso?", diz ele. "Por exemplo, monitoramos a incidência de diabetes no domínio Populações Saudáveis. Isso porque, dependendo de seu grau de generalização e gravidade, essa doença pode indicar outros tipos de problemas de saúde, como cardiopatias, obesidade e outros."

Atribuir um peso para cada um dos 64 indicadores foi "bem difícil", admite Smale. Como definir o peso dos níveis da dívida pública com relação, digamos, ao número de horas que as crianças passam assistindo à TV?[5] Evidentemente, isso não é possível, mas você pode utilizar indicadores "acionáveis". Esses indicadores determinam "o tipo de coisas em que as pessoas podem se envolver com entusiasmo e dizer: 'É isso que está acontecendo no que diz respeito, por exemplo, às emissões de gases de efeito estufa. É isso que está acontecendo no que diz respeito ao tempo que as pessoas passam com os amigos.'"

Além de fornecer dados sólidos, diz ele, o índice é um "ótimo tema de conversa. As pessoas estão parando um pouco e se perguntando: 'Como está nosso bem-estar? O que não estamos fazendo que deveríamos estar fazendo? Qual é a relação do bem-estar com o progresso na economia?'" As pessoas, afirma ele, continuam ouvindo que a economia está se recuperando bem da recessão, mas percebem que o bem-estar não está. Por isso, perguntam: "O que está acontecendo?"

Em 2016, o Índice Canadense de Bem-estar revelou que a distância entre o bem-estar e o PIB, que já era grande, havia aumentado depois da crise financeira de 2008. "Em 2007, a lacuna entre o PIB e o Índice Canadense de Bem-Estar era de 22%. Em 2010, a distância havia crescido para 24,5% e, em 2014, chegou a 28,1%." Por quê? Um motivo era que, como ocorreu em Maryland, a recuperação da recessão de 2008 trouxe crescimento, mas não bons empregos. Com isso, diminuiu o nível de garantia de estar empregado, e aumentou o de desigualdade. A qualidade do "Lazer e Cultura" também caiu bruscamente, pois os canadenses passaram a trabalhar mais para pagar as contas, tirando menos folgas e férias e participando menos de atividades voluntárias e artísticas. No lado positivo, a qualidade da educação estava acompanhando o ritmo da atividade econômica e as comunidades permaneciam fortes. Nos números oficiais do crescimento, todos esses detalhes ficaram ocultos e só a recuperação econômica foi divulgada.[6]

O exercício todo, diz Smale, destacou a importância das políticas públicas. Enquanto o PIB é um "espelho retrovisor" e diz o que aconteceu no ano passado, o Índice do Bem-Estar é uma medida que indica o tipo de sociedade que o Canadá quer ser. "O índice determina o que as pessoas definiram como importante para elas. Se queremos ser ambiciosos sobre nosso futuro como sociedade, como país, a medida questiona qual ponto devemos destacar e como podemos aumentar o bem-estar em uma infinidade de áreas."

Smale não afirma que o índice, apesar de sua popularidade, teve um impacto perceptível na política nacional. "Acredito que, por ingenuidade, alguns anos atrás eu teria pensado: *Ei, quando divulgarmos isso vamos ter de fato alguma influência e mudar o país*. Agora compreendo que isso só ocorre em longo prazo", diz ele. "Algumas pessoas sugeriram que estamos tentando substituir o PIB. Não estamos. Estamos apenas tentando ampliar o debate."

14

A Conclusão do Crescimento

A genialidade do PIB é que, de alguma forma, ele consegue comprimir toda a atividade humana em um só número. Imagine que isso é como enfiar um sapo grande dentro uma caixa de fósforos pequena. Ainda assim, na melhor das hipóteses, o PIB é um insight brilhante e útil. Ele sintetiza uma versão da realidade, gerando um número que pode ser utilizado pelos formuladores de políticas públicas. Mas se a beleza do PIB é a compactação, esse também é seu grande defeito. Não existe um único número capaz de captar tudo o que vale a pena conhecer na vida — até mesmo para os economistas.

Pense no PIB como um painel de carro. Nele, um indicador de combustível informa quanta gasolina há no tanque e um velocímetro indica sua velocidade. Talvez haja uma tela indicando a música que está tocando. Os três oferecem informações valiosas, mas você não pode combiná-los em um único número que diga algo relevante. Eles estão em dimensões diferentes.[1]

Para criar um único número é necessário medir tudo usando a mesma unidade, o que, em economia, significa converter tudo em cifrões. Quando se trata de algo difícil de precificar — digamos, trabalho voluntário, expectativa de vida, ar limpo e senso de comunidade —, você deve descobrir um meio de fixar uma unidade monetária para qualquer coisa ou jogar tudo para escanteio. A ideia de que todas as coisas podem ser precificadas tem origem, em parte, na obra de Jeremy Bentham, o homem cuja cabeça, como vimos antes, vale dez libras. A teoria da utilidade marginal, fundamento da economia moderna, afirma que o preço de um bem ou serviço reflete a satisfação adicional adquirida com o consumo de uma unidade extra desse produto. Esse reducionismo permite que os economistas convertam tudo naqueles modelos matemáticos complicados que, por vezes, fazem com que as pessoas fiquem com aquele ar perdido.

Os preços, no entanto, não podem representar tudo. Isso significa que muita coisa com que nos importamos como seres humanos ou é deixada de lado por nossos cálculos econômicos ou é convertida, através de alguma artimanha, em um valor monetário que pode ser incluído. E as outras dimensões? Uma solução, em vez de agregar tudo, é fazer diferente — desagregar.[2] Isso pode parecer um retrocesso, como "desinventar" a roda. Se o PIB foi uma invenção brilhante — e foi —, então por que começar a desmantelá-lo? Se você não gosta da ideia de descartar a roda, pense desta forma: que tal tirar o sapo daquela caixa de fósforos?

O problema com o crescimento, como mensurado pelo PIB, é que ele se tornou o soberano das medidas. Ele é *o* número que usamos para definir o sucesso. É claro que os economistas e os formuladores de políticas públicas analisam dezenas de dados — desemprego, inflação, exportações líquidas, vendas de varejo, preços de casas e salários — para elaborar seus modelos e projeções; Alan Greenspan, ex-presidente do Federal Reserve, costumava examinar a venda de roupas íntimas masculinas como um indicativo de atividade econômica. Mas, no discurso popular, o PIB é o rei. Lembre-se, crescimento econômico é sinônimo de PIB. Para testar a supremacia do PIB, tudo o que você precisa fazer é imaginar um político dizendo o seguinte: "Proponho reduzir nossa economia para obter X." Ninguém que esteja concorrendo a um cargo eletivo diria uma coisa dessas, seja lá o que for X: moradias populares à prova de incêndios, uma sociedade mais justa, trabalhar dois dias por semana, pizza de graça. A ideia de não maximizar o crescimento hoje é quase impensável no discurso político moderno. Isso porque o crescimento — quase sem percebermos — passou a representar tudo que consideramos importante.

Este livro não defende — como alguns fazem — que o PIB seja suprimido. Embora tenha defeitos, essa é uma medida relevante e uma ferramenta útil para políticas públicas. Como muitos apontam, e com razão, o crescimento econômico com frequência está relacionado a fatores que consideramos importantes — educação, saúde, liberdade para tomar decisões sobre a própria vida —, porque rendas maiores e uma carga tributária mais alta criam os recursos que pagam por essas coisas. Os países mais ricos geralmente atendem melhor seus cidadãos do que os países pobres, desde que estejam organizados de maneira adequada e tenham instituições democráticas sólidas que promovam a justiça e a igualdade perante a lei.[3]

Mas este livro defende incisivamente dois pontos. O primeiro está ao alcance de praticamente qualquer leitor. Vamos chamá-lo de ceticismo. Todos que leram o livro — e, se você chegou até aqui, obrigado — agora compreendem melhor o que nossa estatística de crescimento capta e o que ela não capta. Há fatores que provavelmente não deveriam estar nela: poluição, crime, trajetos longos, mísseis, longas jornadas de trabalho. E há itens que não estão, mas que provavelmente deveriam estar: bons empregos, espaços verdes, serviços de saúde de qualidade, alguma medida de sustentabilidade. Então, da próxima vez que você ouvir que a economia cresceu por isso e aquilo, pode rir consigo mesmo ao pensar na natureza limitada dessa informação e na natureza abstrata de tal descrição da economia.

Acredito que o ceticismo é uma postura válida. Afinal, como jornalista, praticamente toda minha carreira foi construída em torno do ceticismo. Entretanto, uma perspectiva cética não resolve tudo. Repetir sempre a frase "não acredito nesse número" é uma forma niilista de ver o mundo. Isso me remete ao segundo argumento deste livro e a uma pergunta que sempre surge em qualquer discussão sobre crescimento e PIB: "O que devemos colocar no lugar dele?" Como nenhuma das alternativas é sólida ou abrangente o suficiente para superar o PIB, essa é a resposta. Em vez de substituir o PIB, devemos incrementá-lo para criar um retrato mais minucioso da realidade.

Como representante da geração da TV, tenho a seguinte opinião sobre isso. Se estou assistindo ao telejornal noturno e o âncora anuncia, com uma voz grave, uma manchete com cinco ou seis números, quais deles devemos selecionar? Ou, quando você recebe em seu telefone notificações de notícias sobre economia, quais são os números mais essenciais? A ideia é que essas medidas devem nos dizer algo importante. Nós, o público, devemos assimilá-las e levá-las tão a sério quanto o crescimento medido pelo PIB. Quais números passam no teste?

Aqui estão algumas sugestões.

PIB per capita

Essa medida é tão óbvia que talvez seja embaraçosamente tarde demais para mencioná-la. É surpreendentemente fácil ajustar o PIB e transformá-lo em um valor per capita: basta dividi-lo pelo número de habitantes do país. No entanto, isso raramente é feito — ao menos no discurso público convencional. Com frequência, o crescimento é expresso em termos absolutos, sem nunca levar em conta a expansão populacional.

Se sua taxa de crescimento é de 2%, mas sua população também está crescendo a uma taxa de 2%, então, considerando um valor per capita, você não está saindo do lugar. Os investidores geralmente ficam empolgados com as taxas de crescimento de alguns países em desenvolvimento, mas esquecem que a maior parte delas é só resultado de altas taxas de natalidade. A maneira mais fácil de incrementar o volume de uma economia é somar mais pessoas. Se Donald Trump quer atingir uma taxa de crescimento de 3%, é muito fácil: basta ele derrubar seu muro imaginário e convidar 10 milhões de imigrantes para entrar nos EUA a cada ano. O que ele realmente quer, todavia, é um crescimento *per capita* de 3%, algo completamente diferente — e muito mais difícil de conseguir.

Os economistas têm dificuldades para imaginar como um país pode progredir se não somar eternamente trabalhadores à sua força produtiva. É por isso que tantos falam que o Japão, com uma população em leve declínio e taxas de crescimento per capita positivas, está em uma "espiral da morte demográfica".[4] Os economistas são tão apegados à ideia de que a economia sempre tem que se expandir que acham difícil romper com a lógica de "somar mais pessoas". Se Thomas Malthus pensava que acrescentar cada vez mais pessoas traria a morte da civilização humana, os economistas modernos pensam o contrário.

FIGURA 9

Os 10 países com maior PIB per capita (paridade do poder de compra) em 2015, segundo o FMI

País	*PIB (PPC) per capita (em US$)*
Qatar	132.870
Luxemburgo	99.506
Singapura	85.382
Brunei	79.508
Kuwait	70.542
Noruega	68.591
EAU	67.217
Irlanda	65.806
San Marino	62.938
Suíça	58.647

Os 10 países com menor PIB per capita

País	*PIB (PPC) per capita (em US$)*
Eritreia	1.300
Guiné	1.238
Moçambique	1.192
Malawi	1.126
Níger	1.077
Libéria	875
Burundi	831
República Democrática do Congo	767
República Centro-Africana	628

Contudo, a menos que imaginemos a população mundial crescendo indefinidamente, precisamos de fato começar a pensar em um mundo em que a economia pare, em algum momento, de se expandir — ao menos as economias ricas e avançadas.[5] Isso não significa que a renda per capita necessariamente deva parar de crescer. E isso, em última instância, é o que conta. Registrar o crescimento em valores per capita é um passo pequeno, mas importante, para colocar as pessoas — e não uma noção abstrata de economia — no centro do nosso processo de formulação de políticas públicas.

Renda mediana

Essa medida se sai melhor do que o PIB per capita. Ela tem uma vantagem grande e outra pequena. A grande é ser uma mediana, não um valor médio. O valor médio é a média, mas geralmente as pessoas não compreendem o que isso implica. Em uma sociedade formada por quatro pessoas com uma renda total igual a 100, se uma delas concentra a renda toda enquanto as outras ficam sem absolutamente nada, então a renda média é 25. O estatístico-chefe do Financial Times, Keith Fray, conta uma piada em suas reuniões: "Bill Gates entra em um bar. Em média, todo mundo no recinto fica bilionário." Ri alto quando ouvi essa piada, mas essa é a minha opinião. O "humor" (ah, esses estatísticos!) reside no fato de que a média é meramente a soma total dividida pelo número de pessoas que, no caso, estão no bar. Esse valor pode gerar um retrato distorcido para algo que consideramos típico. Isso porque ele não diz nada sobre a forma como a renda é distribuída. Conforme nossas sociedades ficam mais desiguais, esse problema só aumenta.[6]

Ao contrário do valor médio, a mediana alinha todo mundo — soa assustador, eu sei — e pega a pessoa que está no meio. Esse valor dá uma ideia aproximada do modo como uma pessoa comum vive. Pode-se chamar a mediana de número da classe média precária. Hoje em dia, quando a classe média se sente incompreendida e mal representada, essa é uma grande vantagem.

A pequena vantagem da renda mediana é focar a renda e não a produção. Renda é um conceito bastante intuitivo para a maioria das pessoas: consiste em se perguntar como vou me sustentar e não quantas empilhadeiras foram produzidas este ano. A teoria das contas nacionais estabelece que produção e renda são a mesma coisa, pois compramos itens produzidos e produzimos itens que podem ser comprados, mas nem sempre é assim.

Steve Landefeld, o encarregado do PIB dos EUA há vinte anos, também é fã das medianas. Porém, ele afirma, esses valores contam uma história que pode deixar alguns políticos pouco à vontade. "Considerando o impacto político desses números, as agências de estatística podem ficar um pouco nervosas diante deles", ele me disse. "Mas acho que há um consenso cada vez mais estabelecido nos EUA e em outros países de que precisamos analisar esses dados."

Desigualdade

Mas até a noção de renda mediana tem seus limites. Além de definir a situação da pessoa ou família comum, é recomendável lançar uma luz sobre os que ficaram para trás. Há várias maneiras de fazer isso. Afinal, foi necessário que um grupo de acadêmicos inteligentes fizesse várias investigações para revelar o fato chocante de que a expectativa de vida dos norte-americanos brancos de meia-idade e menos instruídos vem caindo. Uma medida de desigualdade bem rudimentar é o coeficiente Gini, geralmente expresso em uma escala de 0 a 100.[7] Na medida criada pelo estatístico italiano Corrado Gini em 1912, em um extremo da escala, zero representa uma sociedade perfeita em termos de igualdade, em que todos ganham os mesmos valores; no outro, 100 corresponde a uma economia em que uma só pessoa concentra toda a renda. Sociedades relativamente igualitárias, como as da Escandinávia, têm um coeficiente Gini inferior a 30, já a sociedade mais desigual do mundo, a África do Sul, registra o coeficiente de 63,8. Os EUA têm um coeficiente Gini de 41; o Reino Unido, 33 e a Alemanha, 30,9. O mesmo exercício pode ser realizado com base na saúde ou em ativos — que, em geral, revelam uma desigualdade ainda maior.

Outro método consiste em desagregar a renda de acordo com os percentis da população. Isso revela como a renda é dividida e compara a mediana com a renda de ricos e pobres. O gráfico a seguir conta a história dos salários nos EUA desde 1980, com relação aos segmentos do topo, do meio e da base da sociedade. Também destaca a diferença entre o salário típico e a média.

FIGURA 10

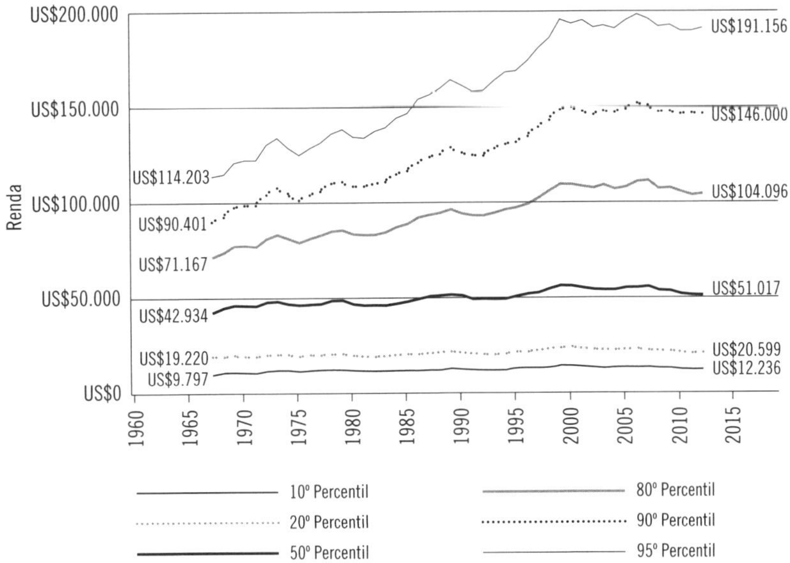

Renda Familiar Real em Percentis Selecionados, 1967–2012 (em valores de 2002).[10]

Outra maneira de expressar a desigualdade em um único número é comparar um segmento da população com outro, digamos, os 10% do topo contra os 10% da base, de acordo com a renda. O quadro a seguir lista um seleto grupo de países ricos organizados com base nesse critério, com os mais igualitários no topo. Por exemplo: na relativamente igualitária Islândia, os 10% da população no topo concentram 20,6% da renda total, contra 4,1% dos 10% da base — uma proporção de 5 para 1. Enquanto isso, no México, os 10% do topo concentram gritantes 36,4% da renda e os 10% da base apenas 1,7%, uma proporção de 21,4 para 1.

FIGURA 11

Islândia	5,0
Alemanha	6,7
França	6,9
Canadá	9,3
Japão	10,4
Reino Unido	10,6
Turquia	13,1
EUA	18,3
Chile	20,6
México	21,4

OCDE [11]

Produto interno líquido

O PIB mede o fluxo de renda, mas também precisamos definir o volume da riqueza nacional. Caso contrário, vamos confundir Bill, o banqueiro, com Ben, o jardineiro. Nos EUA, o Instituto de Análise Econômica tem compilado há anos os números do produto interno líquido, que só recebe uma fração — para ser simpático — da atenção dedicada ao PIB. Para calcular o produto interno líquido (PIL), deduzimos do PIB a depreciação de bens de capital como estradas, aeroportos e habitação. Se uma nação incrementa seu capital social, seu PIL cresce. Se não, ele diminui. A diferença entre o PIB e o PIL indica se o país está desfalcando seu capital para gerar um incentivo insustentável e estimular a produção.

Brent Moulton, que durante muitos anos foi o número dois no Instituto de Análise Econômica, acredita que existe um argumento convincente para priorizar o PIL. "Uma das perguntas fundamentais sobre uma nação é: sua riqueza está aumentando ou diminuindo?", ele me disse quando nos encontramos na G Street Food, em Washington, uma hamburgueria de esquina que, paradoxalmente, não ficava nada perto da G Street.[12] (Endereços, como medidas, podem ser enganadores.) Determinar a riqueza, disse ele, é importante, sobretudo em países dependentes de recursos naturais.

Mas até um país como os Estados Unidos, se quiser prosperar, precisa conservar seu estoque de ativos, como sua infraestrutura, suas universidades e seus recursos naturais. Definir se os países estão incrementando sua riqueza ou não deve ser uma questão essencial para a contabilidade nacional.[13] Apenas os países com um produto interno líquido forte podem sustentar o aumento de seu padrão de vida no longo prazo.

Bem-estar

Nenhum defensor sério do PIB afirmaria que ele é uma medida do bem-estar; no entanto, poucos negariam que, no discurso público, ele se popularizou como um indicador desse aspecto social. Como a definição de bem-estar é produto de um juízo intensamente subjetivo, é impossível medi-lo de maneira objetiva. Mas vale a pena tentar, porque o exercício de definir e medir o bem-estar estimula as sociedades a estabelecer prioridades. Tentar medir o não mensurável — a felicidade ou uma medida mais ampla do bem-estar social — consolida o foco.

Se o Indicador de Progresso Genuíno de Maryland ganhasse mais destaque publicitário e apoio político, ele seria o assunto principal de uma série de debates públicos agitados. Imagine se o governador dissesse que mudaria drasticamente suas políticas devido a uma queda no IPG. Algumas pessoas acompanhariam atentamente os valores do indicador e ficariam alegres quando ele subisse e preocupadas quando ele caísse. Outras argumentariam que o IPG mede os itens errados e que ele deveria ser substituído por um índice melhor. De qualquer modo, a tentativa de definir o bem-estar pode acender um debate sobre os objetivos de nossas sociedades e estabelecer um marco de referência para medir o progresso dessas metas.

Emissões de CO_2

Deixei o ponto mais polêmico para o final. Acompanhar os níveis de CO_2 é a forma mais simples de monitorar o capital natural, pois medir o carbono não é o mesmo que precificar uma floresta ou uma bacia hidrográfica, um exercício carregado de dificuldades. O CO_2 serve como um indicador da poluição. "Se estamos fritando nosso planeta", diz Joseph Stiglitz, "você vai querer saber que estamos fritando o planeta."[14]

Essa sugestão destaca algo que já deve ter ficado óbvio no decorrer deste livro. Estatísticos não são neutros. Também não são chatos. Eles são seres extremamente políticos. Se pretendemos medir algo, é porque achamos isso relevante e queremos influenciá-lo. Para quem considera ruins os níveis elevados de CO_2, o objetivo é controlá-los ou reduzi-los. Mas, para quem nega que exista uma correlação entre a atividade humana e a mudança climática, limitar as emissões de CO_2 é um desperdício de tempo e dinheiro. E mais, destrói o que realmente importa: o crescimento. Esse foi essencialmente o argumento que Donald Trump utilizou ao sair do Acordo de Paris.

A maioria dos cientistas discorda dessa versão, apontando que a atividade humana está causando um impacto perceptível nas temperaturas globais. Minha opinião é a seguinte. Não tenho nenhum conhecimento específico sobre a ciência das alterações climáticas, assim como não entendo nada de engenharia aeronáutica. Mas, quando estou a bordo de um avião, acredito que os engenheiros dominam totalmente a arte de manter a aeronave no ar. Essa também é minha conclusão diante do número esmagador de cientistas alertando sobre os perigos da mudança climática. Eu não sei, mas acredito neles. E se eles estiverem certos parece tremendamente sensato monitorar o nível de CO_2 e, em seguida, implementar alguma medida.[15] O que poderia acontecer de pior? Ganhar mais ar respirável?

Essas são as minhas sugestões. Mas talvez você tenha outras. Você pode querer medir a felicidade ou a distribuição regional de renda ou usar medidas mais abrangentes para destacar o desemprego.[16] Talvez você goste das cuecas de Alan Greenspan.

Sejam quais forem suas preferências, sempre há prós e contras associados ao excesso e à escassez de informações. Assim que desagregar os números ou identificar novos itens para medir, você deve ponderar sua importância. Muitos dos resultados esperados — um meio ambiente limpo, vidas saudáveis, ruas seguras, renda mais alta, estabilidade no trabalho — estão em dimensões diferentes. Sempre que você forma um aglomerado, perde informações. Por outro lado, se você não forma um aglomerado, não pode processar todas as informações de que dispõe.[17]

Uma solução para esse problema é o painel de bordo. Usando a analogia do painel de um carro ou, melhor ainda, de uma cabine de avião, a ideia é monitorar várias coisas ao mesmo tempo. Talvez o conceito máximo de painel seja o Better Life Index da OCDE, lançado em 2011, após uma década de desenvolvimento.[18] Esse índice compara 38 países com base em 11 "tópicos" diferentes, como moradia, meio ambiente, segurança e renda. Sua beleza está na possibilidade de ser personalizado; você pode atribuir qualquer peso a cada categoria. Ele funciona como uma mesa de mixagem aplicada ao bem-estar. Digamos que você prioriza o equilíbrio entre trabalho e vida pessoal em comparação com todas as outras coisas; é só girar o botão para o nível máximo e conferir os países que se saem melhor. (Resposta: a Holanda.)[19] O índice não é exatamente uma ferramenta voltada para políticas públicas, mas uma maneira de ilustrar prós e contras dos diferentes resultados esperados.

Outra recomendação incisiva deste livro é aprimorar o modo como medimos os serviços públicos. Tendemos a subestimar atividades estatais como educação, serviços de saúde e estradas. Isso porque elas são oferecidas de graça. O Delivery Unit do Reino Unido, que estabeleceu referenciais para tudo, de atrasos de trens a resultados de exames escolares, foi um passo imperfeito, mas útil, na direção certa. Devemos desenvolver essa iniciativa. Se não determinarmos a contribuição do setor público de maneira adequada, provavelmente vamos privatizá-lo e jogar fora uma boa oportunidade, embora seja exatamente isso que muitos países — movidos pelos incentivos invisíveis do crescimento — estão fazendo.

Nos países mais pobres, elevar os padrões de vida até níveis aceitáveis pode exigir muitos anos de crescimento rápido. Mas o crescimento é um meio para atingir objetivos, não um fim em si mesmo. No mundo mais rico, a ideia geral de crescimento — ao menos o mensurado da maneira convencional — talvez deva ser reformulada. Nas economias centradas em serviços, as mercadorias e serviços adaptados às nossas necessidades individuais determinarão o avanço de nossas sociedades. Esses itens são bastante diversos, como medicamentos voltados para perfis genéticos específicos, atendimento personalizado e ternos sob medida. Isso é diferente de uma pilha crescente de tralhas, de uma corrida incessante rumo ao crescimento. Ao contrário, essa tendência se baseia em melhorias na qualidade, algo que o PIB não mede com eficiência. Cerca de 50 anos atrás, um economista dos EUA comparou a chamada economia dos "cowboys", baseada na produção, na exploração de recursos e na poluição, com a economia dos "astronautas", em que a qualidade e a complexidade tomavam o lugar da "produtividade" como a medida do sucesso. A transição da manufatura para os serviços e do analógico para o digital é a transformação do vaqueiro no astronauta. Mas ainda estamos medindo o tamanho do laço.[20]

A questão da qualidade também oferece uma solução para alguns dos problemas subjacentes à nossa aparente compulsão por acumular cada vez mais bens materiais sem ligar para os custos dessa prática em nossa vida pessoal e no meio ambiente. A história do Eurostar oferecendo Chateau Petrus de graça aos passageiros sugere como as sociedades ricas podem "crescer" no futuro aprimorando a qualidade da experiência. A qualidade — como pratos bem preparados e com ingredientes produzidos no local, serviços de saúde personalizados, mais atividades culturais e ao ar livre, produtos customizados e designs melhores — emite menos carbono do que a quantidade. A contabilidade padrão do crescimento nos desvia implacavelmente para um caminho sinalizado com uma placa de MAIS.

Algumas das medidas que devemos priorizar, tais como o PIL e uma definição ampla de desemprego, já existem. Outras, como as medidas do capital natural, da qualidade e do bem-estar, estão em fase de desenvolvimento. Precisamos investir mais recursos e contratar mais pessoas inteligentes para inventar medidas de excelência, à altura da criatividade do PIB. Contadores são apenas mensageiros. (É claro, quando um contador da PwC entrega o envelope errado ao ator Warren Beatty, transmitir a mensagem errada pode ser constrangedor.[21]) Contadores precisam de assistência para gerar mensagens úteis. Para atrair profissionais para a causa deste livro, recomendo uma proposta indecente: ofereça a eles mais dinheiro e poder.

O Reino Unido contribui com cerca de £127 milhões por ano para o acelerador de partículas da CERN, a Organização

Europeia para a Pesquisa Nuclear, em Genebra. "Em troca, participamos da iniciativa que mede a massa do bóson de Higgs até sei lá quantas casas decimais", diz Nick Oulton, da London School of Economics, referindo-se à partícula elementar. "Isso tudo parece muito interessante. Mas o orçamento da Agência de Estatística Nacional — que processa não só o PIB, é claro, mas registros de nascimentos, casamentos e mortes, imigração, emprego, desemprego, todos os componentes do PIB e, evidentemente, o PIB — para este ano é de £173 milhões. As ciências naturais convenceram a todos de que, para obter respostas, você tem que gastar muito dinheiro."[22] O mesmo vale para os dilemas apontados neste livro. Se o PIB foi o Projeto Manhattan da economia, já chegou a hora de pousar na Lua e enviar uma missão para Marte.

Além de dinheiro, os contadores responsáveis pelas contas nacionais precisam de amparo político. Estatísticas são controversas. Nem sempre elas trazem notícias convenientes. Nos Estados Unidos, durante o governo Clinton, tentativas de introduzir "contas verdes" regulares foram vetadas por um Congresso alinhado com os interesses das grandes empresas, como as da indústria do carvão.[23] Bill Clinton disse: "Não precisamos escolher entre respirar ar puro e ganhar bons salários. O fato é que nossos problemas ambientais não são o resultado de um crescimento sólido, mas de um crescimento imprudente." O Congresso tinha outra opinião sobre o assunto. A Agência de Estatística Nacional foi ameaçada com um corte de 20% em seu orçamento se desenvolvesse iniciativas de contabilidade verde — que acabaram sendo discretamente jogadas para escanteio. "Não se pode esperar que os estatísticos carreguem esse peso nos ombros", diz uma fonte ligada à agência, ainda ressentida com o encontro duas décadas depois. "Esse tipo de iniciativa deve ser uma decisão social. As agências de estatística podem analisar os dados, desenvolver uma proposta. Porém, se a democracia diz não, então é não."[24]

A diferença (que Nicolas Sarkozy disse ser bastante perigosa) entre o que os economistas nos dizem e nossas próprias experiências, admite duas leituras, ambas um pouco contraditórias. Por um lado, o PIB pode estar subestimando nossa situação financeira. Por ser uma péssima medida para a inovação, seus números brutos, ao expressarem a renda e a produção, não captam os enormes avanços na saúde, tecnologia, comodidade e acesso ao conhecimento. O PIB pode estar disseminando um alarmismo desnecessário ao sub-representar nosso patrimônio real. Por outro lado, ele superestima alguns aspectos de nossas vidas. Embora a economia hipoteticamente esteja em uma marcha progressiva contínua, muitos se sentem deixados para trás, marginalizados, abandonados e presos a uma corrida infinita para pagar pelos bens e serviços que supostamente definem nossas vidas. Nessas circunstâncias, aumentar o tamanho da torta econômica e esperar que cada um de nós abocanhe um pedaço decente não é uma política satisfatória nem sustentável.

Se queremos números melhores, temos que encarar uma verdade incômoda. Não podemos governar somente com base em números. Os governantes trabalham com o que é passível de ser medido. Mas nem tudo pode ser precificado e quantificado. Nem tudo fica melhor ao ser adornado com um cifrão. Essa é uma das lições dos recentes retrocessos políticos, em que os eleitores rejeitaram a política tradicional.

A invenção do PIB gerou uma classe de tecnocratas e economistas que implementaram políticas para beneficiar a economia, mas nem sempre a sociedade como um todo.[25] Eles herdaram uma ideia newtoniana de economia, que definiam como um sistema racional e previsível, "uma entidade singular com relações mecânicas bem definidas entre diferentes partes móveis conectadas por tubos, engrenagens e alavancas metafóricas".[26]Muitas vezes, a economia é vista como algo que está fora da experiência humana. Como escreveu um pensador pouco ortodoxo: "A matemática injetou rigor na economia. Infelizmente, foi uma overdose."[27]

Antes da invenção do PIB, a palavra economia nunca aparecia no discurso político, algo quase inimaginável hoje em dia. Ninguém pensava nela como uma entidade independente. Até 1950, a ideia de economia nunca havia aparecido, com seu significado moderno, em um manifesto político divulgado no Reino Unido. Tudo isso mudou com a invenção do PIB. O PIB serviu como uma porta dos fundos, pela qual os economistas entraram sorrateiramente para chegar ao palco público — e aos salões do governo e da burocracia.

Os economistas podem contribuir para a formulação de políticas públicas. Mas seu ponto de vista não é o único. Há várias formas de governar. Não é necessário proceder como a ilustre Biblioteca Britânica, que justificou suas atividades alegando que, para cada £1 de financiamento público que recebia, gerava £4,40 para a economia.[28] Também não é o caso de fazer como certa instituição de caridade voltada para crianças, que incentivava pais e mães a lerem para seus filhos indicando que uma melhoria nos índices de alfabetização traria um aumento de 1,5% no PIB até 2020. Algumas coisas — ruas seguras, bons empregos, ar puro, espaços abertos, senso de comunidade, sensação de segurança e bem-estar — são boas por si só. Isso também vale para o amor pelos livros e pela leitura. Às vezes, uma renda maior ajuda a conseguir o que queremos. Às vezes, não. Porém, uma renda maior — um PIB maior — nunca deve ser o principal objetivo. No máximo, deve ser um meio para que possamos atingir nossos fins. Nas palavras de Simon Kuznets: "Estamos promovendo o crescimento de quê? E por quê?"

Nosso clero de economistas se atém à "ideia de que há leis econômicas que não podemos contradizer, como não podemos contradizer as leis da física: por mais que queiramos, não podemos ir contra a lógica 'da economia'".[29] Mas, às vezes, podemos. E, às vezes, devemos. A economia não é algo real. É apenas uma forma de imaginar o mundo. O produto interno bruto também não é real. É apenas uma maneira inteligente de medir algumas das nossas criações como seres humanos. O crescimento foi uma grande invenção. Agora, vamos partir para outra.

AGRADECIMENTOS

Seria impossível citar o nome de todos que contribuíram com a escrita deste livro. Durante anos, discuti as ideias que apresento aqui com amigos, familiares, colegas e profissionais, sem falar nos meus dois filhos, Dylan e Travis.

Além disso, conduzi dezenas de entrevistas, pessoalmente e por telefone, com profissionais, acadêmicos, economistas e pensadores na Europa, América, África e Ásia. Muitos deles ajudaram a formular os argumentos presentes nestas páginas e nas notas de rodapé. A todos, meus pródigos agradecimentos pela gentileza e sabedoria.

Algumas pessoas merecem menção especial. A equipe do Instituto de Estatística Nacional me ajudou pacientemente a explicar a dinâmica do PIB e como ele é calculado. Este livro recomenda a contratação de mais estatísticos, não menos; portanto, quero agradecer, por todo o trabalho duro e dedicação, a: Luke Croydon, Darren Morgan, Sanjiv Mahajan e Gareth Powell, para citar apenas alguns. Agradeço também a todos do Instituto de Análise Econômica dos EUA, tanto os que já saíram quanto os que continuam na instituição, e aos dedicados estatísticos com quem conversei no Quênia, Nigéria, Libéria e Tanzânia, assim como aos profissionais de outros locais da

África que estão tentando compreender as economias dos seus países, muitas vezes em circunstâncias adversas.

No *Financial Times*, gostaria de agradecer ao editor, Lionel Barber, que sempre me ofereceu seu apoio e amizade. O *FT*, como as melhores universidades do mundo, permite que seus jornalistas desenvolvam seus interesses sem restrições. O *FT* publicou vários artigos meus sobre o PIB — um ensaio aberto para este livro — na seção Life and Arts e no espaço reservado aos comentaristas em sua revista. O excelente sistema de licença sabática do *FT* me proporcionou o tempo livre necessário para escrever a primeira versão do livro. Além de Lionel, gostaria de agradecer a Gideon Rachman, um grande colega, e a Thomas Hale, que leu uma versão inicial e fez sugestões pertinentes, bem como a William Wallis e Andrew England, que foram ótimos amigos e me incentivaram quando mais precisei.

Outros leitores das primeiras versões do livro e de seus capítulos foram Akash Kapur e Geoff Tily, cujas ideias e críticas se mostraram bastante úteis. Joe Earle, um jovem e talentoso economista e cofundador da The Post-Crash Economics Society, também leu uma versão inicial e me ajudou a ter certeza de que eu estava no caminho certo.

Danielle Walker Palmour, da Friends Provident Foundation, incentivou a escrita deste livro e foi tremendamente importante por seu apoio. Alison Benjamin, que leu as primeiras versões, também me incentivou e fez excelentes sugestões. Se eles não tivessem me instigado, este livro jamais teria sido escrito.

Da mesma forma, quero agradecer a meus agentes Felicity Bryan e Zoe Pagnamenta, que me conheceram pelo meu primeiro livro (sobre o Japão) e acreditaram nesta obra desde o princípio, mesmo sendo sobre um assunto sem nenhuma relação com minha produção anterior e fora da minha esfera habitual. Alexis Kirschbaum, da Bloomsbury, e, nos EUA, Tim Duggan, da Tim Duggan Books, perceberam rapidamente o potencial deste projeto.

Agradeço também à dedicada equipe de publicidade e marketing no Reino Unido — Natalie Ramm, Emma Bal e Genista Tate-Alexander — e a Jasmine Horsey e Sarah Ruddick, que foram incrivelmente prestativas. Nos EUA, embora eu ainda não os conheça pessoalmente, agradeço a William Wolfslau, Aubrey Martinson, Dyana Messina, Lisa Erickson e Becca Putman pelo excelente profissionalismo.

Igualmente gostaria de agradecer a Ha-Joon Chang, com quem discuti o livro durante a fase de concepção e que me convenceu de que eu podia escrever esta obra.

Este livro foi escrito durante um período de transição difícil em minha vida; gostaria de agradecer especialmente à minha mãe,

Doria Pilling, por ter estado ao meu lado quando mais precisei. Ela editou um livro sobre assistência social em nível mundial, um projeto muito mais ambicioso que o meu, enquanto eu produzia esta obra.

NOTAS

O CULTO DO CRESCIMENTO

1. Ver Pankaj Mishra, *Age of Anger*, Farrar, Straus e Giroux, 2017; Ed Luce, *The Retreat of Western Liberalism*, Little, Brown, 2017.
2. Citado de Diane Coyle, *GDP: A Brief But Affectionate History*, Princeton University Press, 2014, p. 124.
3. Sempre atribuí essa frase a Bill Emmott, ex-editor do *The Economist*. Ele pode não ser o autor, mas a usa com frequência.
4. 'Chinese Factory Worker Can't Believe the Shit He Makes for Americans', *Onion*, 15 de junho de 2005: www.theonion.com
5. 'The 30 Most Insane Things for Sale in Skymall', Buzzfeed, 10 de julho de 2013: www.buzzfeed.com
6. Joseph Stiglitz, *The Price of Inequality*, W. W. Norton & Company, 2012, p. xii.
7. Sarah F. Brosnan e Frans B. M. de Waal, 'Monkeys Reject Unequal Pay', *Nature*, Vol. 425, setembro de 2003.
8. David Card, Alexandre Mas, Enrico Moretti e Emmanuel Saez, 'Inequality at Work: The Effect of Peer Salaries on Job Satisfaction', novembro de 2011: www.princeton.edu
9. 'The Cost of Living in Jane Austen's England': www.janeausten. co.uk
10. Joseph Stiglitz, Amartya Sen and Jean-Paul Fitoussi, *Mismeasuring Our Lives: Why GDP Doesn't Add Up*, The New Press, 2010, p. ix.
11. Walter Berglund, o advogado e ambientalista do romance *Freedom*, de Jonathan Franzen, expressa ideias similares.

12. Em valores nominais, a economia do Japão mal se mexeu entre 1990 e 2017. Em valores per capita, seu desempenho foi bem parecido com o da maioria das economias ocidentais, em virtude da queda nos preços e do declínio populacional.
13. É verdade que as taxas de suicídio eram elevadas.

CAPÍTULO 1 O MONSTRO DE KUZNETS

1. Essas descobertas são do historiador e economista Angus Maddison. Após a Grande Depressão, desencadeada pela Revolução Industrial na Europa Ocidental, a participação da China e da Índia na economia mundial caiu bruscamente, atingindo o ponto mais baixo, cerca de 9%, em 1950. Hoje, esse valor subiu para cerca de 30%. Ver 'The Economic History of the Last 2000 Years in 1 Little Graph': www.theatlantic.com
2. Benjamin Mitra-Kahn, 'Redefining the Economy: how the "economy" was invented 1620', tese de doutorado não publicada, City University London, p. 18.
3. Ibid. Todas essas ideias estão na brilhante tese de Benjamin Mitra-Kahn.
4. Muitas tentativas anteriores a essa se propuseram a levantar os ativos de um país, como o Domesday Book de 1086. No entanto, ao contrário de Petty, que tentou incorporar fluxos de dinheiro em seus cálculos, as iniciativas anteriores se concentraram quase que exclusivamente em ativos, sobretudo terras.
5. Mitra-Kahn, 'Redefining the Economy', p. 4.
6. Ibid., p. 24.
7. A teoria inerente à curva de Kuznets propunha que, conforme uma economia progride, primeiro a desigualdade aumenta para, em seguida, diminuir. A teoria vem sendo alvo de críticas significativas nesta época de desigualdade, e alguns economistas

afirmam que não há nenhuma evidência estatística que sustente a teoria de Kuznets.

8. Para uma boa descrição do caráter e dos métodos de Kuznets, ver Robert William Fogel, *Political Arithmetic: Simon Kuznets and the Empirical Tradition in Economics*, University of Chicago Press, 2013.
9. Ehsan Masood, *The Great Invention*, Saqi Books, 2014, p. 15.
10. Inicialmente, Kuznets concebeu o produto nacional bruto e não o produto interno bruto. Este último calcula a produção dentro das fronteiras de uma nação. A medida de Kuznets contabilizava o que era produzido por empresas e habitantes dos EUA, dentro e fora do país.
11. Dirk Philipsen, *The Little Big Number: How GDP Came to Rule the World and What to Do About It*, Princeton University Press, 2015, p. 99.
12. Mitra-Kahn, 'Redefining the Economy', p. 14.
13. Ibid., p. 27.
14. James Lacey, *Keep From All Thoughtful Men: How US Economists Won World War II*, Naval Institute Press, 2011.
15. Mitra-Kahn, 'Redefining the Economy', p. 210.
16. Ibid., p. 237.
17. Masood, *The Great Invention*, p. 31.
18. Citado em Mitra-Kahn, 'Redefining the Economy', p. 239–40.

CAPÍTULO 2 O SALÁRIO DO PECADO

1. A decisão foi tomada em 1995, nos termos da versão atualizada do Sistema Europeu de Contas Nacionais e Regionais da Eurostat 95 (ESA95).
2. Isso porque o valor pago por cada país-membro da União Europeia é determinado pelo volume de sua economia, medido pela renda nacional bruta (RNB), um parente próximo do PIB.

É claro, isso foi antes de a Grã-Bretanha resolver, após um referendo, se desligar totalmente da União Europeia.

3. "Acho que você vai achar irritantemente chato", disse Gareth Powell, do Instituto Nacional de Estatística do Reino Unido, ao ser questionado sobre a metodologia. "Eles fizeram a maior parte do trabalho no departamento, usando dados já publicados." Entrevista por telefone com o autor, março de 2016.
4. Para conferir uma descrição detalhada dos seus cálculos, ver Joshua Abramsky e Steve Drew, 'Changes to National Accounts: Inclusion of Illegal Drugs and Prostitution in the UK National Accounts', UK Office for National Statistics, 29 de maio de 2014.
5. Os números não contabilizavam prostitutos homens, que correspondem a 42% de todos os trabalhadores sexuais do Reino Unido: www.theguardian.com
6. Mais adiante neste capítulo há mais detalhes sobre o valor agregado.
7. David Lang, 'Percentage of GDP is a Strange Benchmark for a Defence Budget', carta ao Financial Times, 3 de março 2015: www.ft.com
8. www.wsj.com
9. www.csmonitor.com
10. 'Australia Carbon Laws Fail to Pass Senate', *Financial Times*, 2 de dezembro de 2009: www.ft.com
11. Simon Briscoe, 'Britons Highly Sceptical Over Data', *Financial Times*, 29 de dezembro de 2009.
12. Kate Allen e Chris Giles, 'Statisticians Face Hard Facts', *Financial Times*, 5 de setembro de 2012.
13. Estimativa de Darren Morgan, entrevista com o autor, Londres, junho de 2016.

14. No produto interno líquido é deduzido o desgaste do maquinário que fabrica os produtos, a chamada depreciação. Como determinar a depreciação não é fácil, o produto interno bruto é a medida mais popular.
15. O método de produção às vezes é chamado de método de saída.
16. Esse exemplo é usado por Ha-Joon Chang em *Economics: The User's Guide*, Bloomsbury Press, Nova York, 2015, p. 212.
17. Geralmente, o cálculo é feito através da fórmula C + I + G + (X - M); C são as despesas das famílias, I o investimento privado, G as despesas governamentais, X as exportações de bens e serviços e M as importações de bens e serviços.
18. Entrevista do autor com Umair Haque, Londres, junho de 2016.
19. Na forma mais frequente de deflação registrada atualmente, ocorre o mesmo quando os preços caem.

CAPÍTULO 3 O BOM, O RUIM E O INVISÍVEL

1. O nome verdadeiro de Janice não aparece na fantástica reportagem de Steven Brill, 'The Bitter Pill: Why Medical Bills are Killing US', *Time Magazine*, 20 de Fevereiro de 2013: www.uta.edu
2. Esses detalhes foram extraídos de ibid.
3. Números de 2014 da Organização Mundial de Saúde.
4. Organização Mundial de Saúde, 2015.
5. Bryan Harris, 'South Korea Set to Take Japan's Life Expectancy Crown', *Financial Times*, 22 de fevereiro de 2017: www.ft.com
6. Chris Conover, '5 Myths in Steven Brill's Opus on Health Costs', *Forbes*, 4 de março de 2014: www.forbes.com
7. De acordo com o Centro de Política Responsiva, citado em Steven Brill, 'The Bitter Pill'.
8. Esses números foram extraídos de ibid.

9. De fato, o desempenho da economia japonesa não era tão ruim quanto se imaginava. O PIB nominal havia estagnado, mas, se ajustado de acordo com os preços e o declínio populacional, o crescimento real per capita do Japão era razoável.
10. Leo Lewis, 'Japan, Women in the Workforce ', *Financial Times*, 6 de julho de 2015: www.ft.com
11. Sarah O'Connor, 'America's Jobs for the Boys Is Just Half the Employment Story', *Financial Times*, 7 de fevereiro de 2017.
12. Esse exemplo foi citado por Angus Deaton durante uma conversa com o autor.
13. Katrine Marçal, *Who Cooked Adam Smith's Dinner?: A Story About Women and Economics*, Portobello, 2015.
14. Ibid.
15. Jonathan Franzen, *The Corrections*, HarperCollins, 2013, p. 288.
16. David Pilling, 'No Formula Can Better a Mother's Milk', *Financial Times*, 6 de março de 2013.
17. Julie P. Smith, 'Lost Milk? Counting the Economic Value of Breastmilk in GDP': www.researchgate.net
18. onlinelibrary.wiley.com
19. Benjamin Bridgman et al., 'Accounting for Household Production in the National Accounts, 1965–2010', *Survey of Current Business*, Vol. 92, maio de 2012.
20. 'Household Satellite Account (Experimental) Methodology', UK Office for National Statistics, abril de 2002.
21. 'Unpaid Household Production', UK Office for National Statistics, janeiro de 2004.
22. A lista inclui Austrália, Canadá, Finlândia, Alemanha, Hungria, México e Nepal.
23. www.bea.gov

CAPÍTULO 4 COISAS BOAS EM DEMASIA

1. Adaptado de John Kay, *Other People's Money*, Public Affairs, 2015, p. 3. Esse é um livro genial sobre financeirização.
2. Kimiko de Freytas-Tamura, 'Secret to Iceland's Tourism Boom? A Financial Crash and a Volcanic Eruption', *New York Times*, 16 de novembro de 2016: www.nytimes.com
3. Ibid.
4. Richard Milne, 'Olafur Hauksson, The Man Who Jailed Iceland's Bankers, *Financial Times*, 9 de dezembro de 2016.
5. Michael Lewis, *Boomerang*, W. W. Norton & Company, 2011.
6. Ibid.
7. Ibid., p. 17.
8. David Ibison e Gillian Tett, 'Iceland Feels the Heat After Years of Growth', *Financial Times*, 24 de novembro de 2007.
9. Kate Burgess, Tom Braithwaite and Sarah O'Connor, 'A Cruel Wind', *Financial Times*, 11 de outubro de 2008.
10. Ibid.
11. Deliciosa descrição do Goldman Sachs segundo o autor Matt Taibbi.
12. Andrew Haldane, Simon Brennan e Vasileios Madouros, 'What is the contribution of the financial sector: Miracle or mirage?', Capítulo 2 de *The Future of Finance, The LSE Report*, London School of Economics and Political Science, 2010.
13. De acordo com a revista *Banker*, mencionada em ibid.
14. A China, como outras histórias asiáticas de sucesso, implementou a chamada repressão financeira, aplicando recursos de poupanças em suas indústrias preferenciais através do setor bancário estatal. Durante anos a China obteve imensos superávits em transações

correntes, que investiu em títulos dos EUA e na dívida pública de outros países ocidentais.

15. Kay, *Other People's Money*, p. 1. Observe que, no mundo "de cabeça para baixo" dos bancos, os ativos não são bem o que imaginamos. Eles são o dinheiro que o banco *empresta a outras pessoas*. Eles são ativos porque, em teoria, os bancos podem recebê-los de volta algum dia. Passivos, por outro lado, são o montante depositado em um banco, que algum dia terá que ser devolvido.
16. Andrew Haldane, 'The $100 Billion Question', 2010: www.bankofengland.co.uk
17. Haldane, Brennan e Madouros, 'What is the contribution of the financial sector', p. 92.
18. Diane Coyle, *GDP: A Brief But Affectionate History*, Princeton University Press, p. 99.
19. Haldane, Brennan e Madouros, 'What is the contribution of the financial sector', p. 88.
20. Coyle, *GDP*, p. 102.

CAPÍTULO 5 A INTERNET ROUBOU MEU PIB

1. Sir Charles Bean, 'Independent Review of UK Economic Statistics', Cabinet Office, HM Treasury, março de 2016.
2. Isso não aparece no PIB. As comissões dos anúncios são somadas à receita do site que disponibiliza espaço para propaganda, mas são deduzidas da renda da agência publicitária como despesa. Em termos contábeis, os valores se anulam.
3. Na verdade, Ruanda quer proibir a importação de roupas de segunda mão para estimular sua indústria têxtil.
4. O método usado pela comissão se chama contabilidade hedônica, que registra itens com base em critérios de qualidade.

5. Brent Moulton, que, como pesquisador-chefe do Bureau of Labor Statistics, atuou na Boskin Commission, me disse que o exercício era muito político. Isso porque muitos subsídios estatais estavam ligados à inflação. Se a inflação fosse baixa, os subsídios também seriam baixos.
6. Para conferir uma discussão sobre esse tema, ver Bean, 'Independent Review of UK Economic Statistics'.
7. Net Benefit, *The Economist*, 9 de março de 2013: www.economist.com
8. Ver Bean, 'Independent Review of UK Economic Statistics', p. 84.
9. Entrevista com o autor, setembro de 2013. Ver também David Pilling, 'Lunch with the FT: Ha-Joon Chang', 29 de novembro de 2013: www. ft.com
10. Murad Ahmed, 'Your Robot Doctor Will See You Now', *Financial Times*, 13 de janeiro de 2016: www.ft.com
11. 'Why the Japanese Economy is Not Growing: Micro-barriers to Productivity Growth', McKinsey Global Institute, julho de 2000.
12. Esse exemplo hilário é de Rory Sutherland, 'Life Lessons from an Ad Man', TED Talk, julho de 2009: www.ted.com
13. Entrevista por telefone com o ex-chefe do Bureau of Economic Analysis, Steve Landefeld, o Sr. PIB, como gosto de chamá-lo, fevereiro de 2017.
14. Adam Sherwin, 'Welsh Town Moves Offshore to Avoid Tax on Local Business', *Independent*, 10 de novembro de 2015.
15. Brian Czech, *Supply Shock*, New Society Publishers, 2013, p. 26.
16. Se fizéssemos isso, também teríamos que reconhecer que grande parte da poluição que atribuímos a países como a China é, na verdade, causada por empresas ocidentais que "por acaso" estão operando na China.

17. Gordon Mathews, *Ghetto at the Center of the World: Chungking Mansions*, University of Chicago Press, 2011, p. 109.

CAPÍTULO 6 O QUE HÁ DE ERRADO COM O HOMEM COMUM

1. Os afro-americanos não foram indicados no gráfico, mas a taxa de declínio das mortes nesse grupo era mais alta, 2,6% ao ano durante o período de 1999–2013.
2. Anne Case e Angus Deaton, 'Rising morbidity and mortality in midlife among white non-Hispanic Americans in the 21st century', PNAS, setembro de 2015.
3. FMI a preços atuais, acessado de knoema.com
4. De acordo com o Instituto de Análise Econômica dos EUA, o PIB a preços constantes de 2009, era de US$16,5 trilhões no fim de 2015 contra US$12,7 trilhões no fim de 2000: www.multpl.com
5. Em 1970, o volume da economia dos EUA era de US$4,7 trilhões, crescendo para US$16,5 trilhões em 2015 (Instituto de Análise Econômica dos EUA, PIB a preços constantes de 2009). Esses valores não registram o aumento da população. Em 2015, a população dos EUA era de 321 milhões, contra 205 milhões em 1970, de acordo com o Departamento do Censo dos EUA.
6. Edward Luce, 'The Life and Death of Trumpian America', *Financial Times*, 9 de outubro de 2016.
7. "The Decline of the Labour Share of Income", IMF World Economic Outlook, citado em um blog no site do Bruegel: bruegel.org. Como o post aponta, a participação do trabalho se recuperou marginalmente desde a crise financeira mundial.
8. "Mortality and Morbidity in 21st Century America", Brookings Institution, 23 de março de 2017.
9. Jeff Guo, 'How Dare You Work on Whites', 6 de abril de 2017: www.washingtonpost.com

10. "For Most Workers, Real Wages Have Barely Budged for Decades", Pew Research Center, 9 de outubro de 2014: www.pewresearch.org
11. Edward Luce, "The New Class War in America", *Financial Times*, 20 de março de 2016: www.ft.com
12. Angus Deaton, *The Great Escape*, Princeton University Press, 2013.
13. Ibid.
14. Albert Hirschman, 'The changing tolerance for income inequality in the course of economic development', *World Development*, Vol. I Issue 12, dezembro de 1973. Angus Deaton me alertou sobre esta ideia: www.sciencedirect.com
15. Angus Deaton em conversa com o autor, julho de 2016.
16. Martin Wolf, resenha de Branko Milanovic, *Global Inequality: A New Approach for the Age of Globalisation*, Harvard University Press, 2016, *Financial Times*, 14 de abril de 2016.
17. A desigualdade de riqueza (veja o Capítulo 9) é quase sempre maior do que a desigualdade de renda porque as vantagens e desvantagens se acumulam com o tempo.
18. Milanovic, *Global Inequality.*
19. Milanovic chama isso de aluguel de cidadania.
20. Martin Wolf, resenha de Milanovic, *Global Inequality*, *Financial Times*, 14 de abril de 2016.
21. Ver Edward Luce, *The Retreat of Western Liberalism*, Little, Brown, 2017.
22. "Income Inequality and Poverty Rising in Most OECD Countries", 21 de outubro de 2008: www.oecd.org
23. A Dinamarca e a Austrália eram exemplos de países com alta mobilidade social, segundo o relatório.

24. A curva é baseada na obra do economista do trabalho Miles Corak e foi popularizada por Alan Krueger, ex-presidente do Conselho de Assessores Econômicos.
25. Figura 1. Indicadores-chave para distribuição de renda familiar disponível e pobreza, 2007, 2012 e 2014 ou do ano mais recente: www.oecd.org
26. Um economista fez o seguinte comentário em uma entrevista por telefone, em março de 2017: "Acho que os estatísticos estão errados porque não contabilizam de forma nem um pouco satisfatória os vários tipos de incremento da qualidade. Precisamos fazer ajustes para indicar o aumento da qualidade."
27. Chrystia Freeland, 'The Rise of the New Global Super-Rich', TED Talk, 2013: www.ted.com

CAPÍTULO 7 ELEFANTES E RUIBARBO

1. 'Bright Lights, Big Cities, Measuring National and Subnational Economic Growth in Africa from Outer Space with an Application in Kenya and Rwanda', Policy Research Working Paper WPS7461, World Bank Group, 2015.
2. Jerven, *Poor Numbers*, Cornell University Press, 2013, pp. 17–20.
3. Ibid., p. x.
4. David Pilling, 'In Africa, the numbers game matters', *Financial Times*, 2 de março de 2016.
5. Jerven, *Poor Numbers*.
6. Ver 'If the GDP Is Up, Why Is America Down? *Atlantic*, outubro de 1995.
7. PIB per capita em termos de PPC, FMI, 2015. Ver knoema.com
8. Jeffrey Gettleman, 'As Grasslands Dwindle, Kenya's Shepherds Seek Urban Pastures', *New York Times*, 14 de novembro de 2016.

9. O estudo descobriu que os ruminantes contribuem com 319 bilhões de xelins para a economia, mas somente 128 bilhões de xelins são registrados na estatística oficial do PIB. 'The Contribution of Livestock to the Kenyan Economy', Intergovernmental Authority on Development Livestock Policy Initiative Working Paper 03-11, p. 6.
10. Miles Morland, 'Notes from Africa 2: Kioskenomics', mensagem particular para seus clientes, junho de 2011.
11. Entrevista por telefone com o autor, fevereiro de 2016.
12. Jamil Anderlini e David Pilling, 'China Tried to Undermine Economic Report Showing its Ascendancy', *Financial Times*, 1º de maio de 2015.
13. Jerven, *Poor Numbers*, p 57.
14. Comentários informados ao autor, fevereiro de 2016.
15. Entrevista realizada pelo autor com representantes do Liberia Institute of Statistics and Geo-information, Monróvia, março de 2016.

CAPÍTULO 8 A EXCESSIVA PREOCUPAÇÃO COM O CRESCIMENTO

1. Atlas Mundial de Dados: knoema.com
2. Akash Kapur, *India Becoming*, Riverhead Books, 2012.
3. Números do Fundo Monetário Internacional para 2015, ajustados com base nos preços locais. Em dólar, a diferença é ainda maior: a Coreia do Sul é dezoito vezes mais rica em valores per capita.
4. Jagdish Bhagwati e Arvind Panagariya, *Why Growth Matters*, Council on Foreign Relations, 2013, p. xviii.
5. Parte das informações foi obtida em várias conversas pessoais com Jagdish Bhagwati, mais recentemente em Nova York, em março de 2017.

6. Citado em Bhagwati e Panagariya, *Why Growth Matters*, p. 23.
7. Isso ocorreu devido à desaceleração da China e à aceleração da Índia. De fato, o crescimento da Índia também sofreu uma redução, e o número do título pode ter sido estimulado por uma revisão do PIB de 2015.
8. Ver Amartya Sen, *Development as Freedom*, Anchor Books, 2000, p. 8.
9. Ibid., p. 3.
10. James Lamont, 'High Growth Fails to Feed India's Hungry', *Financial Times*, 22 de dezembro de 2010.
11. Jagdish Bhagwati contesta muitos dos números sobre subnutrição apresentados por Sen. Ver Bhagwati e Panagariya, *Why Growth Matters*.
12. "Indian Tycoon Hosts £59m Wedding For Daughter Amid Cash Crunch", *Guardian*, 16 de novembro de 2016: www.theguardian.com
13. Amartya Sen, "Bangladesh Ahead of India in Social Indicators", *Daily Star*, 13 de fevereiro de 2015: www.thedailystar.net
14. David Pilling, "India's Congress Party Has Done Itself Out of a Job", *Financial Times*, 7 de maio de 2014: www.ft.com
15. Rajiv Kumar, do Centre for Policy Research, Delhi.
16. Sam Roberts, 'Hans Rosling, Swedish Doctor and Pop-Star Statistician Dies at 68', *New York Times*, 9 de fevereiro de 2017.
17. Ele contestou, afirmando que suas observações eram baseadas meramente em dados.
18. Quando lhe perguntei sobre os outros 20%, ele disse: "É por isso que temos saúde pública. Esse é o motivo da minha existência."
19. Pelo menos um país representa uma exceção à regra de Rosling: a Guiné Equatorial, cuja elite enriqueceu graças ao dinheiro do petróleo da Exxon Mobil, tem um PIB per capita de US$30.000,

ajustado com base nos preços locais. Mas 2/3 da população vivem em uma pobreza atroz, e a taxa de mortalidade infantil, de 67 por 1.000, é mais alta do que na Eritreia, um país 20 vezes mais pobre, de acordo com o PIB.

20. O Banco Mundial define países de renda média-baixa como aqueles com renda nacional bruta per capita entre US$1.026 e US$4.035, calculada através do método Atlas, que tenta nivelar as diferenças entre os países causadas por flutuações nas taxas de câmbio. Países de renda média-alta são aqueles com RNB per capita entre US$4.036 e US$12.475.
21. Esses números são de Rosling.
22. "Why Ethiopian Women Are Having Fewer Children Than Their Mothers", BBC, 6 de novembro de 2015: www.bbc.com/news

CAPÍTULO 9 PODER NEGRO, PODER VERDE

1. Chris Buckley 储百亮(ChuBailiang).
2. Edward Wong, "Air Pollution Linked to 1.2 Million Premature Deaths in China", *New York Times*, 1º de abril de 2013: www.nytimes.com
3. Javier Hernandez, "Greed, Injustice and Decadence: What 5 Scenes From a Hit TV Show Say About China", *New York Times*, 27 de maio de 2017.
4. Ver Frank Dikötter, *Mao's Great Famine*, Bloomsbury Publishing, 2010.
5. Li Keqiang, que se tornou primeiro-ministro da China, alertou em 2007 que os valores do PIB chinês não deveriam ser levados tão a sério. Ele recomendava três outros números: a produção de energia elétrica, as cargas ferroviárias e os empréstimos bancários. Ver David Pilling, 'Chinese Economic Facts and Fakes

Can Be Hard to Tell Apart', *Financial Times*, 16 de setembro de 2015.

6. Paul A. Samuelson, *Economics*, McGraw-Hill Book Company, 1948, p. 10.
7. Lorenzo Fioramonti, *Gross Domestic Problem*, Zed Books, 2013, p. 151.
8. Leo Lewis, Tom Mitchell e Yuan Yang, "Is China's Economy Turning Japanese?", *Financial Times*, 28 de maio de 2017.
9. Jonathan Watts, "China's Green Economist Stirring a Shift Away from GDP", *Guardian*, 16 de setembro de 2011: www.theguardian.com
10. Ibid.
11. Geoff Dyer, "Chinese Algae Spreads to Tourist Resorts", *Financial Times*, 12 de julho de 2008: www.ft.com
12. Jonathan Watts, *When a Billion Chinese Jump*, Simon & Schuster, 2010, Capítulo 11.
13. Para Jared Diamond, o genocídio de Ruanda de 1994 foi influenciado por um elemento malthusiano de superpopulação.
14. Pilita Clark, "The Big Green Bang: How Renewable Energy Became Unstoppable", *Financial Times*, 18 de maio de 2017.
15. Aibing Guo, "China Says It's Going to Use More Coal, With Capacity Set to Grow 19%", Bloomberg, 7 de novembro de 2016: www.bloomberg.com
16. Yuan Yang, "China's Air Pollution Lifts in Coastal Cities, But Drifts Inland", *Financial Times*, 20 de abril de 2016.
17. Yuan Yang, "China Carbon Dioxide Levels May Be Falling, Says LSE Study", *Financial Times*, 7 de março de 2016.
18. Gabriel Wildau, "Small Chinese Cities Steer away from GDP as Measure of Success", *Financial Times*, 13 de agosto de 2014.
19. Arthur Beesley et al., "China and EU Offer Sharp Contrast with US on Climate Change", *Financial Times*, 1º de junho de 2017.

CAPÍTULO 10 RIQUEZA

1. Martin Wolf, do *Financial Times,* me deu essa informação. Conversa pessoal, setembro de 2016, Londres.
2. As empresas têm até mesmo um terceiro conjunto de contas, a demonstração de fluxo de caixa, que mede a situação real do caixa da empresa — a liquidez disponível—, um relatório diferente da demonstração de lucros e perdas.
3. Muitas economias avançadas medem o chamado capital produzido, o capital formado por ativos físicos como estradas, edifícios e portos.
4. Partha Dasgupta, "Getting India Wrong", *Prospect Magazine*, agosto de 2013.
5. Esse exemplo surgiu em uma conversa com Partha Dasgupta, setembro de 2016.
6. Partha Dasgupta, "The Nature of Economic Development and the Economic Development of Nature", *Economic and Political Weekly*, Vol. 48, Ed. 51, 21 de dezembro de 2013.
7. Esse relato foi extraído do artigo de Jared Diamond "Easter's End", *Discover Magazine*, agosto de 1995: courses.biology.utah.edu
8. Ibid.
9. Entrevista com Partha Dasgupta.

CAPÍTULO 11 UM DOMESDAY MODERNO

1. www.gutenberg.org
2. Dieter Helm, *Natural Capital*, Yale University Press, 2015, p. 96.
3. Robert Costanza et al., 'The Value of the World's Ecosystem Services and Natural Capital', *Nature*, maio de 1997: www.nature.com
4. Informação baseada parcialmente em uma discussão com Partha Dasgupta, setembro de 2016.

5. Ver ftp://131.252.97.79/Transfer/ES_Pubs/ESVal/es_val_critiques/responseToPearce_byCostanza.pdf.
6. Helm, *Natural Capital*, p. 8.
7. O ex-primeiro-ministro norueguês Gro Harlem Brundtland foi indicado pelas Nações Unidas para a árdua missão de convencer os governos de países do mundo inteiro a adotarem uma forma de crescimento que não destruísse o planeta. Em 1987, a comissão publicou seu relatório, "Our Common Future" [Nosso Futuro Comum, em tradução livre].
8. Essa lei também pode ser aplicada a outras formas de capital, como infraestrutura e instituições.
9. Ver Helm, *Natural Capital*, pp. 99–118.
10. Na prática, essas teorias se deparam com o problema da "tragédia dos comuns", segundo a qual todos extraem o que podem de um recurso por receio de que alguém o faça.
11. Agnes Kalibata, presidente da Alliance for a Green Revolution na África, afirma que a mudança climática é o maior desafio dos empobrecidos agricultores africanos, quase totalmente dependentes da agricultura pluvial em uma época em que as precipitações nunca foram tão imprevisíveis. Entrevista com o autor, Nairóbi, abril de 2017.
12. William Davies, *The Happiness Industry*, Verso, 2015, p. 65.
13. Andrew Simms, "It's the Economy That Needs to Be Integrated into the Environment – Not the Other Way Around", *Guardian*, 14 de junho de 2016: www.theguardian.com
14. Essa é a brilhante ideia de Andrew Simms em ibid.
15. George Monbiot, "Can You Put a Price on the Beauty of the Natural World?", *Guardian*, 22 de abril de 2014: www.theguardian.com
16. Ver o site da Global Footprint Network: www. footprintnetwork.org.

17. www.footprintnetwork.org
18. Entrevista com o autor, março de 2017.
19. Essas ideias têm como base uma discussão com Martin Wolf, meu estimado colega no *Financial Times*, setembro de 2016.
20. Glenn-Marie Lange et al., 'The Changing Wealth of Nations', World Bank, dezembro de 2011, p. xii: www.worldbank.org
21. Angus Maddison, pioneiro no cálculo do PIB em função do tempo, foi professor na Universidade de Groningen de 1978 a 1997 e fundou o Groningen Growth and Development Centre.
22. Petróleo, gás natural, carvão fóssil, carvão betuminoso, bauxita, cobre, ouro, minério de ferro, chumbo, níquel, fosfato, estanho, prata e zinco.
23. A metodologia mais recente do banco tenta integrar caça, pesca e o valor recreativo das florestas.
24. Esses valores são indicados em Lange et al., 'The Changing Wealth of Nations', p. 7, que analisa dados sobre a riqueza abrangente até 2005. O banco publica números mais regulares para medidas de riqueza correlatas, como poupanças líquidas ajustadas.
25. Tabela 1.1, p. 7 documents.worldbank.org
26. O relato de Viken está em "Discover How Norway Saved its Vanishing Forests", BBC, 4 de novembro de 2015: www.bbc.co.uk
27. "State of Forest Genetic Resource in Norway", p. iii: www.skogoglandskap.no/filearchive
28. Na verdade, seu nome formal, modificado em 2006, é Government Pension Fund Global, ligeiramente confuso considerando que ele não é realmente um fundo de pensão, mas um fundo soberano.

CAPÍTULO 12 O SENHOR DA FELICIDADE

1. Em libras esterlinas de 1975.
2. "Jeremy Bentham Makes Surprise Visit to UCL Council", *UCL News*, 10 de julho de 2013: www.ucl.ac.uk
3. Jeremy Bentham, *An Introduction to the Principles of Morals and Legislation*, 1789: http://socserv.mcmaster.ca/econ/ugcm/3ll3/bentham/morals.pdf
4. William Davies, *The Happiness Industry*, Verso, 2015, p. 10.
5. Ibid., p. 61.
6. Ibid., p. 17.
7. Informação baseada em uma palestra de Jeffrey Sachs, diretor do Earth Institute da Universidade de Columbia, na London School of Economics, dezembro de 2016.
8. George Ward, "Is Happiness a Predictor of Election Results?", Centre for Economic Performance, abril de 2015: cep.lse.ac.uk
9. Relatório Mundial da Felicidade, 2012: world.happiness.report/download
10. Ibid.
11. Dados do FMI para 2015, com o PIB per capita expresso em termos de paridade de poder de compra.
12. Ibid.
13. Os resultados representam 90.000 pessoas em 46 países. Richard Layard, *Happiness*, Penguin Books, 2005, p. 65.
14. Ibid., p. 64.
15. Ibid., p. 79.
16. BBC, 7 de janeiro de 2017: www.bbc.co.uk
17. Entrevista do autor com Richard Layard.
18. Layard, *Happiness*, p. 233.
19. Ibid., p. 154.

20. Layard cita pesquisas de Robert Sampson e Byron Groves da Universidade de Harvard, "Community Structure and Crime (1989)": dash.harvard.edu
21. Paul Ormerod, "Against Happiness", *Prospect Magazine*, 29 de abril de 2007: www.prospectmagazine.co.uk
22. Richard Layard, "Paul Ormerod is Splitting Hairs", *Prospect Magazine*, junho de 2007.
23. Citado no Relatório Mundial da Felicidade, 2012, p. 111.
24. Gardiner Harris, "Index of Happiness? Bhutan's New Leader Prefers More Concrete Goals", *New York Times*, 4 de outubro de 2013.
25. Ibid.
26. De acordo com os números do FMI para 2016, seu PIB é de apenas US$8.227, aproximadamente, em termos de paridade do poder de compra e ajustado com base nos preços locais.
27. Todos os números foram obtidos na Unesco: http://uis.unesco.org
28. Bill Frelick, "Bhutan's Ethnic Cleansing", *New Statesman*, 1º de fevereiro de 2008: www.newstatesman.com
29. Ver www.bhutanstudies.org.bt

CAPÍTULO 13 PIB 2.0

1. Tobin ficou famoso por sua proposta de tributação das operações de câmbio, cujo objetivo era reduzir a ocorrência de especulações arriscadas e, segundo ele, inúteis.
2. "Against the Human Development Index": econlog.econlib.org
3. O investimento líquido negativo ocorre quando o valor dos novos investimentos é menor do que o valor da depreciação.
4. Entrevista com o autor, fevereiro de 2017.

5. Informação obtida em uma conversa com Steve Landefeld, fevereiro de 2017.
6. "Canadian Index of Well-being, Executive Summary", 2016: uwaterloo.ca

CAPÍTULO 14 A CONCLUSÃO DO CRESCIMENTO

1. Entrevista por telefone realizada pelo autor com Joseph Stiglitz, abril de 2017.
2. Informação parcialmente obtida em uma conversa com Jagdish Bhagwati, Nova York, março de 2017.
3. Em uma entrevista com o autor, um economista disse que o PIB também monitorava outros itens que poderíamos achar interessantes, como proteção ambiental e saúde, o que relativizava a demanda por novas medidas. Em outras palavras, para ele, o PIB não é um indicador ruim para o bem-estar. "Quando outras medidas de bem-estar crescem rápido, esse período tende a apresentar um maior crescimento do PIB, e vice-versa. Quando você compara vários países, a correlação entre o crescimento registrado nas medidas do bem-estar alternativas e o crescimento do PIB acaba se revelando relativamente alta, não relativamente baixa. Portanto, isso me deixa um pouco menos empolgado com relação à eficácia desses cálculos alternativos."
4. Jonathan Soble, 'Japan, Short on Babies, Reaches a Worrisome Milestone', *New York Times*, 2 de junho de 2017: www.nytimes.com
5. Hans Rosling estimou que a população mundial chegará ao ápice, com cerca de 11 bilhões de pessoas, em 2100; nesse momento, haverá 1 bilhão de pessoas nas Américas, 1 bilhão na Europa, 4 bilhões na África e 5 bilhões na Ásia. Palestra em Davos, Suíça, janeiro de 2014.

6. A maioria dos economistas, mas não todos, percebe uma tendência clara e crescente de desigualdade na maior parte dos países ricos.
7. Às vezes, esse valor é expresso em uma escala de 0 a 1.
8. www.indexmundi.com
9. O coeficiente pode ser calculado antes ou depois da redistribuição governamental, incluindo impostos e benefícios.
10. Fonte dos dados: DeNavas-Walts C., B.D. Proctor e J.C. Smith. September 2013 US Census Bureau, Current Population Reports, P60–245, Income, Poverty and Health Insurance Coverage in the United States: 2012 (Table A-2).
11. Tabela 1: Indicadores-chave da distribuição da renda familiar disponível e da pobreza, 2007, 2012, 2014 ou o ano mais recente: www.oecd.org
12. Entrevista com o autor, Washington, março de 2017.
13. O cálculo do produto interno líquido requer várias premissas; a mais importante delas é o número de anos para a depreciação de um ativo. Você pode definir, por exemplo, que o valor de um edifício chega a zero no decorrer de vinte anos. Portanto, mesmo se o edifício ainda estiver de pé dali a vinte anos, para a contabilidade nacional, ele não terá nenhum valor. Como nações diferentes utilizam premissas diferentes para ativos diferentes, comparar produtos internos nacionais fica bem difícil. Mas essa medida indica de forma genérica como uma determinada nação está se saindo, bem ou mal, quanto à manutenção dos seus ativos e, portanto, aponta o nível de sustentabilidade do seu crescimento.
14. Conversa telefônica com o autor, abril de 2017.
15. Como aponta Stiglitz, o CO2 talvez não seja a melhor medida para todas as situações. Na China, por exemplo, você pode destacar a urgência dos problemas de saúde associados à poluição

crônica do ar. Nesse caso, seria melhor que Pequim medisse as emissões de material particulado.

16. A U6, a medida mais abrangente de desemprego, inclui "trabalhadores desanimados", que querem trabalhar, mas pararam de procurar emprego devido às condições do mercado de trabalho, e trabalhadores de meio período que gostariam de trabalhar em tempo integral. Ver Bureau of Labor Statistics, Tabela A-15: www.bls.gov/news.release
17. Informação parcialmente baseada em conversa com Joseph Stiglitz, abril de 2017.
18. Ver o Better Life Index da OCDE: www.oecdbetterlifeindex.org
19. Stiglitz afirma que o salário-hora nos EUA está estagnado há cerca de 60 anos. Para manter os padrões de vida das suas famílias, as pessoas vêm trabalhando cada vez mais horas. Na Europa, as horas trabalhadas por família diminuíram durante o mesmo período. Se os números dele estiverem certos, os europeus trocaram parte da renda por lazer, enquanto os norte-americanos priorizaram ganhar dinheiro, mesmo sem tempo para aproveitá-lo.
20. Kenneth Boulding, citado em Lorenzo Fioramonti, *Gross Domestic Problem*, Zed Books, 2013, pp. 145–6.
21. Faye Dunaway anunciou *La La Land* como Melhor Filme, mas no cartão deveria constar *Moonlight – Sob a Luz do Luar*, o verdadeiro ganhador. "Moonlight, La La Land and What An Epic Oscars Fail Really Says", *New York Times*, 27 de fevereiro de 2017.
22. Entrevista por telefone com o autor, fevereiro de 2017. Além disso, Oulton escreveu uma defesa fantasticamente incisiva do PIB em "Hooray For GDP! GDP as a Measure of Well-being": voxeu.org
23. De acordo com representantes do Bureau of Economic Statistics.

24. O funcionário quis proteger sua identidade por receio de retaliações, mesmo depois de todo esse tempo.
25. Joe Earle, Cahal Moran e Zach Ward-Perkins, *The Econocracy: The Perils of Leaving Economics to the Experts*, Manchester University Press, 2016.
26. Ibid.
27. Kenneth Boulding, citado em 'An A–Z of Business Quotations', *The Economist*, 20 de julho de 2012.
28. Earle et al., *The Econocracy.*
29. Entrevista do autor com Joe Earle, julho de 2016.

ÍNDICE

NOTA SOBRE A FONTE

Este livro utiliza a fonte Fournier. As origens da Fournier remontam ao tipo *romain du roi*, inventado no fim do século XVII a partir dos designs criados por um comitê da Académie des sciences e destinado ao uso exclusivo da Imprimerie Royale. Os tipos originais da Fournier foram talhados por volta de 1742 pelo célebre tipógrafo de Paris Pierre-Simon Fournier. Essa tipologia foi um dos modelos mais influentes entre os oito e está entre os primeiros exemplos do estilo "de transição" do corpo tipográfico. Esta versão Monotipo data de 1924. A Fournier é uma fonte suave e clara, cujos traços característicos são letras maiúsculas bem altas e mais escuras do que as letras minúsculas, bem como *itálicos decorativos, que mostram a influência da caligrafia utilizada na época de Fournier.*

Este livro foi impresso nas oficinas gráficas da Editora Vozes Ltda.,
Rua Frei Luís, 100 – Petrópolis, RJ.